Germany as an Immigration Country

近藤潤三

移民国としてのドイツ

社会統合と平行社会のゆくえ

木鐸社

目　次

序章　移民国ドイツへの接近――本書の主題と構成……………………6
　1　外国人，移民，移民国……………………………………………6
　2　移民政策の転換……………………………………………………12
　3　移民国ドイツの実態………………………………………………16
　4　現代ドイツのイスラム問題………………………………………21

第1部　移民国ドイツの輪郭

第1章　移民の背景を有する人々と国外移住………………………33
　1　ミクロセンサスの衝撃……………………………………………33
　2　移民の背景を有する人々の分類…………………………………36
　3　移民の背景を有する人々の構成と規模…………………………41
　4　ドイツ人の国外移住への関心……………………………………47
　5　国外移住の実態……………………………………………………52
　6　移民国としての自画像――結びに代えて………………………60

第2章　現代ドイツの民族的マイノリティ――一つの素描………65
　1　個人的な体験から…………………………………………………65
　2　民族的マイノリティの輪郭………………………………………67
　3　ソルブ人……………………………………………………………72
　4　デンマーク人………………………………………………………78
　5　フリース人…………………………………………………………83
　6　シンティ・ロマ……………………………………………………87
　7　民族的マイノリティを巡るヨーロッパ・レベルの動向………94
　8　終わりに……………………………………………………………100

第2部　移民問題の政治過程

第3章　移民法の成立過程……………………………………………107
　1　はじめに……………………………………………………………107
　2　グリーン・カード提唱から移民委員会報告書の提示まで：第1期……109

3　移民法案提出から連邦憲法裁判所での挫折まで：第2期…………118
　4　移民法の頓挫から成立へ：第3期………………………………………130
　　(1)両院協議会まで　　(130)
　　(2)両院協議会での合意の模索　　(134)
　　(3)トップ会談と移民法の成立　　(141)
　5　移民法の要点……………………………………………………………146
　6　政治過程の特質…………………………………………………………153
　7　結び………………………………………………………………………165

第4章　統合サミットの政治過程―移民政策の新局面………………169
　1　はじめに…………………………………………………………………169
　2　サミット構想の提起とその背景………………………………………170
　3　サミット開催まで：主要政党の接近…………………………………180
　4　サミット参加者を巡る論議……………………………………………185
　5　サミットでの合意とその評価…………………………………………190
　6　サミットの政治過程の特徴と注目点…………………………………196
　7　結び………………………………………………………………………205

第3部　イスラムに直面するドイツ

第5章　現代ドイツのイスラム組織とイスラム主義問題
　　　　　―トルコ系移民社会を例にして……………………………211
　1　はじめに…………………………………………………………………211
　2　トルコ系移民社会の形成とドイツ社会………………………………214
　　(1)トルコ系移民社会の形成とイスラムの公然化　　(214)
　　(2)ドイツ社会のイスラムに対する姿勢　　(225)
　3　イスラムの組織化………………………………………………………230
　　(1)トルコ本国のイスラム　　(230)
　　(2)移民社会におけるイスラムの組織化　　(235)
　　(3)主要なイスラム組織　　(243)
　　(4)多宗教社会の現実　　(249)
　4　イスラム主義の輪郭と組織……………………………………………252

(1)イスラム主義の輪郭　　(252)
　　(2)主要なイスラム主義組織　　(257)
　5　イスラム主義の問題性―結びに代えて……………………………272

第6章　現代ドイツにおけるスカーフ問題……………………………281
　1　ドイツにおけるイスラム問題……………………………………281
　2　新たなスカーフ問題………………………………………………285
　3　スカーフ問題の争点………………………………………………290
　4　スカーフの下の頭は何を考えているのか：
　　　スカーフ着用に関する調査………………………………………298
　5　ムスリムとしての覚醒とスカーフ着用…………………………306
　6　結びに代えて………………………………………………………310

あとがき……………………………………………………………………315

索引…………………………………………………………………………319

序章

移民国ドイツへの接近

―― 本書の主題と構成 ――

1　外国人，移民，移民国

　「ドイツは移民国ではない」――社会民主党（SPD）と自由民主党（FDP）の連立に立脚するシュミット政権下の1977年に開かれた連邦と州の内務大臣会議で，移民問題に対処する際の政府のこの基本的立場が確認された。これは公式に表明されていなくても従来政府が取っていた指針であり，それ以後，キリスト教民主同盟（CDU）・社会同盟（CSU）主導のコール政権に交代してからも西ドイツの時期を含めてドイツ政府はこの立場を堅持してきた。これによりすでに定住していた多数の外来の人々はそれまで同様「外国人」として扱われ，法的地位が不確かでその権利も制限されたままになった。けれども，その後も「外国人」の増加は止まらず，定住化も一段と進展した。その結果，上記の公式の立場と現実との乖離は拡大の一途をたどった。そうした実情から，難民問題などで政党が激しい政争を繰り広げる一方で，建前と現実のギャップを埋め，いわば現実に政策を追いつかせるべく努力が重ねられるようになったのが1990年代半ばからだった。この時期から，「ドイツは移民国ではない」という標語が公の場でほとんど聞かれなくなった事実がこの変化を間接的に証明している。それは公式に撤回されたわけではないが，事実上反故にされたといえよう。

　『移民国としてのドイツ』と題する本書は，そうした変化を踏まえて書かれたものであり，2002年に著者が公刊した『統一ドイツの外国人問題――外来民問題の文脈で』の続編である。表題を見比べれば分かるように，前著では「外国人」問題を取り上げたが，本書では「移民」国であるドイツの

実情を検討することに主眼がある。巨視的にみれば外国人と移民はほぼ同一だという見方も成り立たないわけではなく，その意味では両著は同じ主題を扱っているとも言えるが，やはりそうした大雑把な捉え方では正しい問題の理解には到達できない。実際，2002年の時点ではドイツに居住する移民の多数はドイツ国籍をもたない外国人であり，なによりも外国人として処遇されていたが，その後の一連の政策転換により移民として捉えることが重要さを増し，外国人として扱うのでは不十分になってきている。前著と本書で同じ対象を主題に据えているのに表現が違っているのは，近年のドイツで生起している主要な変化を反映している。その変化は，誇張して言うなら，移民政策におけるパラダイム転換と呼ぶことができる。

さらに，外国人という用語が狭すぎることを顧慮しつつ，しかし同時に移民と呼ぶには条件が熟していないために，前著では副題にあえて「外来民」という造語を組みいれた。しかし，これもまた現実の展開によって二重の意味で追い越されつつある。一つは，移民という表現で対象が包括できるようになってきているからである。もう一つは，国外から流入する人々に視線を注ぐだけでは視界に入らない動きが重要になりつつあるためである。その動きというのは，本書第1章で考察する国外移住の機運が高まっていることである。

ところで，前著が出版された2002年の年末時点でドイツには734万人が外国人として居住していたが，2005年末のドイツではその数は676万人に減少している。この変動は帰化によるところが大きく，必ずしも移民の規模が縮小したことを意味しないが，そうした変化を含め，外国人から移民に重心が移動しつつあるというとき，二つの表現で何を意味しているかに触れておく必要があろう。単純化して言えば，外国人とは内国人の反対語であり，居住する国の国籍をもたない人々の総称であって，二分法的な発想に基づいている。また社会的な文脈では外国人とはいつかは帰属する国に帰ることが予定され，長短を問わず滞在が一時的であると見做される人々である。つまり，外国人というとき，ホスト社会への「非所属」という側面に力点が置かれている。そうしたことから，彼らには滞在そのものが保障されないのはもとより，生活状態が失業や低所得のために苦しくても特段の措置は講じられず，言語など独自の文化の保護も行われないことに

なりやすい。

　これに対し，移民という場合，マジョリティとは文化的背景が異なるものの，定住を前提として受け入れられるか，定住の事実に基づいて国民の一部になることが認められた人々である。そのために彼らには様々な権利が約束されるとともに，国籍取得の道が開かれており，内国人との境界が緩やかなところに外国人との違いがある[1]。先進各国では例えばトルコ系ドイツ人，モロッコ系フランス人，パキスタン系イギリス人などの集団が形成されているが，それは出生地主義や二重国籍の容認，あるいは帰化へのハードルが低いことなどの結果にほかならない。これらの集団は事実上もしくは公式に国民の一部になっているから，旧来の国民との社会的・経済的な同権化が課題とされる一方，多文化主義で唱えられてきたように，言語や生活様式など固有の文化の尊重も必要になってくる。

　このような意味で外国人や移民という表現を使うとしても，それらには重大な難点が内包されていることも看過できない。外国人についていえば，国籍を識別の基準としているため，今後増加が予想される帰化して外国籍を喪失した人々が排除されることになる。その結果，国籍を除けば共通した社会的困難に直面しているのにその現実が覆い隠される反面，差別や不利益が誇張される危険が大きい。一例として2005年のノルトライン＝ヴェストファーレン州の調査を見ると，失業率は州全体で9.0％であるのに対し外国人では22.4％と高いが，ドイツ国籍を有する移民では17.8％であって，無視しがたい開きが見出されるのである[2]。

　他方，移民については，実際に移動し，移住した第一世代には適切な表現だとしても，定住して家庭生活を営むようになれば，移動や移住は当て

（1）　宮島喬『共に生きられる日本へ』有斐閣，2003年，271頁以下参照。無論，政治参加の権利の範囲や国籍取得のハードルには国により大きな開きが存在している。これに関しては，谷聖美「欧米における定住外国人参政権の現状と今後の課題」『岡山大学法学会雑誌』55巻2号，2006年，河原祐馬ほか編『外国人参政権問題の国際比較』昭和堂，2006年，ロジャース・ブルーベーカー，佐藤成基ほか訳『フランスとドイツの国籍とネーション』明石書店，2005年などが参考になる。

（2）　Martin Zwick, Nur die halbe Wahrheit, in: Integration in Deutschland, H. 4, 2006, S. 19.

はまらなくなる。とりわけ移住先で出生したり成長した第二,第三世代にはもはや移民という表現は不適切であろう。なぜなら,第一世代に続く後継世代ではその多くが親や祖父母の言語を満足に話せないだけでなく,生活習慣もホスト社会のそれに多かれ少なかれ同一化しているからである。この基本的事実に照らすなら,移民という捉え方では,第一世代の移民やその子孫と土着の人々との間の境界がクローズアップされ,彼らがホスト社会の外部に位置することが暗示されるために,社会全体の中で彼らが抱える問題が移民に特有なものに歪曲されることになりやすい。この問題は時間とともに移住の経験をもたない移民が増加するにつれて重大化する可能性があるのは指摘するまでもないであろう。こうした事情を考慮して,例えばドイツを代表する社会学者の一人であるR.ガイスラーはエスニック・マイノリティという概念を用いるべきだと提唱しているが[3],まだ一般化する状況にはないように見受けられる。

　この関連で参考例としてフランスのケースに目を向けると,国立統計経済研究所の定義でいう移民とは,外国で生まれ,出生時にフランス国籍を有していなかった人々とされている。この定義に従って1999年に実施された国勢調査の結果を眺めると,フランスに居住する移民の総数は431万人であり,そのうち275万人が外国人,フランス国籍を有する移民は156万人だった。これとは別にフランスで出生した外国人が51万人いるから,フランスの外国人は合計で326万人になるが,これにはさらにサン・パピエと呼ばれる,正規の滞在許可を持たない外国人が付け加わる。その正確な数は当然ながら不明であり,推定で30万人から100万人とされるので,外国人の総数は400万人前後と考えてよい。いずれにせよ,移民に数えられない外国人が相当数いることや,フランス国籍の移民が大規模に存在する事実に照らせば,フランスの文脈でも移民と外国人を区別する必要があるのは明白であろう。けれども他面で,ドイツとは違い,外国人であっても移民とは見做されない人々が少なくないことは,フランスにおける移民の定義に問題があることを示しているといわねばならない[4]。

　（3）　Rainer Geißler, Die Sozialstruktur Deutschlands, 4. Aufl., Wiesbaden 2006, S. 233f.

このように移民と外国人という用語の使い方にはどの場合でも難点があるといえるが、そうした問題点に留意したうえで、上記のように外国人と移民との相違を整理した場合、ドイツで進行している政策転換で外国人から移民に重心が移動しつつあるということは何を指すのだろうか。この点に触れる前に、順序として、本書の表題にある「移民国」についても簡単な説明を加えておこう。

冒頭で指摘したように、1977年にドイツは移民国ではないという立場が公式に打ち出されたが、そこでいう移民国が具体的に何を指すかは実は必ずしも明確ではなかった。その後も外国人問題を巡る論議でその表現は度々使われたが、そこでも内実が定まっていた訳ではなかった。むしろそれは不分明な「国のかたち」に関わる国民の漠然とした不安を表すレッテルという面が濃厚だったとさえいえよう。

そうした事情を考慮すれば、移民国について過不足のない定義を求めることは徒労のようにも思われる。しかしそれが現代ドイツの主要な一面であることは間違いないから、上述した移民の把握を踏まえ、本書では移民国を二つに大別して定義しておきたい。一つは、量的な面から見た移民国であり、他は質的な面での移民国である。量的な移民国というのは、政府が移民として公認しているか否かを問わず、現実に多数の移民が居住している国々を指す。その好例はやはりドイツであり、ドイツが「事実上の移民国」、「統計上の移民国」などと呼ばれてきたのは、そうした文脈においてである。無論、何をもって多数と見做すかは議論の余地があり、人口比率か絶対数かで大きな違いがある。けれども、識別の明確な基準が定まっていないからといって、至るところで異質な文化や異なる顔立ちの人々に接するのに、その国を移民国ではないと強弁するのは、実感から懸け離れ、

（４）　ミュリエル・ジョリヴィエ、鳥取絹子訳『移民と現代フランス』集英社新書、2003年、19頁、宮島喬『移民社会フランスの危機』岩波書店、2006年、78頁以下。因みに、わが国では「外国人」と「移民」の異同についてはほとんど議論されてこなかったように思われる。例えば国際社会学の代表的テキストである梶田孝道編『国際社会学　第2版』（名古屋大学出版会　1996年）には「移民」の解説はあっても「外国人」のそれは見当たらない。同書69, 339頁参照。

真実を糊塗するものといわねばならないであろう。

　今一つの質的な移民国については，最小限の意味として，国外から来る外国籍の人々を，定住を前提に，将来は国民の一部になることを予定して受け入れる用意のある国としておきたい。この場合，どのような種類の制度が整備されているかによって種々のタイプの分類が可能になるだけではなく，必要ともされよう。この点に着眼すれば，移民として受け入れる際の選別条件の柔軟度，移民にとっての国籍取得の難易度，彼らを社会に統合する措置の充実度など関連するいくつもの重要な論点が直ぐに浮上してくるのは当然であろう。それらの論点を射程に入れて，例えば宮島喬は次の六つの要素を備えた国が移民国と呼ばれるのに相応しいとしている[5]。
(1) 定住する移民を想定した在留資格を備えていること
(2) 裁量によらない国籍取得手続き（権利帰化）を定めていること
(3) 国土内で出生したという事実に基づく何らかの権利が制度化されていること
(4) 重国籍など複数の所属に寛容であること
(5) 多少とも包括的な統合政策が行われていること
(6) 文化的タームでよりも「所属の意志」（その指標としては例えば継続的な居住）によって定義される「国民」観念をもっていること

　宮島のこの捉え方は，著者のいう質的な意味での移民国を考える場合，大いに参考になる。しかし同時にやはり難点も含まれている。差し当たり，これらすべての要素が揃わなければ移民国とはいえないのかどうかという点が問題になろう。さらに，定住移民を想定した在留資格などは法改正で実現可能だが，文化的タームではない国民観念となると長期的な文化変容のレベルに関わり，その判別が難しいという問題点も指摘できよう。それゆえここでは紹介にとどめ，移民国を目指すべきか否かという議論の際には，通常，後者の文脈が念頭に置かれていることを確認しておきたい。移民国には2種類の定義が可能であり，ある国が移民国であるのかどうか，そうなるべきかどうかを問題にするとき，両者が混同され，どちらの意味で語っているのかが曖昧であるためにしばしば議論が混乱してきたように

---

　(5)　宮島，前掲『共に生きられる日本へ』254頁以下。

思われるからである。

　移民国について以上のことを前提にした上で，次に本書の主題を簡単に説明し，全体の輪郭を描いておこう。

2　移民政策の転換

　移民政策の転換に関し，本書では移民法と統合サミットに即して検討している。第2部に収めた第3章と第4章がそれである。2005年1月に施行された移民法は，策定作業を担当した移民委員会が2000年に設置されてから成立までに4年を要し，稀に見る難産だった。これに対し，統合サミットは，2005年秋に発生した隣国フランスでの暴動の衝撃と2006年春に表面化したドイツの荒れた学校問題を契機にして浮上し，2006年7月にスタートした。

　前者は定住を予定して外国から人材を招くことを目指すもので，新来の人々はもちろん，定住している移民についてもドイツ語とドイツ文化を学習する講座を開設して社会統合を図る点で画期的な立法である。無論，カナダをモデルにして当初構想されたポイント制が見送られたり，ヨーロッパで発生したテロを契機に治安対策的発想が盛り込まれているなど問題点も残されているが，ドイツが移民国の方向に踏み出したことを告げているのは間違いない。

　他方，後者は，移民の代表と首相を筆頭とする政界・経済界の代表が協議する場が公式に設けられたことを意味している。移民法であれその他の法令であれ，従来は移民もしくは外国人は政策の対象ではあっても，政策過程にアクターとして登場することはなかった。ドイツではEU市民に地方参政権が認められており，自治体レベルでは外国人評議会のような機関が設置されているところもあるが，政治的には移民は基本的に無権利状態におかれてきた。そうした実情を考えると，連邦首相府で開催された統合サミットは，宣伝色が濃いという難点があるとはいえ，その席でドイツの指導的地位の人々と移民代表が対等の資格で話し合っただけでなく，国民的統合計画を策定する作業部会の設置を合意したことは，やはり特筆に値するといえよう。

　このような政策転換のピークにはいま一つ，2000年年頭に施行された改

正国籍法があることを忘れてはならない。国籍法改正の政治過程については本書で検討することはできなかったが，1998年秋に発足したばかりのシュレーダー赤緑政権が二重国籍を容認する方針を打ち出したのに対して野党の CDU・CSU が強硬に反対し，結果的に中間線の FDP 提案に沿って決着した。その過程は，移民政策の面ばかりではなく，ドイツの政治全般の特質を検証するうえでも示唆するところが多い[6]。さらに CDU・CSU が反対署名キャンペーンを繰り広げ，500万人にも上る署名を瞬く間に集めたことも注目されよう。というのは，保守政党として同党は街頭からの政治的圧力に一貫して反対してきたが，国籍法改正を阻止するためにその姿勢を一転させたからである。2004年にも同党はトルコの EU 加盟交渉の是非を巡って同種の計画を企てたが，このことは街頭の政治的利用がもはやタブーではなくなったことを証明している[7]。政治的空間のそうした拡大を別にしても，国籍法改正は，滞在年数や費用など厳格だった従来の帰化の要件を緩和したこと，血統主義中心だった国籍原理に出生地主義を加味したこと，例外的にだけ認められていた二重国籍を一定の条件で容認したことなど，それまでの国籍に関する法制を大きく変更するものだった。その点で，改正国籍法はドイツ国民の枠を拡張し，定住している外国人とその子供を新規のドイツ人として受け入れる方向に踏み出し，移民政策上画期的な意義を有する改革だったことは銘記されねばならない。実際，その効果は顕著で，改正法の施行前後から帰化する移民が急増した。その数は1990年代には押しなべて10万人に届かなかったが，それに対し，とくに施行年の2000年には1年間で19万人にも達したのである[8]。

（6） Thomas Faist, Jürgen Gerdes and Beate Rieple, Dual Citizenship as a Path-Dependent Process, Center on Migration, Citizenship and Development, Working Paper 3, 2004.; Simon Green, Between Ideology and Pragmatism: the Politics of Dual Nationality in Germany, in: International Migration Review, Vol. 39, No. 4, 2005.; 佐井達史「外国人政策の新展開―ドイツ国籍法改正を手掛かりに」『ドイツ研究』35号，2002年参照。

（7） 拙稿「戦後ドイツの街頭政治について」『社会科学論集』44号，2006年参照。

（8） Bundesamt für Migration und Flüchtlinge, Migration, Asyl und Integration in Zahlen, 14. Aufl., Nürnberg 2006, S. 87.

ところで，国籍法改正から移民法制定を経て統合サミット開催に至る移民を巡る政策転換の流れを溯っていくと，その起点に1990年に行われた外国人法の全面改正と寛大だった庇護権を制限した1993年の基本法改正が位置していることが分かる。著者はかつて外国人労働者とその家族に関する政策は，1955年から1973年までの第1期，1973年から1990年までの第2期，1990年以降の第3期に区分し，外国人法の改正によって第3期が始まると説明したことがある。それは，1973年の石油危機以降停止された外国人労働者の募集が請負契約などの形態でこの時点から再開される一方，外国人法の改正によって外国人労働者とその家族の統合を促進するために法的地位が改善されたからである。実際，全面改正によって「新法は移民国型の法制度との論理的対応関係をよく示すものになった」といえ，従来の移民政策の軌道を大きく転轍することになった[9]。

だが，1990年はいうまでもなくドイツ統一の年であり，前年末に冷戦の終結宣言がアメリカのブッシュ大統領とソ連のゴルバチョフ大統領によって発せられた流れを受けて大量の庇護申請者とアオスジードラーがドイツに流入した。その数は瞬く間に増大し，受け入れ態勢が間に合わないことも手伝って統一したばかりのドイツは一種のパニック状態に陥ったのである。ここで問題になったのは，外国人ではあっても労働者ではない庇護申請者であり，時に「特権的移民」とも呼ばれるように，ドイツに入国すると簡単にドイツ国籍を与えられるアオスジードラーだった。この二つの集団の無秩序な流入をいかにして規制し，あるいは制限するかは重大な政治的テーマになり，排外暴力事件が頻発する中で国民の不安を鎮静するために与野党が歩み寄って基本法に定められた庇護権規定の改正が行われたのである。この時，庇護申請者を制限するだけでなく，同時にアオスジード

---

(9) 広渡清吾『統一ドイツの法変動』有信堂，1996年，205頁，拙著『統一ドイツの外国人問題』木鐸社，2002年，73頁参照。なお，S.グリーンは外国人法改正をむしろ，「1980年以降続けられてきたドイツでの外国人政策に関する論議の暫定的終着点」として位置づけている。Simon Green, Zwischen Kontinuität und Wandel: Migrations- und Staatsangehörigkeitspolitik, in: Manfred G. Schmidt und Reimut Zohlnhöfer, hrsg., Regieren in der Bundesrepublik Deutschland, Wiesbaden 2006, S. 123, 131.

ラーの受け入れについても制限することが合意された。その結果，庇護申請者の数とともにアオスジードラーも減少し，排外暴力はそれほど減らなかったとしても，一時期は騒然としていた社会の雰囲気も次第に平静を取り戻したのである。

　このようにドイツ統一の時期に外国人労働者とその家族について，またこれと並んで庇護申請者とアオスジードラーについても新たな方向に政策の転換が行われた。そしてこれを起点に更なる転換が進められることになったのである。

　周知のように，例えば外国人法の改正で外国人労働者と家族の法的地位の安定化が図られた1990年に，二つの州が目指した外国人の地方選挙権導入について連邦憲法裁判所が違憲判決を下した[10]。そのため外国人の政治参加は著しく制約される結果になり，EU統合に伴って外国人であるEU市民には一定の範囲で選挙権が認められて不平等が二重化する中で，政治参加の公正なチャンスを保障する意味でも国籍取得の簡易化が必要とされるに至った。無論，理由はそれだけではなく，なによりも定住が時間の経過とともに長くなり，ドイツ生まれの青少年がますます増えているのに彼らが依然として外国人として扱われている状態を是正すべきだとする声が社会全体で高まったのである。実際，大量の移民を抱えているにもかかわらず，ドイツはEUの中で国籍についての制限が極めて厳しい国として知られていた。そうした事情から，外国人法改正で意図された社会的統合の促進を実現するために国籍法の改正が不可欠とされた背景には緩やかな社会的コンセンサスが存在したのである。シュレーダー政権の改正案にCDU・CSUが強硬に反対したことは既述のとおりだが，しばしば誤解されているのとは違い，同党も改正の必要性を理解していなかったわけではない。事実，終盤となった第5次コール政権は国籍法改正に取り組み，帰化の原則を裁量帰化から権利帰化に変更すること，第二・第三世代のために「国家所属籍」を創設すること，滞在期間の短縮をはじめとして帰化の要件を緩

---

(10) この判決とそれを巡る議論については，宮地基「外国人の選挙権をめぐる憲法上の論点について」（『神戸法学年報』7号，1991年）をはじめとして，わが国でも数点の論考が発表されており，影響が小さくなかったことが推し量れる。

和することなど広範囲にわたる改革を準備していたのである。その意味で，同党の主眼は，国籍の基本を血統主義から出生地主義に切り替え，二重国籍を制限なしに認めるというシュレーダー政権が企図したドラスティックな転換にブレーキをかけ，穏健な改正にとどめることにあり，改革が避けられず，必要でもあることは同党も認識していた事実を見誤ってはならない。D. トレンハルトはこの時期から移民政策面で「新しい即物性」が表れたと述べているが，その指摘はこうした変化を念頭に置いていると思われる[11]。ともあれ，1990年と1993年を起点とする転換の流れは，1999年5月に決着し翌年から施行された国籍法改正で一つのピークを迎えた。そして流れはこれで終息せず，2000年のグリーン・カード制の導入，2004年の移民法制定，2006年の統合サミットへと続いていったのである。M. ボンメスが移民に関わる幅広い分野で1980年代末以降「正常化の過程」が始動したと述べ，立法政策の面で1990年の外国人法改正から移民法までの改革を一連のつながりと捉えて「正常化」と性格づけているのは[12]，その意味で傾聴に値する見方といえよう。

3 移民国ドイツの実態

こうした政策転換を受けて，政策の対象となる集団は，国民社会への

---

(11) Dietrich Thränhardt, Migrations- und Integrationspolitik: Ära neuer Sachlichkeit?, in: Roland Sturm und Heinrich Pehle, hrsg., Wege aus der Krise? : Die Agenda der zweiten Großen Koalition, Opladen 2006, S. 156f. これを踏まえるなら，移民問題で政党が激しく対立したことを理由に1990年代を分極化の時期と捉えるO. シュミットケの見解は表面的といわねばならない。なぜなら，「ドイツは移民国ではない」という標語の虚構性を政党が認め，移民国の現実に追いつきつつあった面が無視されているからである。Oliver Schmidtke, From Taboo to Strategic Tool in Politics: Immigrants and Immigration Policies in German Party Politics, in: Werner Reutter, ed., Germany on the Road to "Normalcy", New York 2004, p. 168.

(12) Michael Bommes, Migrations- und Integrationspolitik in Deutschland zwischen institutioneller Anpassung und Abwehr, in: ders und Werner Schiffauer, hrsg., Migrationsreport 2006, Frankfurt a. M. 2006, S. 9f. なお，外国人法や国籍法の改正の概要について，久保山亮「ドイツの移民政策」小井土彰宏編『移民政策の国際比較』所収，明石書店，2003年参照。

「非所属」をメルクマールとする外国人から，マジョリティとは違った文化的背景を有する移民に変貌しつつある。同時に，彼らはそうした集団として社会的に認知されるようにもなっている。そのことを端的に表しているのは，連邦統計庁が2006年に発表した2005年のミクロセンサスである。従来，同庁は人口統計の作成に当たって国籍による区分を基本とし，ドイツ人と外国人を大別して扱ってきた。しかし，2006年にこの分類に基づかない画期的な報告書を公表したのである。それは，国籍面でドイツ人か外国人かを問わず，「移民の背景」の有無を指標とする人口の分類を主軸に据えたものであり，同庁としては初めての試みである。

このミクロセンサスはドイツ社会に衝撃を与え，多方面に大きな波紋を広げた。というのは，ドイツ国籍を有する市民のなかにも「移民の背景」をもつ人々が想像を上回る規模で含まれていることが公式に初めて明らかにされたからである。提示された多数のデータは現代ドイツの実像を把握するうえで貴重であり，ドイツの知られざる重要な一面を浮かび上がらせた。このミクロセンサスを利用して幅広いタイプの移民の国であるドイツの輪郭を描くのが，第1章の主題である。これに続き第2章では，これまでほとんど知られていなかった民族的マイノリティと呼ばれる集団に光を当てている。民族的マイノリティというのは，ドイツに移住したのではなく，スラブ系のソルブ人に代表されるように，特定の地域に旧くから定住しているマイノリティを指している。このような集団がドイツに存在することを示し，移民という新たなマイノリティと並んで古来よりのマイノリティがマジョリティと共存している現実を照射することに第2章の狙いがある。

このように移民国ドイツの見取り図を素描しているので，移民政策の転換やイスラム問題など個別の問題を扱う論考への序論を兼ねて，本書ではこれら2つの章を第1部として最初に置いている。

第1部のテーマについてもう少し説明を加えておこう。

前著で詳論したように，第3帝国の崩壊による第2次世界大戦の終結はドイツの国土を極度に荒廃させたが，敗戦前後からの避難民や追放民の大量流入をはじめ，ドイツを東西に分断する内部国境を越えるユーバージードラーの動き，戦後復興から高度成長に向かう時期に始まったガストアル

バイターの導入など、ドイツは激しい人口移動の波に洗われてきた。前著のはしがきで、「第2次世界大戦後に限ると、イスラエルを除き、先進国に数えられる国でこれほど移住によって人口が構成されている国は存在しない」と記したのは、これを指してのことである。戦後史全般を見渡すのではなく、近年の現象に視界を限定しても、移動の波が高いことが確認できる。例えば、『ジュートドイッチェ』紙は2003年8月から「ドイツにおける民族移動」と題したシリーズをスタートさせたが、その初回に筆を執ったS.ツェクリはこう書いている。「連邦共和国は運動の渦中にある。ドイツ統一という転換点以降、200万人以上が新連邦州から西部に移住した。都市に倦んだ人々は空気と空間を求めて郊外に脱出したが、そこでは一日当たり130ヘクタールがコンクリートで埋められている。若い科学者は群れをなしてドイツに背を向けて出て行く。我々の眼前でドイツでは人口変動が起こっており、人口学者は30年戦争の頃のそれと比較している。確かに我々は多くの民族移動を経験してきた。第2次世界大戦後の何百万人もの追放民の到来、北から南に向かう専門労働者のキャラバン、移民の流入、国外への脱出などがそれである[13]。」

　今日に至るまで戦後ドイツではこのように国内であれ、国境を跨ぐ形であれ、人の移動が大規模に起こっているが、異なる文化的背景をもつ移民に限ってもドイツは最大級の移住を経験しており、EU諸国の中で群を抜いた移民国といっても誇張ではない。さらにアメリカ、カナダなどの古典的移民国と比較しても戦後ドイツはそれらを凌駕するに至っているから、現代ドイツは移民を土台に国家形成した古典的移民国とは区別される新たなタイプの移民国になっているといってよいであろう。ここでいう新たなタイプの移民国とは、マジョリティである土着の人々を主体としながら、移住によって新たに定住した移民が加わった結果、単に人口面で彼らが占める比率が大きいだけではなく、社会的・経済的にも不可欠の構成要素になっている国々を指し、前述の量的な意味での移民国を含意している。前

---

(13) Sonja Zekri, Die Leere und das verlassene Ich, in: Süddeutsche Zeitung vom 7. 8. 2003. さらにライナー・ミュンツ、拙訳「移民受入国になるドイツ－回顧と展望」『社会科学論集』40・41号、2003年参照。

著の表紙には「外国人は出て行け」という極右のスローガンがもし実行されたらドイツがバラバラに解体してしまう様を描いた風刺画を載せたが，実際，移民の労働力が欠如すれば基幹産業までもが操業不能に陥る国々は今後増大するであろう。その意味では現代ドイツは新たなタイプの移民国の先頭に立っているといってよい。

　このことは四つの面で確かめられる。第1にドイツでは膨大な数の移民が生活しており，帰化などによりドイツ国籍を有する人々を除いても，2005年の外国人統計では676万人の外国人が居住している。外国籍の人々に限れば，2001年のイギリスで259万人，1999年のフランスで326万人，2003年のスペインで165万人，2001年のイタリアで133万人とされているから，ドイツに居住する人数が突出して多いことは明瞭であろう[14]。もちろん，各国で総人口は大きく相違するから外国人の人口比率で比べると，2004年のドイツでは8.1％だったが，同年のスイスで21.7％，2003年のオーストリアで9.4％，2003年のベルギーで8.3％であり，人口の少ない3カ国がドイツを上回っているにとどまる。一方，外国人比率は1999年のフランスで5.6％，2001年のイギリスで4.4％，2001年のイタリアで2.3％だった。また総人口が比較的小規模な国々では2002年のアイルランドで5.8％，2003年のスウェーデンで5.3％，2004年のオランダで4.3％となっており，いずれもドイツを下回っている。これらの点から，外国人に照準を合わせれば，ドイツが抜きん出た位置を占めていることは明白といえよう。

　無論，既述のように，外国人にのみ視野を局限するのは今日では不適切であり，ドイツ国籍の有無を問わず移住という観点からドイツを眺める必要がある。これが第2のポイントであり，この場合，上記のミクロセンサスが役立つ。その概略については第1章で取り上げるが，ここで先回りして「移民の背景」を有する人々の規模にだけ触れておくと，調査では今日のドイツの人口のほぼ5人に1人，すなわち1,530万人の市民に「移民の背景」があるという結果になった。これをみれば，ミクロセンサスの概要が

　（14）　ここでの数字はすべて次の資料に依拠している。Beauftragte der Bundesregierung für Migration, Flüchtlinge und Integration, Deutschland im europäischen Vergleich, Berlin 2005. なお，拙稿「ヨーロッパ各国の移民・外国人に関する主要なデータ」『社会科学論集』45号，2007年参照。

2006年に公表されたとき，ドイツ社会に衝撃が走ったことは容易に納得されよう。定住している外国人の数を問題にするまでもなく，ドイツが突出した移民の国であることは，ミクロセンサスのデータに照らせば一目瞭然だからである。

　それはさておき，EU憲法の制定がフランスなどの国民投票で頓挫したことに見られるように，その歩みには紆余曲折があるものの，EUの統合と拡大は着実に前進した。統合では共通通貨ユーロが一部の国を除いて使用され，拡大では27カ国が加盟するまでになったことがそれを示している。そうした事実を考慮すれば，ドイツに定住しているEU市民はもはや外国人や移民とは呼びにくくなっている。EU内の国境が低くなり，新規加盟国に適用されている過渡的な制限を別にすれば，加盟国の国民は原則としてEU域内を自由に移動し居住できるからである。その点から見るなら，外国人であれ移民であれ，そうした呼称に十全な意味で該当するのはEU加盟国以外の国や地域の出身者であろう。そうした観点からドイツに接近してみると，EU加盟交渉が難航しているトルコの出身者がドイツに定住する移民で最大集団を形成していることが重要な意味をもつ。事実，2006年のトルコ研究センターの発表によれば，トルコ系移民は全体で260万人であり，そのうちドイツ国籍を有しているのは84万人といわれている[15]。近年，トルコ国籍の外国人では減少傾向が顕在化しているが，それはトルコへの帰国者が増えた結果ではなく，ドイツ国籍を取得する者が増大していることに起因している。いずれにせよ，首都ベルリンの別称がリトル・イスタンブールであることに示されるように，ドイツに居住するトルコ系移民はヨーロッパで最大規模であり，これにEUに未加入の旧ユーゴスラヴィア出身者が続いている。その結果，EU各国に居住しているEU外の第三国出身者のうち，全体の約40％がドイツで暮らしているのが実情である。そうした意味で，第三国出身者を移民と呼ぶ場合，ドイツがやはり突出した移民受け入れ国になっていることが第3のポイントである。

　第4に，ドイツで生活している外国人の定住志向が強いこともドイツを移民の国にしている。外国人に限ってこれを見れば，その半数以上が既に

---

(15) Stiftung Zentrum für Türkeistudien, Pressemitteilungen vom 20. 7. 2006.

10年以上ドイツに居住しており，3分の1以上が20年を超える滞在期間に達している。これに応じて平均滞在期間も延び，既に17年の長期に及んでいる[16]。こうした現実のため，ドイツで出生した者が増えつつあるのは当然であろう。外国人の中でのドイツ出生者の比率は20％を上回っているが，出生率が比較的高いため，その比率は今後急速に拡大していくと予想される。このように定住志向が強いことから，国籍は他国であってもドイツを事実上の故郷とする人々が増大するのは確実な情勢であり，この面でもドイツが移民国であることは明らかなのである。

4　現代ドイツのイスラム問題

　上述のようにドイツに定住している移民ないし外国人のうちトルコ系集団が最大であることは，様々な問題を伴っている。とりわけ近年関心が高く，社会的にも重大になっているのは，260万人とされるこの集団の大部分，すなわち推定で約250万人がムスリムであることである。もちろん，トルコ系移民以外のムスリムも存在するのは指摘するまでもない[17]。またイスラム・アルヒーフ中央研究所の2005年のまとめによれば，宗派別ではスンナ派が258万人であり，シーア派はイラン系，トルコ系，アレヴィ派などを集めても64万人にとどまる[18]。さらに昨今ではドイツ人の中でキリスト教からイスラムに改宗する市民も増える傾向にあり，注目を集めている[19]。これにドイツに帰化したムスリムを合わせると，ドイツ国籍を有するムスリムは総数で95万人と見積もられている。したがって，ドイツに居住しているムスリムの総数は一般に320万人程度とされていることを考えるなら，

---

(16)　Simon Green, Für einen modernen Multikulturalismus, in: Berliner Republik, H. 1, 2007, S. 39.

(17)　拙稿「ドイツの主要なイスラム組織」『社会科学論集』44号，2006年参照。

(18)　Zentralinstitut Islam-Archiv-Deutschland, Zahl der Moslems mit deutschen Pass an der Millionengrenze, Soest 2005.

(19)　これについては，『ツァイト』紙などに詳しく報道されている。Martin Spiewak, Meinungsstark, aber ahnungslos, in: Die Zeit, Nr. 17, 2007; Christoph Gunkel, Gestern Jesus, heute Mohammed, in: Süddeutsche Zeitung vom 12. 1. 2007; Der Spiegel, Nr. 3, 2007.

ドイツのイスラムとはとりもなおさずトルコ系移民のイスラムだといって差し支えないであろう。いずれにせよ，イスラムを信仰する大規模な移民を抱えることによってドイツはイスラムに直面することになった。そして時に文明の衝突として喧伝されるイスラムとの摩擦の問題を検討することが第3部の課題である[20]。

トルコ系移民がドイツに居住する移民の最大集団であることに加え，その大部分がムスリムであることは，移民の社会的統合の困難を語り，あるいは統合の破綻を論じる文脈でかねてより重視されてきた。前著で主にベルリン市外国人問題特別代表部が1990年代に作成した数々の資料に依拠しつつ，ベルリン在住のトルコ系青少年の生活状況と意識を詳しく検討したのは，そうした背景があったからにほかならない。

しかしながら，2001年にアメリカで発生した同時多発テロを境にしてドイツでもムスリムに向けられる視線は厳しさを増し，治安対策的な関心が濃厚になった。同時にイスラムに対する関心自体も，バランスの偏りを別にすれば一気に高まった。そのことはマスメディアでイスラムに焦点が当てられるケースが急増したことや，書店の店頭に並ぶ新刊書の変化に表れている[21]。こうしてイスラム問題がクローズアップされたが，なかでも脚光を浴び，同時に普通の市民の懸念や不安の的になったのは，ムスリムの間で浸透しているとされた過激なイスラム運動やそれを思想的に支えるイスラム主義であった。つまり，アメリカでのテロ発生までは，「ドイツの中

---

(20) なお，ヨーロッパ各国のムスリムの人数については，Frankfurter Rundschau vom 24. 11. 2004 が詳しく伝えている。因みに『フォークス』2007年14号では，ドイツのムスリムの総数は330万人，そのうちでドイツ国籍を有するのは100万人という数字が報じられている。

(21) Dirk Halm, Zur Wahrnehmung des Islams und zur sozio-kulturellen Teilhabe der Muslime in Deutschland, Manuskript, Essen 2006. N.C.ティースラーによると，2001年のテロ以前にも西ヨーロッパでイスラムが脚光を浴び，「イスラムの復活」などの表現が人口に膾炙される転機になった年がある。フランスでスカーフ問題が持ち上がり，イギリス在住のS.ラシュディにファトワで死刑が宣告された1989年である。Nina Clara Tiesler, Europäisierung des Islam und Islamisierung der Debatten, in: Aus Politik und Zeitgeschichte, 26-27/2007, S. 26.

のイスラム」という図式でムスリムのドイツ社会への統合に重心があったが，テロを境にして「ドイツ対イスラム」ないし「西欧対イスラム」という対抗関係に構図が一転し，ムスリムは融和の対象から警戒の対象に変わったといえよう[22]。

とはいえ，ドイツでもイスラム学者は数が少なく，とりわけムスリムの生活様式や心情を理解している者は限られているといわれる。そうした事情のためにともすればイスラムの脅威が煽られやすく，恐怖に彩られた幻影が独り歩きしやすい社会的雰囲気が醸成されている。けれども他方では，ドイツで暮らすムスリムについて丹念な調査が行われ，かまびすしい論壇から距離を置きつつ，正確な認識を得るための努力が重ねられている。本書第5章ではそれらの成果に依拠しつつ，ドイツのトルコ系ムスリムがどのように組織化されているかを検討し，イスラム主義団体が決して主流ではなく，むしろその勢力が限られていることを明らかにしている。それはいわば常識的な知見ともいえるが，断片的な知識に基づく危うい推論が検証済みの根拠のある認識であるかのように流通している状況を考えれば，ドイツの研究機関の地道な努力によって事実に裏づけられた知見が確立できることの意義は決して小さくないであろう。

第5章ではトルコ系移民の主要なイスラム組織を概観した後で，ミッリー・ギョルシュのようなイスラム主義組織の実態を解明している。その際，治安機関である連邦憲法擁護庁などの報告書を多用したが，その主たる理由は，それ以外には資料が乏しいことにある。さらに若者がイスラム主義に傾倒しやすい原因についても考察し，ホスト社会から受ける差別と拒絶の経験がイスラム主義問題の土壌になっていることを明らかにしている。差別と拒絶による排除はアイデンティティの危機を招き，イスラムを支えにすることで危機を脱却する道が開かれる。つまり，排除の構造が「イスラムの覚醒」と呼ばれる現象を生じさせ，そこにイスラム主義が根を張りやすい状況が形成されるといえよう。

---

(22) この点も含め，ヨーロッパとイスラムの関係の変容に関する概観として，内藤正典『ヨーロッパとイスラーム』岩波新書，2004年参照。イスラムとの摩擦はわが国でもしばしば報じられるが，その一例として，熊倉逸男「"入欧"イスラムに差す影」2005年1月1日付『中日新聞』参照。

第6章では多年にわたって注目を浴びてきたスカーフ問題に照準を当てている。この問題の本場がフランスであることはよく知られているが，10年のタイムラグでドイツに波及したといってもよい。ここでも問題の根底にあるのは「イスラムの覚醒」である。中高年の年代では主として慣習としてスカーフ着用が守られているのに対し，ドイツで出生したり成長し，アイデンティティの危機に直面しやすい若い世代では意識的にスカーフを着用するケースが多いからである。いずれにせよ，脚光を浴びた割には，ムスリムの女性がいかなる動機や理由からスカーフを着用するかについてはほとんど関心が払われてこなかった。むしろイスラムにおける女性抑圧のシンボルであるとか，あるいはイスラム主義の政治的シンボルであるとする言説が跋扈してきた観がある。とくにフェミニストとして著名なジャーナリストと保守派の政治家がムスリム女性のスカーフ着用反対で足並みを揃えている光景はいかにも奇異といわねばならない。そうした実情を見るにつけ，ここでも地道な調査に基づいてスカーフ着用の動機を確かめ，問題の構造を正確に把握することが必要とされよう。この意味で，「スカーフの下の頭は何を考えているのか」を調べたF. イェッセンたちの研究成果は貴重であり，第6章はこれを手掛かりにして考察を進めている。それと同時に，スカーフで問題になっているのが政教分離か女性抑圧かについても議論を追跡し，重心が後者に移っていることも明らかにしている。

　もちろん，ドイツが直面するイスラム問題は多岐にわたり，イスラム主義やスカーフ問題がその一角を占めるにとどまるのは指摘するまでもないであろう。あるいはそれらは表層の問題であって，真の問題ないし核心問題はその背後に隠れているというべきかもしれない。その問題とは，両者に通底する「イスラムの覚醒」であり，さらにはホスト社会と移民社会とのどこまでも交わることのない「平行社会」の形成である[23]。大規模なム

---

(23) この問題に多年にわたって取り組んでいるのは，W. ハイトマイヤーを中心とするグループであり，その成果は『ドイツの状態 Deutsche Zustände』と題するシリーズの形で公刊されていて示唆に富むが，ムスリム社会の研究者から警世的すぎるという批判を浴びているのも事実である。Dirk Halm und Martina Sauer, Parallelgesellschaft und ethnische Schichtung, in: Aus Politik und Zeitgeschichte, 1-2/2006, S. 18ff. なお，トルコ系移民第二

スリムの集団が中核をなす移民社会が確固として存在する以上，これらの問題は社会の分裂を引き起こすことになるからである。本書ではそうした基礎的レベルにまで検討の鋤を入れることはできなかったが，社会の関心を引き付けている個別のトピックを正確な調査に基づいて分析することによって問題の社会的文脈や構造が浮き彫りになれば，一歩前進になろう。

　戦後の西ドイツでガストアルバイターとしてトルコ人の導入が始まってから半世紀近い歳月が流れ，そのために近年では移民の間で高齢者が増大するとともに，ドイツで出生した子供たちも増えている。そうした背景から，イスラムについて，例えば老人ホームや墓地をどのような形で提供するかが問われる一方[24]，学校では正規の教科である宗教にイスラムをどのように組み入れるかが重大な課題になっている。またムスリムとしての自己意識が強まりつつあることが各種の調査で明らかにされているが，そうした趨勢はモスク建設の動きを強め，住民との紛争が拡大することが懸念されている。2006年にスカーフ着用に反対したトルコ系ドイツ人の政治家に殺害を予告する複数の脅迫状が送りつけられ，警察の保護下で窮屈な暮らしを余儀なくされて政治問題化したのは記憶に新しい。同様の事件は翌年にも繰り返され，アウシュヴィッツで家族を失ったユダヤ系作家がケルンでのモスク建設に反対を表明したとき，同じ内容の脅迫電話がかけられた[25]。これらの例に見られるように，イスラムを巡って未解決の課題や深

　　　世代の調査に基づき，A. ヤンセンたちは彼らの社会的ネットワークに見られる「家族集中性」を強調しながらも，トルコ系移民の自立的な社会は形成されていないとして平行社会論を批判している。Andrea Janßen und Ayca Polat, Zwischen Integration und Ausgrenzung: Lebensverhältnisse türkischer Migranten der zweiten Generation, Diss., Oldenburg 2005.
(24)　この点については，拙稿「ドイツにおける外国人高齢者の生活実態」『社会科学論集』37号，1998年参照。
(25)　殺害予告を受けたのは，邦訳のある『第二の罪』などの著作で知られるR. ジョルダーノであるが，『フランクフルター・アルゲマイネ』紙への寄稿で彼はそれを一蹴した。Ralph Giordano, Nein und dreimal nein, in: Frankfurter Allgemeine Zeitung vom 1. 6. 2007. 脅迫を跳ね返す彼の不屈の姿勢とともに，事件は『シュピーゲル』誌をはじめ新聞各紙で大きく取り上げられた。

刻な軋轢が様々な形で生起しているのが今日のドイツの姿である。

　人口学者M.ブルーメの推計によれば、ムスリムでは出生率が高いことから2030年の時点でその数は今日の2倍以上の700万人に達する。そしてドイツの人口は縮小が不可避だから、新たな移民で補ったとしてもムスリム人口の比率が著しく高まるのは確実だという[26]。『フォークス』2007年14号が報じるところでは、アメリカの著名なイスラム学者B.ルイスは現在の移住と人口のトレンドが変わらなければ、ヨーロッパはイスラム化すると説いており、T.サベージは今世紀半ばには西ヨーロッパでムスリムが非ムスリムを凌駕する可能性があると警告している。また、この報道と足並みを揃えるかのように、『シュピーゲル』も2007年13号で「メッカ・ドイツ」と題した特集を組み、ムスリムの家庭で起こった女性虐待の裁判で夫による制裁をシャリーアを根拠にして是認したフランクフルトの裁判所の判決を厳しく批判すると同時に、ブルーメの研究などを紹介しながら、シャリーアの法的有効性を認めたこの判決をはじめとして様々な形でドイツ社会の「静かなイスラム化」が進展していることに警鐘を鳴らしている。

　無論、そうした予測や警鐘にどれだけの信憑性があるかは定かではない。しかし少なくともドイツではムスリムが増加するのが確実視される以上、同時多発テロの影響で固まりつつある「ドイツ対イスラム」の構図を「ドイツの中のイスラム」に再転換し、「イスラムの覚醒」の根源を除去してムスリムの社会的統合を推進する必要があるのは間違いない。これにはいまだ模範とすべき解答は存在しないものの、ドイツではショイブレ内相の主催で主要なイスラム組織の代表が一堂に会する初めてのイスラム会議が2006年9月に開催され、政府の責任者とともにイスラムの在り方に関する協議を開始した。それは一つの実験であり、その成果はいまだ不明とはえ、いくつもの組織がそれぞれムスリムの全体を代表していると主張して反目してきた経緯を考慮すれば、同じテーブルについた事実そのものが画期的だと評しえよう[27]。この試みを突破口にして、ドイツが創意をこらしつつ

---

(26)　Michael Blume, Islam in Deutschland 2030, Tübingen 2006.

(27)　2007年4月にムスリムの共同利益を実現する目的でイスラム組織の間で調整機関が創設されたのは、イスラム会議が契機になっている。しかし会議の意義については多様な評価があり、確定するのは時期尚早であろう。

イスラムとの和解と統合の方向に進むならば，その時にドイツは多数の移民が居住しているという量的な意味での移民国から脱皮し，質的な意味で本格的な移民国になったといえるのではなかろうか。

　1993年と2003年の2度にわたってマイナス成長を記録したことに見られるように，統一後のドイツが経済的に停滞し，経済大国ではあるものの，世界経済を引っ張る機関車のような昔日の面影を失ったことは周知のとおりである。とくに大量失業に代表される雇用問題や膨らみ続ける財政赤字などで呻吟していることは，別著『統一ドイツの政治的展開』（木鐸社2004年）で詳説した。当初は苦境の打開に向け，「産業立地ドイツの確保」という標語が官民挙げて呼号されたが，やがてそれはグローバル化とヨーロッパ化という二重の構造変動による競争激化の帰結だという認識が定着した。これを踏まえ，ドイツ経済の重荷になり，競争力を損なっている主因として，高い労働コストや短い労働時間をはじめ戦後西ドイツで構築された手厚い社会保障システムに攻撃の矢が向けられ，社会国家の改造が政党や圧力団体の間の攻防の主題となった。同時に，社会国家の制度的支柱だった労使の協約自治システムも弛緩し，雇用政策や社会政策を中心とした政策形成の仕組み自体も曲がり角に立っている。これらの変化を一言で表現すれば，今日のドイツは社会国家と呼ばれるドイツ型福祉国家から競争国家に向けたレジームの再編成の途上にあるといってよい。
　移民政策の転換に関しては前述したが，それはこのような背景の下で進行しているのであり，公式の移民国への移行はドイツ産業の国際競争力強化と社会国家の縮小というプロセスと無関係ではありえなかった。例えば移民法の制定はドイツが出遅れているハイテク分野を中心に高度の専門家を招致することに主眼があるが，それが産業立地の建て直しに直結していることは指摘するまでもないであろう。また他方では，外国人法の改正に並行して道が開かれた東欧諸国からの請負契約労働者や季節労働者などの導入は，初期には共産主義体制の崩壊に伴う無秩序な移民流入を防止する

　会議の概要は連邦内務省の広報誌に比較的詳しく記されている。Innenpolitik, H. 3, 2006, S. 4ff.

狙いがあったが，やがて安価であるだけではなく，ドイツに定住して負担になることのない便利な単純労働力という色彩を濃くした。その意味で彼らがグローバル競争に直面したドイツの経済的必要に即応していることは明白であろう[28]。同時に，ヨーロッパ化の一面である2004年と2007年のハンガリー，ルーマニアなど東欧諸国のEU加盟に伴い，大量の移住者がドイツに到来することが確実視されている。経過措置により最長で7年間は流入を規制することが認められているが，それを過ぎれば域内自由移動が可能になり，現在は60万人にとどまる東欧出身者は2030年に総計で200万人から280万人に達するという予測が2004年にドイツ経済研究所（DIW）によって公表されていて[29]，労働市場をはじめとする様々な分野で混乱が危惧されている。

さらに近年のドイツではわが国と同様に貧富の格差が深刻化しており，かつてのプロレタリアートに代わるプレカリアート（Prekariat）という語が使われるようになる一方で，連邦政府のほかにいくつかの州政府も貧困報告書を公表するまでになっている。そのため，マスメディアでも格差や貧困の実情が頻繁に報じられ，活発な議論が行われているが，それが競争国家の一面であることは指摘するまでもなかろう。しかしここで重要なのは，貧困層として社会的排除の対象になっている集団に移民労働者とその

---

(28) Bernhard Santel, Migration im Wettbewerbsstaat, in: ders. und Uwe Hunger, hrsg., Migration im Wettbewerbsstaat, Opladen 2003, S. 9f. 代表例はブドウやアスパラガスの収穫に従事するポーランド人農業労働者であり，大量失業にもかかわらずドイツ国内で人手が集まらないために彼らが不可欠の存在になっていることが2007年4月11日付『ジュートドイッチェ』紙で報じられている。

(29) Herbert Brücker, EU-Osterweiterung: Effekte der Migration, in: Wochenbericht des DIW, Nr. 17, 2004. この予測は様々な研究機関の調査テーマになっている。Michael Heinen und Anna Pegels, Die EU-Osterweiterung und die Arbeitnehmerfreizügigkeit, in: Focus Migration, Nr. 4, 2006. Sonja Haug, Migranten aus Mittel- und Osteuropa nach Deutschland, in: dies. und Frank Swiaczny, hrsg., Migration in Europa, Wiesbaden 2005, S.138. EU東方拡大が呼び起こしている「新たな民族移動」に対する懸念は，例えば『シュピーゲル』2004年18号の「新しいヨーロッパの代償」と題した特集に表出している。

家族が多く含まれている事実である。これについてはドイツ経済研究所のほかいくつかの調査で実証されているが[30]、「イスラムの覚醒」をはじめとする移民社会の問題が社会的排除に関わっていることは論を俟たないからである。

　グローバル化，ヨーロッパ化，社会国家の縮小などに起因するこれらの問題群を視野に入れれば，統合サミットで移民代表と政界をはじめとする各界要人との協議の場が設けられ，イスラム会議でムスリムの統合に向けた施策が話し合われているとしても，それらがどれだけの成果をもたらしうるかについては予断を許さないというべきであろう。グローバル競争が強まり，生活の安定と適正水準を保証してきた社会国家の縮小が進むなかで推進されている移民国への転換は新たな問題を生起させ，未解決の諸問題と重なり合って困難を加重しているともいえるからである。その意味で，新たなタイプの移民国ドイツは，移民政策の転換によって政治が現実に追いつきつつあるとしても，これまでに経験していない問題を含め，難問が錯綜した状態にあるといえよう。

---

(30) Ingrid Tucci und Gerd Wagner, Einkommensarmut bei Zuwanderern überdurchschnittlich gestiegen, in: Wochenbericht des DIW, Nr. 5, 2005, S. 79ff. 移民の生活状態の簡潔な概観として，Stefan Bender and Wolfgang Seifert, On the Economic and Social Situations of Immigrant Groups in Germany, in: Richard Alber et. al., ed., Germans or Foreigners?, New York 2003, p. 45ff. が役立つ。

第1部
移民国ドイツの輪郭

第1章

移民の背景を有する人々と国外移住

1　ミクロセンサスの衝撃

　『ツァイト』紙のかつての編集人として著名なT. ゾンマーは現在もしばしば健筆を揮い，時務的発言を続けているが，その彼は2006年4月に「不作為のイデオロギー」と題した一文を同紙に寄せ，「ドイツの移民政策の歴史は怠慢と空虚な言葉の連鎖である」としてこれまでの政府の政策を厳しく叱責している[1]。ここで焦点に据えられているのは，「ドイツは移民国ではない」という歴代政権が固執してきた公式の立場であるのはいうまでもない。しかし今ではその「不作為」も過去のものになろうとしている。難産の末に成立した移民法が2005年1月に施行されたことにより流れに変化が出てきたからである。2006年7月14日にはメルケル首相の呼びかけで移民団体を始め，連邦と州の政府関係者，経済界，社会団体，教会などの代表者が参加したいわゆる統合サミットが開催されたが，2005年秋のフランスの騒乱や2006年春のムハンマド風刺画事件のような移民問題を巡る新たな情勢が背後にあるとしても，これがその流れのうえにあることは明白であろう。

　統合サミットに至る過程でJ. ラウは，『ツァイト』紙上で，「これを契機にして国の自画像が変わるだろう」と期待を込めて記し，その伏線として，キリスト教民主・社会同盟（CDU・CSU）が「統合政策でパラダイム

（1）　Theo Sommer, Ideologie des Nichtstuns, in: Die Zeit, Nr. 16, 2006.

転換を行った」ことの意義に触れている²。この指摘は核心を衝いたものであり、過大評価の感が残るものの決して当を失しているとはいえない。実際、1999年に成立した改正国籍法を前衛の峰とし、2004年に登り詰めた移民法をピークにしてドイツは移民国に公式に方向転換したのであり、不作為によって拡大した移民国の現実と政府の建前との乖離は縮小する可能性がようやく生まれたのである。2006年7月12日付『政治情報サービス』の「統計上の移民社会」と題した記事では、「最初のガストアルバイターの到着から50年後に政治は移住を社会的なキー・テーマとして発見した」と記しているが³、事実、1955年に結ばれたイタリアとの協定に基づき外国人労働者の募集を開始してから半世紀を隔ててようやく移民国としての公的な認知にまで到達したのである。

　ところで、筆者は先に『統一ドイツの外国人問題』（木鐸社、2002年）と題する一書を公刊し、その中で、わが国で一般に抱かれているイメージとは違い、今日9カ国と国境を接し、地理的にヨーロッパの中心に位置するドイツが、戦後世界の先進国では最大級の国境を跨ぐ移動の国であり、歴史的に見てもそうであることを強調した。アオスジードラーやユーバージードラーなどわが国では耳慣れない集団に注目し、その来歴や規模などをさまざまな角度から検討したのはこれを裏付けるためであり、外来民という用語を使用したのも同じ理由からである。しかし当のドイツでも、自国がそうした移動の国であることの理解が十分に浸透しているとは言いがたい。それには政府が長く移民国ではないとの立場をとり続け、移民国に必要とされる施策を怠った影響が大きいと思われる。職場や学校、地域社会には言葉や容貌をはじめとして異なる文化的背景をもつ人々が増えてきているのに、普通の市民の間で彼らを受け入れる心構えが低調だったのはその結果というべきであろう。冷静に考えればこれらの人々なしには豊かな社会の維持がもはや不可能なのに、その排斥を求め、ドイツ人のためのドイツという幻想に取り付かれて暴力に訴える傾向が沈静しないのは、国境を跨ぐ移動のない閉ざされたドイツという幻影が払拭されていないことを

　（2）　Jörg Lau, Wir waren ein Einwanderungsland, in: Die Zeit, Nr. 24, 2006.
　（3）　Infodienst für Politik vom 12. 7. 2006.

証明している。

　2006年6月に連邦統計庁のミクロセンサスが公表されたとき，そのデータに驚きとともに注目が集まったのも，こうした実情を裏書きしている。ミクロセンサスの内容は多岐にわたっているが[4]，関心が集中したのはドイツに居住している人口の5分の1がいわゆる「移民の背景 Migrationshintergrund」を有しているという点だった。主要な新聞・テレビ・週刊誌はいずれもミクロセンサスについて一斉に報じているが，その中からいくつかの見出しを掲げてみよう。

　テレビ
　　ターゲスシャウ（2006年6月10日）
　　　2005年のミクロセンサス発表・「ドイツは移民国」
　　n-tv（2006年6月6日）
　　　恐るべき発展・新しいミクロセンサス公表
　週刊誌
　　シュピーゲル・オンライン（2006年6月6日）
　　　家族は時代遅れで移住が流行る
　　シュテルン・オンライン（2006年6月6日）
　　　「小国勢調査」・ドイツは移民国
　　ツァイト・オンライン（2006年6月6日）
　　　子供がないことの過大評価
　新聞
　　フランクフルター・アルゲマイネ・ツァイトゥンク（2006年6月7日）
　　　世帯は増加，子供は減少
　　ヴェルト（2006年6月7日）
　　　ドイツの移住者は考えられているより明らかに多い・2005年ミクロセンサスは公式の統計を修正・1,530万の市民がいわゆる移民の背景をもつ

（4）　その概要を知るには，連邦統計庁長官 J. ハーレンのステートメントが便利である。Johann Hahlen, "Leben in Deutschland - Ergebnisse des Mikrozensus 2005", Statement vom 30. 5. 2006.

フランクフルター・ルントシャウ（2006年6月7日）
　移住者が高齢化にブレーキ
ターゲスツァイトゥンク（2006年6月7日）
　官許の多文化
ターゲスシュピーゲル（2006年6月7日）
　小国勢調査・いかに多くの人が移民の背景をもってドイツで暮らしているかが2005年ミクロセンサスで初めて明らかに
その他
　ヤフー・ニュース（2006年6月6日）
　　ドイツの5人に1人に移民の背景

　これらの見出しを比べれば，『ツァイト』紙，『フランクフルター・アルゲマイネ』紙，n-tv が世帯構造の変化などに広く注意を向けているだけで，それ以外はいずれも移住・移民の動向に力点を置いていることが一目瞭然であろう。また，これらの報道ではいずれもミクロセンサスの数値の紹介が中心になっているが，若干のコメントも付されている。例えば『ヴェルト』では「これまでの統計は国籍だけに絞り込まれ，事柄の半面のみを示していた」のに対し，今回のミクロセンサスではドイツの内と外という出生地と帰化も調べたので，「ドイツではこれまで知られていたよりも遥かに多くの人々が移民の背景を有している」ことが明らかになったとして，驚きの念を交えて報じている。同様に『シュピーゲル』も次のように記している。「連邦統計庁の数字は多くの保守的な人々のドイツ像を揺るがすものといえよう。連邦共和国の住民の5分の1は『移民の背景』を有している。この数字はこれまで知られていたものの2倍以上なのである。」ここにもミクロセンサスの意外性が滲み出ているのは指摘するまでもないであろう。

2　移民の背景を有する人々の分類

　それでは現在のドイツで「移民の背景を有する」市民はどれほど存在するのだろうか。また移住には多様な形態があることを考慮し，アオスジードラーや庇護申請者などに移住者を分類した場合，それぞれのカテゴリーにはどれほどの人が属しているのだろうか。

最初に注意する必要があるのは，この観点からミクロセンサスを眺めたとき，やはり不十分さが残ることである。たしかにそれを報じたマスメディアに衝撃を与えるほどに今回の統計が画期的な意義を有していることは間違いない。けれども，例えば外国人として一括された集団が，労働移民や難民など移住の動機ばかりか法的地位の異なる様々なカテゴリーの人々で構成されていることは周知の事柄に属する。この点に照らすと，労働移民とその家族が庇護権保有者とともに外国人として一括されている点などに見られるように，今回のミクロセンサスも不十分さを免れない。もっとも，そうした下位分類については連邦移民難民庁の『数字で見る移民・統合・庇護[5]』など他の機関が作成している資料によってある程度まで補うことができるので，ここではミクロセンサスの要点だけを整理しておくことにしよう。

　ミクロセンサスは官庁統計の一つで，小国勢調査とも呼ばれている。その方法は標本調査だから，細部までの正確さはもともと期待できない。繰り返しになるが，2005年のミクロセンサスの成果は，今日のドイツの人口のほぼ5分の1に相当する19％が移民の背景を有している事実を浮き彫りにしたことにある。この点は，従来の調査がもっぱら外国籍の人々のデータだけを提示してきただけに大きな意義がある。ここでいう外国籍の人々とは，ドイツに帰化した市民やドイツ国籍と他国籍を合わせ持つ多重国籍の市民を除いた法的な意味での外国人のことであり，2005年の調査によるとその数は730万人で人口比率は8.8％になる。したがって，アオスジードラーや帰化した市民などを含む移民の背景を有する市民のうちで外国人が占める比率は，一般に想像されている数値の半分にも達しないことが確認できる。

　それではミクロセンサスでいう移民の背景を有する市民にはどのような集団が含まれるのだろうか。連邦統計庁によると，国籍と出生地を指標にして次のように分類できる[6]。

　（5）　Bundesamt für Migration und Flüchtlinge, hrsg., Migration, Integration und Asyl, 13. Aufl., Nürnberg 2005.
　（6）　Statistisches Bundesamt, hrsg., Leben in Deutschland: Haushalte,

1. 外国人
     (1)移住した外国人
       外国人第一世代
     (2)ドイツで出生した外国人
       第二・第三世代の外国人
   2. 移民の背景を有するドイツ人
     (1)移民の背景を有する移住したドイツ人
       後発アオスジードラー
       帰化した移住した外国人
     (2)移民の背景を有する移住していないドイツ人
       帰化した移住しなかった外国人
       移住した後発アオスジードラーの子供
       移住もしくはドイツで出生し帰化した外国人を親にもつ子供
       外国人を親とし出生の際にドイツ国籍を追加的に取得した子供
       親の一方が移民もしくはドイツで出生した外国人あるいは帰化した者という一面的な移民の背景を有する子供

　ここではドイツ人か外国人かを問わず，ドイツに居住している人々の「移民の背景」に焦点が合わされているが，ミクロセンサスではこれに類似した「移民の経験 Migrationserfahrung」という用語も使われている。これは「移民の背景」を有する人々のうちでアオスジードラーやガストアルバイターで定住した人，あるいはこの人々に連れられ，もしくは後から呼び寄せられた人のように，自分自身が直接に移住を体験した人々を区別するための造語である。「移民の背景」と同じく，この「移民の経験」を有する人々についても，ドイツ人と外国人を横断する形でこれに該当する様々な集団が存在するのは指摘するまでもないであろう。

　　　Familien und Gesundheit - Ergebnisse des Mikrozensus 2005, Wiesbaden 2006, S. 74. ここでの分類は「移民の背景」の定義に等しいが，H. ゼッギンによれば，日常語としてのそれはアメリカ出身の技術者やフランス系の小事業家に使われることはまずなく，大抵は「無教養，南方的，野蛮，つまりはイスラム的」というネガティブな意味合いで用いられている。Hilal Sezgin, Wir sind längst angekommen!, in: Die Zeit vom 13. 7. 2006.

では，これらの分類に基づいて整理するとどのような結果が得られるのだろうか。
　今日のドイツには総数で8,240万人が居住しているが，これを「移民の背景」の有無で区分すると表1のようになる。移民の背景のないドイツ人が当然ながら大部分を占めるが，それでも81％にとどまっているのが注目点といえよう。一方，移民の背景を有するドイツ人は10％を占め，外国人の9％を上回っている。既述のように，2005年のミクロセンサスで特に関心を集めたのはこの点だった。念のために付言すれば，ここでの分類では法的な意味でのドイツ人と外国人に焦点が合わされているから，ドイツ国籍を取得したトルコ人のようなトルコ系ドイツ人は当然ながら前者に含まれている。彼らは社会的には依然としてトルコ人と見做されることが多く，その意味で社会的現実の中では外国人に数えられているといっても決して誤りではないが，社会的意味での外国人と法的意味での外国人との乖離という問題を度外視すれば，国籍法の改正に伴って図1が示すようにドイツに帰化する外国人が急増したから，外国人と移民の背景を有するドイツ人とのバランスが変化し，後者が凌駕するに至ったといってよい。事実，例えばトルコ国籍保持者の場合で見れば，1997年には211万人を数えてピークに達したが，その後漸減して2004年には176万人にまで縮小したのは帰国や出国の波が高まったためではなく，ドイツに帰化する者が増大した結果だった[7]。また2000年に改正国籍法が施行されてから2004年末までに78万7千人以上が帰化してドイツ国籍を取得した[8]。このようにして進みつつあるバランスの変化は，視点を変えれば，法的な意味でのドイツ人の間で移民の背景を有する人々が増大し，それだけドイツ人として一括りにされている集団の均質さが希薄になりつつあることを表しているともいえよう。
　こうして帰化した外国人が増大してい

表1　移民の背景の有無

移民の背景のないドイツ人	81％
移民の背景のあるドイツ人	10％
外国人	9％

（出典）Statistisches Bundesamt, Leben in Deutschland, Wiesbaden 2006, S. 75.

（7）　Bundesamt für Migration und Flüchtlinge, op. cit., S. 78. トルコ人の間での帰化の動向については，本書215頁以下参照。

（8）　Bundesamt für Migration und Flüchtlinge, op. cit., S. 84.

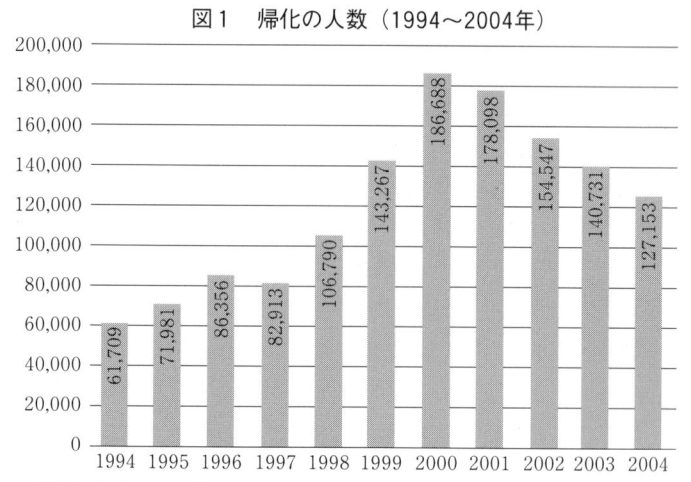

図1　帰化の人数（1994～2004年）

年	人数
1994	61,709
1995	71,981
1996	86,356
1997	82,913
1998	106,790
1999	143,267
2000	186,688
2001	178,098
2002	154,547
2003	140,731
2004	127,153

（出典）Bundesamt für Migration und Flüchtlinge, Migration, Asyl und Integration in Zahlen, 14. Aufl., Nürnberg 2006, S.87.

けば，法的な意味での外国人にのみ注目していてはドイツを巡る人の国際移動の現実が見えにくくなるのは当然であり，移民の背景を有する人々に視野を広げる必要性がますます大きくなるのは当然であろう。外国人はもとより，移民の背景を有する人々も大都市に集中する傾向が強いが，ひとまずこの点を例にとり，移民の背景を有する人々に着眼した場合と外国人に焦点を合わせた場合とではかなり様相が異なることを示しておこう。前者の比率が最大なのはシュツットガルトであり，40％に達している。これに続く第2位はフランクフルトで39.5％，第3位はニュルンベルクで37％である。一方，外国人の比率はこの順でそれぞれ22.3％，25.9％，18％であり，フランクフルトが最大になっている[9]。フランクフルトを上回るのはオッフェンバッハの31.4％であり，23％のミュンヘンや20.3％のマンハイムなどが高率でニュルンベルクはそれほど高いとはいえないが，いずれにしても二つの場合で順位が入れ替わる点に留意する必要がある。このようなズレが生じるのは，移民の背景を有する人々に占める外国人の割合が必

（9） Bundesamt für Migration und Flüchtlinge, Strukturdaten der ausländischen Bevölkerung, Nürnberg 2004, S. 11.

ずしも大きくはないからであることはもはや指摘するに及ばないであろう。

3 移民の背景を有する人々の構成と規模

ところで，1,530万人にのぼる移民の背景を有する人々の複雑な構成を表しているのが図2である。この図では上記の「移民の経験」も考慮に入れられている。図ではドイツ人は次の3種類に区別されている。

(1) **帰化したドイツ人**。この集団は正式の帰化手続きの結果としてドイツ人になった人々であり，大半は以前の国籍を放棄している。しかし一部には多重国籍者も存在し，ドイツ国籍のほかに外国籍も保持している。この集団の中には自身で移住した者と並んで，ドイツで生まれて「移民の経験」のない者もおり，移民の背景を有する人々のうちで前者は300万人で20％，後者は50万人で3％を占めている。このカテゴリーには次に述べる従来のアオスジードラーも含まれる。

(2) **後発アオスジードラー**。アオスジードラーというのはロシアや東欧などに何世紀も前に移住したドイツ人移民の子孫で，居住地で迫害や差別を受けているために父祖の地であるドイツに受け入れられる者を指す。ここではその詳細は省略するが[10]，流入規制のために後発アオスジードラーというカテゴリーが1993年の戦争帰結処理法でつくられたのに続き，国籍法

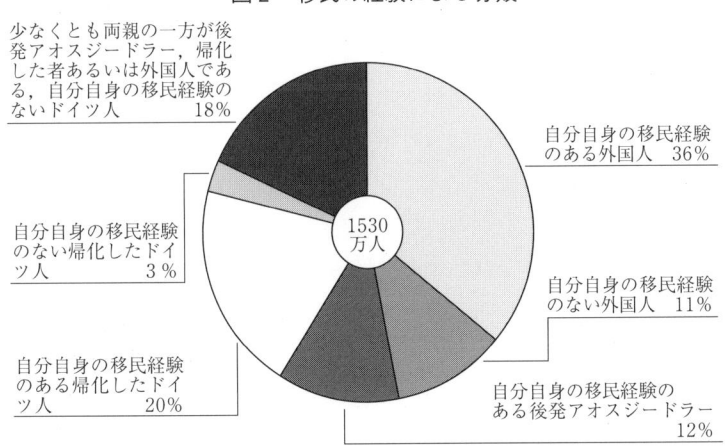

図2 移民の経験による分類

（出典）Statistisches Bundesamt, op. cit. S. 75.

の改正に伴い，1999年8月から特別な証明書に基づいてドイツ国籍を付与されるようになった。以前のアオスジードラーの場合，ドイツに入国してから出生した子供にもアオスジードラーの地位が認められたが，現在では承継は認められていない。彼らはドイツ国籍を申請すれば権利帰化の形で簡単に取得でき，実際にドイツ人になったので，ここでの分類では上記(1)の帰化したドイツ人に含められている。このほか，子供の処遇などの点でも後発アオスジードラーは従来のアオスジードラーとは区別される。ドイツで出生した者は後発アオスジードラーにはなれないから，後発アオスジードラーはすべて国外で生まれ自らが移住した者であり，移民の経験を有している。このカテゴリーが占める比率は12%であり，人数は180万人である。

(3) **移民の背景を有する残りのドイツ人**。これに属するのは，ドイツで生まれ，以下のいずれかの理由で出生とともにドイツ国籍を得た人々である。その一つは，両親の少なくとも一方が移民の背景のないドイツ人，後発アオスジードラー，もしくは帰化した者であるからであり，今一つは，外国人の両親の子供として改正国籍法で導入されたオプション・モデルの条件を満たしているからである。後者のケースではドイツ国籍と並んで両親の国籍を保持できるが，ただ成人した段階では多重国籍は認められず，どれかの国籍を選択しなければならないのはよく知られているとおりである。これらの人々の数は270万人，比率は18%であるが，彼らはもともとドイツ生まれであるから，自分自身の移民の経験を有していない。

以上の種々のドイツ人と比較すると，外国人の場合はかなり単純といってよいであろう。移民の経験の有無に即してここでも，しかし2種類が区別される。

(1) **移民の経験のある外国人**。自分の意思でか，あるいは親に連れられ，もしくは後から呼び寄せられてドイツに移住し，したがって移民の経験の

---

(10) アオスジードラーに関する詳細については，拙著『統一ドイツの外国人問題』木鐸社，2002年，第5章参照。なお，アオスジードラー青少年の統合問題に関する長大な論考が『ツァイト』紙に掲載されていて参考になる。Adam Soboczynski, Fremde Heimat Deutschland, in: Die Zeit vom 12. 10. 2006.

ある外国人である。その数は560万人でドイツ人も含めた移民の背景を有する人々のうちで36％を占める最大の集団である。

(2) **移民の経験をもたない外国人**。ドイツで出生した外国人であり，その数は160万人，比率は11％である。

　以上で図2に示した移民の背景をもつ人々の区分と規模を概観した。ここでは「移民の背景」と「移民の経験」が目安になっているものの，背景や経験の中身自体は問われていない点に改めて留意する必要がある。中身を問題にするなら，労働移民や庇護申請者などの区別が重要になるのは指摘するまでもない。しかし，図では例えば帰化したドイツ人の中に労働移民やその子供としてドイツで帰化した人々と並んで従来のアオスジードラーが含まれているし，他方，このアオスジードラーと後発アオスジードラーは中身の点では一体として扱いうるのに図では異なるカテゴリーに入れられている。その意味で，ここで取り上げているミクロセンサスでは，あくまで移住の規模の大きさとそれがドイツ人をも包摂している事実を確認することに主眼があることに考慮を払うべきであろう。

　ところで，わが国と同様に人口の少子化と高齢化が深刻な社会問題になっている点に鑑みれば，移民の背景を有する人々の年齢構成には注意を向けておくべきであろう。難産の末に2004年に移民法が成立したのも，この問題に取り組む必要性について広範な合意が形成されていたからだった。図3は移民の背景のないドイツ人，移民の背景を有するドイツ人，外国人の三つの集団の各々の年齢構成を示している。移民の背景のないドイツ人は壺型であり，少子・高齢化の影響が顕著だが，これに対し外国人では子供が少ないものの，高齢者も少なく，生産年齢人口に相当する年代が多いという特徴が見出せる。一方，移民の背景を有するドイツ人では高齢層や生産年齢層に比べて子供の数が比較的多い点に特色がある。さらに移民の背景を有するドイツ人と外国人を合わせるとビンの形になって，移民の背景のないドイツ人とは明らかに異なる構成を示している。0歳から40歳まではどの年齢もほぼ同数であり，40歳を超えると縮小が認められるようになるからである。その際にまた，外国人と移民の背景を有するドイツ人とが互いに補い合う形で40歳前後まで一定数を維持している点も注目されるが，しかしもっとも重要なのは，若年層になるほど移民の背景を有する人

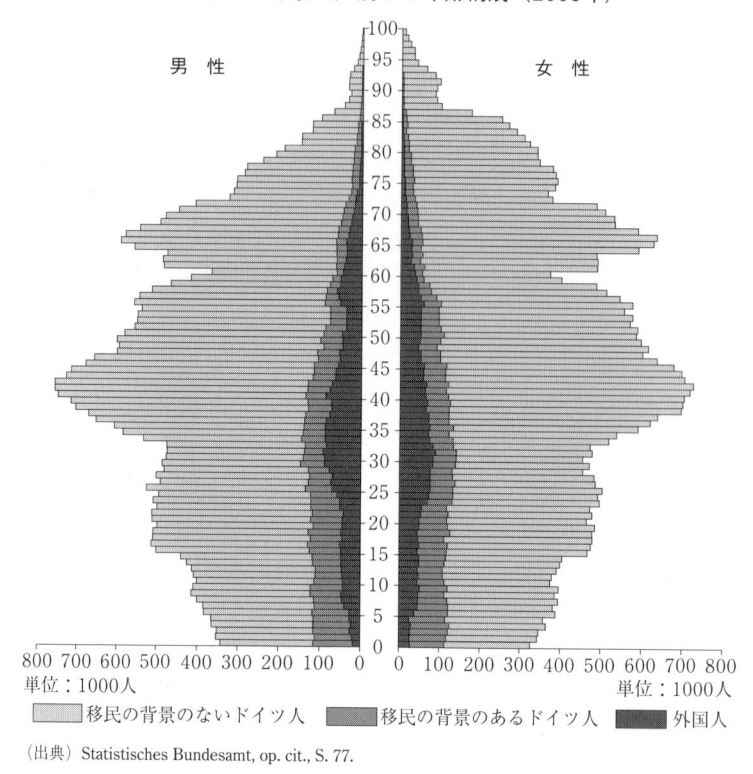

図3 移民の背景で区別した年齢構成（2005年）

男　性　　　　　　　　　　　　女　性

800 700 600 500 400 300 200 100　0　　0 100 200 300 400 500 600 700 800
単位：1000人　　　　　　　　　　　　　　　　　　　　単位：1000人

　　　　　移民の背景のないドイツ人　　　　　移民の背景のあるドイツ人　　　　　外国人

（出典）Statistisches Bundesamt, op. cit., S. 77.

々の比重が高まっていることであろう。実際，5歳以下の子供では3分の1を移民の背景を有する者が占めているのが現実であり，そればかりかとりわけ大都市では子供の半数以上がこの集団に属している。例えば5歳以下でみると，移民の背景を有する子供はニュルンベルクで全体の67％を占めるに至っており，フランクフルトで65％，デュッセルドルフとシュツットガルトでは同率で64％となっている。こうした事実は，仮にこれらの集団がドイツに移住していなかったならば，ドイツの人口の急減が不可避だったことを推測させる[11]。

---

(11) ドイツの人口予測として, Statistisches Bundesamt, Bevölkerung Deutschlands bis 2050, Wiesbaden 2003 参照。

因みに，出身国の面については，トルコをヨーロッパに含めるなら，移民の背景を有する人々の62％がヨーロッパの出身である。すなわち，トルコが14.2％でトップであり，これにロシアの9.4％，ポーランドの6.9％が続いている。そのあとにくるのは，イタリア4.2％，ルーマニアとセルビア・モンテネグロが同率で3％である。外国人の場合とは違い，ロシアやポーランドの出身者が大きな割合を占めているのは，しばしば軽視されがちなアオスジードラーの規模が実際には小さくないことを反映しているものといえよう。なお，これらの人々の大部分が旧西ドイツ地域に居住していることも付け加えておこう。その数字は96％にも上り，旧東ドイツ地域では彼らの一握りしか生活していないのが実情なのである。

それはさておき，移民の経験の有無の観点から眺めた場合にも興味深い特徴が現れてくる。図4はドイツ人か外国人かを度外視して，移民の背景を有する人々を移民の経験の有無に即して色分けしたものである。移民の背景を有しているのに移民の経験がないというのは，労働移民やアオスジードラーの子供としてドイツで出生したことを意味している。図では移民の経験のある人々が40歳以下で縮小し，反対に若年になるほど移民の経験のない人々が増加しているという特徴が鮮やかに浮かび上がっている。そして両者が互いに補完する形で一定数を保っているのも際立った特色になっている。ここからは移民の背景を有する人々の間で世代構造の転換が進行していることが読み取れよう。それは移民の経験をもつ外国生まれの人々が次第に高齢化し，移民の経験のないドイツ生まれの人々に重心が移りつつあることである。このような結果になったのは，外国人労働者の募集が停止され，家族の呼び寄せにも制限が加えられてドイツへの移住の道が狭められたことや，アオスジードラーの流入が厳しく制限され，現に居住している国での定住を支援する施策がとられていることなどの反映だと考えて大過ないであろう。ミクロセンサスの報告書では，移民の経験をもたない人々が「全人口で占める絶対的，相対的意義はこれから高まり，将来の移住が現在見られる規模を明確に上回らない限り，今後も変わらないだろう[12]」と記されているが，この予想には十分な根拠がある。移民法の制定

---

(12) Statistisches Bundesamt, Leben in Deutschland, op. cit., S. 79.

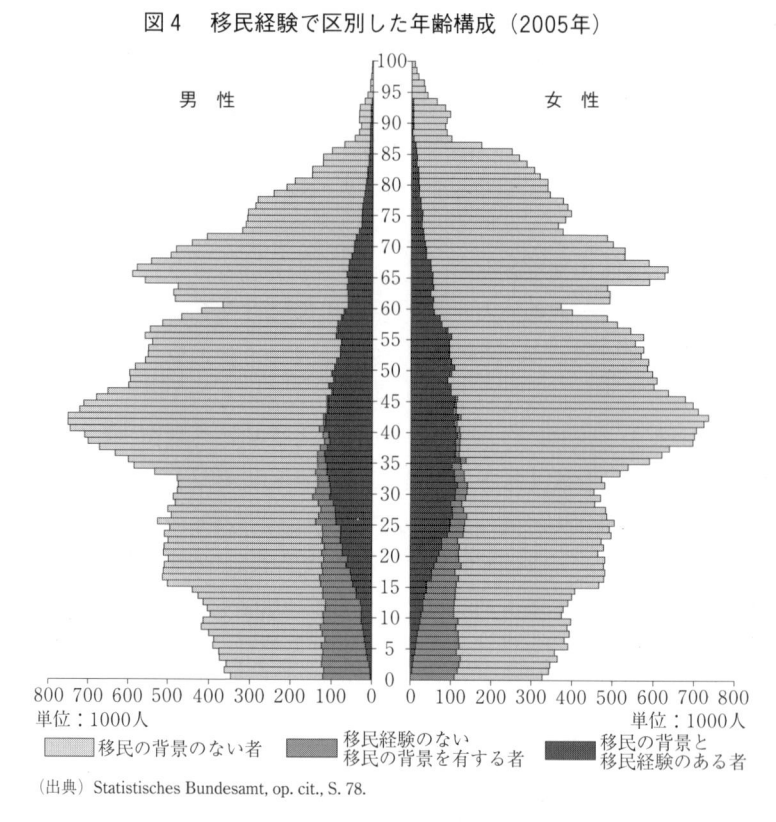

図4 移民経験で区別した年齢構成（2005年）

男性　　　　　　　　　　女性

単位：1000人　　　　　　　　　　　　　　　単位：1000人

　　移民の背景のない者　　　移民経験のない　　　　移民の背景と
　　　　　　　　　　　　　移民の背景を有する者　　移民経験のある者

（出典）Statistisches Bundesamt, op. cit., S. 78.

　によってなるほどドイツは移民に向けて門戸を開きはしたが，主眼は高度の技能労働者や事業家の導入におかれていて，受け入れには厳しい制約がつけられているからである。その意味で，移民に対する門戸をより広く開かないならば，公式に移民国に転換したとはいっても移民の経験をもつ者が実際には縮小するという事態に至る可能性を排除できない。現に連邦統計庁の2006年7月の発表では「1990年以来初めて流入する外国人は60万人を下回る」という見出しで流れに変化が兆していることに焦点が当てられている[13]。それによれば，2005年の外国人の流入と流出の差し引きは9万6千人のプラスとなり2004年より増えたが，ドイツに入った外国人は57万

---

(13) Statistisches Bundesamt, Pressemitteilung vom 6. 7. 2006.

9千人にとどまり，1990年のドイツ統一以降で最低水準になったのである。この発表が行われる直前の2006年6月にJ.ラウは『ツァイト』紙上に論説を寄せ，移民受け入れの不十分さと不徹底を痛烈に批判したが，そのタイトルが「我々は移民国だった」と過去形で表現されているのはこの文脈で意味深長といえよう[14]。

4　ドイツ人の国外移住への関心

　以上で検討したように，ドイツ人か外国人かを問わず移民の背景を有する人々が，大方の推測を大きく上回ってドイツの人口のほぼ5分の1を占める現実が明らかになった。さらに若年になるほどその比率が高まり，この集団がなくてはドイツの人口構成が極度に歪む結果になることも明白になった。こうしてミクロセンサスの公表とともに改めて移民問題への関心が高まったが，これと並行して人口の少子・高齢化を憂慮する立場には忽せにできない事態が進行しつつあることにも光が当てられた。ドイツからの人口流出がそれである。

　ドイツにはロシア移民やアメリカ移民に見られるように国外移住の長い歴史がある。1990年のアメリカのエスニック構成でイングランド系，アイルランド系と並んでドイツ系が上位の3グループに入っているのはその証左である[15]。流出の波は20世紀になっても止まず，とくに第2次世界大戦の終結後には廃墟と化したドイツを立ち去る市民は少なくなかった。その主要な原因は，敗戦で縮小した領土に大量の追放民が流入し，労働力が過剰になったことにあった。しかし経済の高度成長が軌道にのり，労働力が過剰から不足に転じたのを背景にガストアルバイターとして外国人労働者を受け入れるようになると，これと表裏一体の形で流出者は減少していった。移民問題がもっぱら外国人の受け入れを巡る外国人問題として捉えら

---

(14)　Lau, op. cit. この論説との対比ですぐに思い浮かぶのは，人口学者R.ミュンツの小論の論題である。ライナー・ミュンツ，拙訳「移民国になるドイツ」『社会科学論集』40・41号，2003年。

(15)　明石紀雄・飯野正子『エスニック・アメリカ』有斐閣，1997年，11頁。なお，拙稿「ドイツで開館した海外移民記念館について」『社会科学論集』44号，2006年参照。

れるようになったのはその結果にほかならない。そうした事情から、ドイツ市民が労働移民として国外に移住した過去は忘却され、記憶されてもせいぜい歴史上のエピソードのように考えられてきた。「史上最大の国外移住の波」という2006年6月22日の『シュピーゲル』の見出しに代表されるように、国外移住者が近年増加しつつある事実がいささかショッキングなニュースとして受け止められたのは、このような背景があったからである。2006年10月26日付『フィナンシャル・タイムズ・ドイツ』は「国外流出の波？」と題する記事を載せ、これを「立証された現実ではなく不安のシナリオ」だとしているが、こうした報道がなされること自体がショックの大きさを証明しているともいえよう。

「14万4,815人――かくも多くのドイツ人が昨年故国に背を向けたが、これは1954年以降見出されない数である。政界と経済界はこれに警鐘を打ち鳴らしている。彼らは頭脳流出を、すなわち最も賢い頭脳の外国への脱出を恐れているのである。」S. ボルステルは2006年10月27日付『ヴェルト』紙でドイツ市民の国外移住の波とそれへの反応についてこのように伝え、記事に「ドイツの優れた頭脳についての不安」という見出しをつけている。その一方で彼は、「ヒステリーを起こす理由にはならないが、懸念を引き起こすに足る数字である」という、移民史研究で著名なオスナブリュック大学のK. バーデの言葉を紹介して、不安を幾分和らげるトーンで実情を報じている。けれども、その記事の中で同時にバーデが移民史の角度から大量のドイツ人の流出が有する歴史的意味について重要な発言をしているのを聞き逃すことはできない。ドイツ人の国外移住がこのまま続くなら、「移民受け入れ国としてのドイツの歴史は間もなく終わるだろう。」この言葉の真意がどこにあるかは明確ではないが、これまでドイツが「移民受け入れ国」であるのかどうか、またそうなるべきか否かを巡って激しい論争が繰り返されてきた経緯を想起するなら、移民送り出し国としての側面に重心をおくことによって、現実から立ち遅れたその論争を過去の領域に葬ることにバーデの意図があったとも忖度される。

もっとも、こうした重要な意義を有するにもかかわらず、近年のドイツ人の国外流出に関しては、管見の限りではまとまった研究はなされていないのが実情といわねばならない。ドイツ商工会議所（DIHK）会頭L.G.ブ

ラウンは2006年10月22日に高度の技能を有する労働力の国外流出に強い警告を発し，主要紙が一斉にこれを報じたが，これについて翌日の『フランクフルター・アルゲマイネ』紙は，彼を深く憂慮させている一因は，「ドイツからの流出の規模が依然としてほとんど研究されておらず」，そればかりか，「外国へのドイツ人の移住は外国人のドイツへの移住に比べ統計担当者によって継子のように扱われてきた」ために，「ドイツからの流出の数字がほとんど存在しない」ことにあると指摘している。同様に，オスナブリュック大学教授K.バーデも2006年7月3日の『ターゲスシャウ』のインタビューで，国外移住には大きな暗数があることを指摘しつつ，「ドイツには狭義の国外移住統計は存在しない」ことを問題視するとともに，「国外移住は長くアクチュアルな学問的テーマではなかった」ので国外移住者の動機についての研究も「悲惨な状態にある」ことを確認している。

　こうした点を考慮に入れ，ミクロセンサスへの反響と同じく，ここでひとまず新聞報道での取り上げ方を見るなら，目に付く代表的な記事や論説のトップには2003年6月に始まった『ジュートドイッチェ』紙の「新しいガストアルバイター」と題したシリーズが挙げられるべきであろう。同紙はさらに2006年9月から「グローバル・ガストアルバイター」と銘打った同種のシリーズを始めているが，前者のシリーズでは，国外で働くドイツ人として，イギリスでの銀行マン，フランスでの医者，ベルギーでのロビイスト，フィンランドでの建築家，アメリカでのフィットネス・トレーナー，スイスでの大学教師，ロシアでの調理師など，カナダ，日本，スウェーデンなどを含め20を越す実例が紹介されている。一般的に言ってそれまでは国外で働くドイツ人の実情はよく知られてはいなかったことを考えるなら，このシリーズはかなり野心的な企画だったと評しえよう。これを嚆矢として各紙でしばしば国外移住に関する報道がなされるようになったが，最近の報道としては以下のものが挙げられよう。

　　フランクフルター・アルゲマイネ・ツァイトゥンク（2006年5月4日）「若者たちよ，すぐに戻れ」
　　同紙（2006年10月23日）「14万5千人のドイツ人が幸福を外国に求める」
　　フランクフルター・ルントシャウ（2006年7月24日）「国外移住の夢」
　　同紙（2006年10月24日）「無邪気に見せかけた果てしない嘆き」

ジュートドイッチェ・ツァイトゥンク（2006年7月19日）「ますます少なくなるドイツの人間」
同紙（2006年10月23日）「1954年以来の最高の国外流出」
ヴェルト（2006年7月6日）「ますます多くのドイツ人がドイツを立ち去る」
同紙（2006年10月27日）「失業者はハルツⅣ法を逃れて外国へ」
ハンデルスブラット（2006年7月7日）「かつてない多数の連邦市民が流出中」
ツァイト（2006年9月28日）「共和国逃亡」
シュピーゲル（2006年11月3日）「よい職，満足そしてホームシック」
パーラメント（2006年2月20・27日）「ミルクと蜂蜜の夢」
政治情報サービス（2006年2月6日）「外国での就労」

　2005年2月7日付『ヴェルト』紙によれば，長期の失業の懸念から多数のドイツ人が国外移住を考えているという。そこで伝えられている調査機関フォルサによる最新の世論調査では，2004年に大規模な抗議デモが巻き起こったハルツⅣ法とそれによって圧縮される失業手当に依存したり，厳格化される就労への強制に服したりするよりは国外で働く方がましであると71％の市民が考えている[16]。またドイツで職場を見つけられないなら，永久にであれ長期にわたってであれ外国に移住することを56％の市民が考慮している。さらに移住先の国としては回答者の63％がドイツ語を話す国を挙げたという。2006年7月7日付の『ハンデルスブラット』紙にも同種の記事が掲載されているが，そこではかなりトーン・ダウンしているものの，14歳から49歳までの40％が時折国外移住を考え，8％が真剣に考慮しているという調査結果が報じられている。調査では併せて国外移住に心を

（16）　ハルツⅣ法の輪郭と反対運動に関しては，拙稿「ドイツの月曜デモ（2004年）に関する一考察」『社会科学論集』44号，2006年，139頁以下参照。因みに，SPD 離党グループと民主社会党（PDS）が合流して2007年6月に左翼党が正式に発足したのは，ハルツⅣ法に反対する月曜デモで公然化した亀裂を伏線にしており，SPD 元党首のO.ラフォンテーヌを初代党首に据えて支持を伸ばしている同党が，CDU・CSU との大連立で身動きしにくい SPD を左から脅かす構図ができつつある。

動かす動機も調べられているが，36.5％は現在の経済状況を挙げ，25.5％は仕事があることを挙げている[17]。

他方，2005年3月17日付『ヴェルト』紙には「学生たちは国外移住を考えている」との見出しの記事が掲載されている。それによると，大学生の間で産業立地としてのドイツについての不安が広がり，外国で生活基盤を築くためにドイツに背を向けることがありうると56％の学生が答えている。その一方で，ドイツに確固たる将来展望があると考える学生は40％にとどまった。成功のチャンスが大きいと見られている国の第1位は中国であり，日本，アメリカがこれに続くが，イギリス，フランス，ドイツは下位を争う有り様だったという。これらの数字をコメントしたハンブルクの世界経済アルヒーフ所長T. シュトラウプハールは，「極めて憂慮すべき」結果だとし，ドイツ人としてヨーロッパの外で，あるいはスカンジナヴィア諸国でより大きな上昇のチャンスがつかめると考えるのはあまりにもナイーブだと警告している。それと同時に，もしこの動きが現実になれば，ドイツ社会の高齢化は一段と尖鋭化し，若い世代にかかる負担は一層増大するだろうと警鐘を鳴らし，労働市場と社会保障システムの抜本的改革に早急に着手すべきだと訴えている[18]。

いずれにせよ，このように広範な国外移住志向の背景には，失業の高止まりというドイツの厳しい現実がある。とりわけ若者の場合，後述するように，職業訓練ポストの不足が深刻であり，大学生にとっては卒業が低賃金の仕事か将来の保証のない一時的な職場にしかつながらないのが現状といって間違いない[19]。「できればドイツで働きたかった。しかしヨーロッパでトップクラスの二つの大学でバチェラーとマスターの学位を取得したのにそれは不可能だった。」こうした読者から寄せられた多くの声を紹介

---

(17) なお，2006年7月5日付『ヴェルト』紙にもこれと同一内容の記事があるが，挙げられている数字に僅かながら違いがある。

(18) Migration und Bevölkerung, Ausgabe 7, 2006, S. 6. なお，安易に国外移住の道を選択することに対する警告の一例として，Nicola Holzapfel, Dann geh'doch!, in: Süddeutsche Zeitung vom 21. 6. 2004.

(19) この点については，とりわけ『シュピーゲル』誌2006年31号の「実習の世代」と題した特集が実情を丹念に掘り下げている。

しながら，2006年11月3日付『シュピーゲル』誌でA. ザイトは，「国外移住の理由の筆頭はドイツの労働市場の事情である」と断定している。他方，移住希望者の相談を行っているカトリック系のラファエル事業団事務局長G. メルテンスは，2006年10月27日付『ヴェルト』紙上で「ハルツⅣ法によって圧力が高まった」としつつ，「ハルツⅣ法か外国での新たなチャンスかという選択」しかない人々が増えていることを重大視している。因みに，この記事には「失業者はハルツⅣ法を避け，外国に逃れる」という興味深い見出しがつけられており，次のように記されている。「ますます多くの失業者が国外で職にありついている。これは彼らの唯一のチャンスである。この国では彼らは職を得られず，加えてハルツⅣ法が彼らを脅かしている。専門職の人々までが雇用先がみつけられないままドイツを去り，外国で喜んで迎えられている。」こうした指摘に見られるように，近年のドイツでは産業の空洞化などに起因する労働市場の逼迫や，それを背景にしたハルツ改革による就労への強制と貧困の不安が深刻化し，これらを下地にして国外移住を選択する人々が増大しているといってよいであろう。

5　国外移住の実態

　それでは実際にどれほどのドイツ人が国外に流出しているのだろうか。
　予め留意する必要があるのは，今日では国外移住という概念に従来とは異なる意味が込められている点である。というのも，以前のそれは，K. バーデが言うように，「いつか一時的にでも出身国に帰還できるという確固たる見通しなしに外国への道を選択する人生の決断」を意味していたが，現在では交通・通信手段の発達により空間的距離の意義が薄れ，同時にグローバル化の流れが強まる中で，一時的な外国滞在，長期滞在，国外移住の間の境界が流動化し，曖昧になっているからである。国外移住（Auswanderung）という概念が古ぼけてしまっていると指摘されるのはこの点を指してのことにほかならない[20]。

---

(20) Christoph Oellers, Der Traum von Milch und Honig, in: Das Parlament vom 20/27. 2. 2006. この点には2006年5月4日付『フランクフルター・アルゲマイネ』紙も注意を払い，19世紀の国外移住は「人生の運命的な転回，

連邦統計庁の調査結果として2006年7月24日付『フランクフルター・ルントシャウ』紙が報じるところによれば，2004年に15万1千人，2005年に14万5千人のドイツ人が国外に移住したが，これらの数は50年来見られなかったものだった。そればかりか，同じ日のS.アイクの同紙への寄稿によれば，その数はここ100年以上で最大級の国外移住者数といえるものだった[21]。そうした流れが2006年にも続いていることは，2007年5月の連邦統計庁の発表で裏付けられる。それによると，2006年には15万5千人のドイツ人がドイツを立ち去り，この間のピークに達している。また国外に新天地を求めるのは主に旧西ドイツ地域の出身者であって，2006年にその数は14万3千人に上ったが，旧東ドイツ地域から国外移住したのは1万2千人にとどまったという[22]。

もとより，旧東ドイツ地域からの国外移住者が少ないことは，移住志向が低いことを意味しない。例えば2005年の小論で加藤浩平はポーランドとの国境に位置する地方都市ゲルリッツに関し，その人口は「統一前は8万6千人であったが，統一後，若者の流出が続き，現在では6万人に減った」ことを紹介している[23]。このことは，ベルリンのような大都市への流出と合わせ，旧東ドイツ地域から旧西ドイツ地域への大きな人口移動が生じていることを明瞭に物語っている。この問題は旧東ドイツ地域の復興の停滞とともに「涙の谷・東部」と題した特集で『シュピーゲル』2004年39号が取り上げており，さらに連邦人口研究所のR.マイたちが詳細な検討を加えている[24]。実際，東から西に向かう国内移動は波動を伴いながら大規模

　　　大抵は戻ることなき別離」を意味したのに対し，「21世紀の移住希望者にはそうしたものは欠けている」と記している。

(21) Simone Eick, Die Menschen gehen bei Wirtschaftskrisen nicht sofort in Massen, in: Frankfurter Rundschau vom 24. 7. 2006.
(22) Statistisches Bundesamt, Pressemitteilung vom 30. 5. 2007. この発表は，「愛されないドイツ」という見出しで2007年5月30日付『フランクフルター・アルゲマイネ』紙などが報じている。
(23) 加藤浩平「ゲーリッツ・スコルジェレッツとEU東方拡大」『専修大学社会科学研究所月報』500号，2005年，13頁。
(24) Ralf Mai und Manuela Schon, Binnenwanderungen zwischen Ost- und Westdeutschland, in: BiB-Mitteilungen, H. 4, 2005. 旧東ドイツ地域における大規模

に生じたのであり，その結果，DDR末期の1989年に東ベルリンを含めて1,647万人を数えた旧東ドイツ地域の人口は，2004年末にベルリンを除く新連邦5州の合計で1,343万人にまで縮小するとともに，統一直後から生じた出生率急落の影響なども加わって年齢構成は極度に歪む結果になった[25]。そうした人口変動について2007年5月22日の『ターゲスシャウ』は「東部は失血し老け込む」という見出しで伝えているが，その表現は誇大とはいえない。事実，各州の住民の平均年齢で見ると，旧東ドイツ地域の新連邦州が軒並み高く，1位のザクセン＝アンハルト州で45.2歳，2位のザクセン州で45.1歳，3位のテューリンゲン州で44.6歳となっており，最低だったハンブルク州の40.7歳との懸隔が際立つ結果になっている。

それはさておき，ドイツ人の国外移住の問題は2006年11月3日の『シュピーゲル』誌でA. ザイトも取り上げているが，数人の移住者の実例を紹介する傍らで彼女が連邦統計庁のまとめとして示しているのは表2の通りである。それによれば，2005年に国外移住したドイツ人の定住先はスイスが1位で114,400人，2位はアメリカで13,600人，3位がオーストリアで9,300人だった。もっともここで把握されている移住が一定期間の外国滞在か永住かは判然としないし，他面では出国に当たって規則どおりに届け出るとは限らないので，これらの人数以外に相当の暗数があるものと推定されている。この点に関し，例えば2006年6月22日

表2　ドイツ人の移住先（2005年）

国名	人数
スイス	114,409
アメリカ	13,569
オーストリア	9,314
ポーランド	9,229
イギリス	9,012
スペイン	7,317
フランス	7,316
イタリア	3,435
オランダ	3,404
カナダ	3,029
その他	64,781
合計	144,815

（出典）Der Spiegel Nr. 44, 2006, S. 107.

経済復興の難航に関しては，拙著『統一ドイツの変容』木鐸社，1998年，第1章，同『統一ドイツの政治的展開』木鐸社，2004年，第5章のほか，戸原四郎ほか編『ドイツ経済 統一後の10年』有斐閣，2003年，第8章参照。
(25) Juliane Roloff, Die demographische Alterung in den Bundesländern, in: BiB-Mitteilungen, H. 1, 2007, S. 27. 旧東ドイツ地域における出生率の激変に関しては，Statistisches Bundesamt, Pressemitteilung vom 17. 3. 2006 参照。旧東ドイツ地域の住民数については，連邦統計庁編『データ・レポート2006』所載の各州のデータをもとに計算した。Statistisches Bundesamt hrsg., Datenreport 2006, Bonn 2006, S. 28.

に『シュピーゲル』誌は暗数を含め総数で25万人という数字を掲げているが，根拠は定かではない。その意味で人口流出が高まる傾向にあると一般に考えられているものの，実際の規模がどの程度に達しているのかは明らかになっていない。

　国外移住するドイツ人の中心は，高等教育を受けた若い世代であり，この点に関しては認識は一致している。「近隣の国々がドイツの俸給と社会サービスを羨望の念を抱いて仰ぎ見る時代は過ぎ去った。ドイツのトップクラスの医師はイギリスへ，コンピュータ専門家はオーストラリアへ，科学者はアメリカかスイスへ行く。」これはいわゆる頭脳流出に当たるが，そうした事態が生じたのは，異郷に憧れる冒険心や自国の狭苦しさへの厭わしさからだけではない。2006年5月4日付『フランクフルター・アルゲマイネ』紙によれば，「異国への歩みはこの国の現状に対する抗議の表現として生じている。社会システムが崩れ，企業が国外へ流出し，政治家はお手上げだと新聞で毎日読む者は，この国から逃げ出したいという考えに到達する。そしてグローバル化した世界では質の高い労働者を獲得する競争が国際的レベルで展開されているのである。」

　主要紙で国外に定住したドイツ人の成功例が報じられるようになっているのは，このような動向を反映している。例えば2006年9月28日の『ツァイト』紙ではアメリカとブラジルに住み着いた二つのケースを紹介しており，2006年10月20日と11月24日の『ジュートドイッチェ』紙はブリティッシュ・テレコムでシニア・ディレクターとして勤務しているドイツ人とスイスの銀行大手UBSで働いているドイツ人銀行マンの成功例を伝えている。とくに『ジュートドイッチェ』紙のイギリスに関する記事では推定で23万人のドイツ人がマネージャー，医師，教師としてイギリスで働いている実情にも触れられており，EU統合に伴う自由移動の流れを受け，在英ドイツ商工会議所の数字で1,400社のドイツ企業と600の自営業がイギリスに展開しているのと足並みを揃えつつ，ロンドン南西部に形成されたリトル・ジャーマニーにも光が当てられている[26]。

---

　(26)　Wolfgang Koydl, Little Germany in London, in: Süddeutsche Zeitung vom 21. 10. 2006; Judith Raupp, "Ein besseres Pflaster gibt es nicht", in: Süddeut-

こうした例に見られるように，頭脳流出を中心としてドイツ人の国外流出は急速に高まっているが，これについては，IT専門技術者の不足を解消するために2000年にグリーン・カード制が導入されたことを背景にし，移民法の制定が難航して世論の注視を浴びたことも手伝って関心が高まった[27]。そのことは『フランクフルター・アルゲマイネ』紙が2004年にシリーズを組み，「ドイツでの頭脳流出に対する闘い」と題したC. ゲルミスの文章などを掲載したことからも看取できよう。同様に『ヴェルト』紙にも2003年に歴史家M. シュトゥルマーの手になる「バイバイ，ドイツ」をはじめA. ポゼナーなどの論説が載り，『ジュートドイッチェ』紙では同年の「ドイツでの民族移動」と題したシリーズの中でこの問題に焦点を当てている[28]。

もっとも，国外に移住するのは高学歴で優れた技能の持ち主ばかりではない。頭脳流出の陰に隠れて関心を引かないものの，むしろ近年目立つのは，技能レベルの低いドイツ人ガストアルバイターの出現であろう。このような変化を注視しているブレーメン大学のN. ザイデルは2006年8月11日付『シュピーゲル』で「何年か前まではドイツを立ち去るのは大部分アカデミカーだった」とした上で，「この国で経済的チャンスを見出せないので，このところますます多くの労働者と専門労働者が荷物をカバンに詰めている」と指摘している。同じく，これに照準を当てた『政治情報サービス』の2006年2月6日付の報道では，「連邦共和国では仕事が見つからないのでますます多くのドイツ人が故郷に背を向けている。とくにオーストリアとスイスでドイツからの労働移民は喜んで受け入れられている」とし，

---

sche Zeitung vom 24. 11. 2006.

(27) グリーン・カード政令や移民法に関しては，本書第3章参照。

(28) 頭脳流出問題の詳細については，Uwe Hunger, Vom Brain Drain zum Brain Gain, Bonn 2003 および Claudia Diehl und David Dixon, Zieht es die Besten fort?; Ausmaß und Formen der Abwanderung deutscher Hochqualifizierter in die USA, in: Kölner Zeitschrift für Soziologie und Sozialpsychologie, Jg. 57, H. 4, 2005 などのほか，2007年に連邦政府がFDPの質問書への答弁として公表した報告書が役立つ。Antwort der Bundesregierung auf die Große Anfrage der Fraktion der FDP zu "Konsequenzen der Auswanderung Hochqualifizierter aus Deutschland", Bundestagsdrucksache 16/3210, 2007.

次のように続けている。「何十年にもわたり、ガストアルバイターという概念でよい賃金のゆえにドイツにやってきてドイツ人がしようとしない肉体的にきつい仕事を行う地中海諸国出身の労働力が思い浮かべられていた。しかしこのところドイツでは安定した職場は稀少な財になっている。多くのドイツ人はそれゆえにガストアルバイターとして外国でよい賃金の職を見つけ、ハルツⅣ法から逃れるために旅に出ていくのである。」

　この報道によれば、現在トップのオーストリアでは5万人のドイツ人ガストアルバイターが雇用されており、その数はここ5年間で倍増した。その結果、彼らの規模はトルコ人ガストアルバイターを凌駕したと2006年6月22日の『シュピーゲル』は伝えている。彼らは当然ながらドイツ語を話せるだけでなく、仕事が信頼でき、勤勉だという評価を得ている。4分の1は旅行・ホテル業で雇用されており、ボーイ、メード、調理補助員、バーテン、スキー指導員などとして勤務している。これに次ぐのがサービス部門と建設業である。オーストリアに限らず、デュアル・システムを要とするドイツの職業教育は信頼されており、マイスター資格は信用が厚いので、ドイツ人手工業者に対する需要は国外に根強く存在している。

　第2のスイスでは2004年7月1日からEU加盟国出身者に対する自由移動が認められた影響もあり、同年だけで1万2千人のドイツ人ガストアルバイターが流入した。そのためジャーナリズムでは「チュートン爆弾」という言葉さえ生まれた。スイスの高級紙『ノイエ・チュルヒャー・ツァイトゥンク』が2005年4月6日に「ドイツ人がやって来る!」といういささか扇情的な見出しで報じたのはそうした雰囲気の一端を示すものであろう。2006年の時点では2万人のドイツ人がスイスで雇用されており、南欧出身の安価な労働者は建設業やホテル業などの部門でドイツ人ガストアルバイターに取って代わられつつある。例えば11万人の外国人が居住しているチューリヒでは、2005年にドイツ人がイタリア人やポルトガル人を押しのけて最大の外国人グループの座を獲得したと2006年8月19日付『ノイエ・チュルヒャー・ツァイトゥンク』は伝えているが、こうした入れ替わりはその結果の一つといえよう。また医師や看護師として医療機関で働くドイツ人も増えており、多くの土地でドイツ人医師がいなければ病院経営が破綻しかねない状態になっている。2006年8月7日付『フランクフルター・ア

ルゲマイネ』紙はスイスの移民政策を報じているが、その中でドイツ人ガストアルバイターに触れ、「スイス人がドイツ人の手に落ちたのは当初はとりわけ病院だったが、今ではほとんどすべての分野でドイツ人の姿が見られる」として変化を指摘しつつ、スイスの飲食店では西ドイツ地域出身の尊大なヴェッシーよりも東ドイツから来た控え目なオッシーが給仕として好まれていることなどを伝えている[29]。

ドイツ人労働移民が向かう第3の国はオランダであり、彼らの14％は同国で雇用されている。オランダでは特に建設業に従事するものが多い。オランダに続くのはノルウェー、イギリス、アイルランドなどである。これらの国々では建設業と医療でドイツ人に対する需要がある。無論、国外に移住したドイツ人のなかには目的を実現できず、挫折した人々も含まれている。2006年6月20日付『フランクフルター・アルゲマイネ』紙は家族でスウェーデンに移住した医師と看護師の夫婦の失敗例を引きつつ、国外に移住するためには現地の言語の初歩レベルの習得やある程度の資金などを用意する必要があることに注意を促すとともに、EU加盟国への移住であればドイツでの請求権がある者には例えば失業手当が支給されることなどを説明している[30]。

一方、ドイツには国外での職場を紹介する公的機関として連邦雇用エージェンシーの下部組織である職業紹介センター（ZAV）がある。同センターによって仲介されたポスト数は急増しており、2000年に1,900件だったのが2003年には3倍以上の6,500件になり、さらに2005年には1万1,600件に倍増した。これは同センターの55年の歴史の中で最高記録であるという[31]。その他にEUレベルで労働力の移動を促すために欧州委員会の下にユーレス（EURES）と呼ばれるネットワークが構築されており、700人以上の相談員が2004年に新規に加盟した国を除く15カ国での紹介業務に当た

---

(29) なお、この記事によると、スイスで生活しているドイツ人は16万2千人でイタリア人、セルビア人、ポルトガル人に次ぐ第4位の集団だから、雇用されている人数が2万人とは考えにくい。

(30) Dyrk Scherff, Auswandern - leichtgemacht, in: Frankfurter Allgemeine Zeitung vom 20. 6. 2006.

(31) Süddeutsche Zeitung vom 16. 5. 2006.

っている[32]。

　他方，ドイツ人労働移民を引き寄せようとする外国の働きかけも見逃せない。一例としてオタワからG. ブラウネが2006年7月に『フランクフルター・ルントシャウ』紙上で報告しているカナダのケースを見よう[33]。

　好景気にわくカナダではこのところ労働力不足が深刻になり，特に溶接工，農業機械工，指物師，コンクリート工事労働者，配管工，煉瓦工，大工などの専門労働者が不足している。そのカナダから高い失業率に苦しむドイツは労働力の貯水池と見られており，同時にドイツの職業教育は高い評価を得ているので，ドイツ人労働移民に対する需要が拡大している。そうした背景から2006年春に45のカナダの企業が700のポストを用意してエッセン，ライプツィヒ，ミュンヘンの3都市でジョブ・メッセを開催した。これに対する申し込みは1,200件を超えたが，成約に達したのは120件にとどまった。この雇用契約があればカナダの移民受け入れ手続きの柱であるポイント制度を簡単に通過でき，「上陸移民」の地位を得て永続的な滞在許可を取得できる。ただこうした募集の全体像は明らかではないので，これまでに何人が労働移民としてカナダに移住したかはつかめていない。さらに2006年6月にドイツとカナダの間で青年移動協定が結ばれた。これに基づき18歳から35歳までの青年はカナダでの1年間の労働許可が容易に取得できるようになった。それ以前からある交換プログラムに2005年にドイツ側から2,300人，カナダ側で200人が参加している実績に照らすと，カナダに向かうドイツ人の数は増大することが予想されるという。

　もちろん，高学歴者であれ手工業者であれ，若い労働力の流出は大量になればドイツに労働力不足を招来する可能性がある。とくに移民法の制定によって専門的な労働者を招致しようと官民あげて努めているだけに，高い技能の労働者が国外に去ることはこの努力に水を差す結果になりかねな

---

(32) Zentralstelle für Arbeitsvermittlung, ZAV-Jahresbericht 2004, Bonn 2005, S. 9.

(33) Gerd Braune, "Wir brauchen solche Leute"- Kanada wirbt in Deutschland, in: Frankfurter Rundschau vom 24. 7. 2006. なお，カナダの移民政策の概要については，2006年8月11日付『フランクフルター・アルゲマイネ』紙の記事が参考になる。

い。労働の未来研究所（IZA）のH.ボニンによれば，1990年のドイツ統一以降，推計で100万人をかなり上回るドイツ人が国外に移住したが，その中に含まれる「高度の技能の専門的労働力の流出によってドイツの国際競争力は脅かされている」のが実情にほかならない[34]。「ITスペシャリスト，エンジニア，医師，科学者の瀉血は，人的資本が最も重要な立地要因になった時代には，知識集約的な製品とサービスによる経済発展に対する脅威としてますます強く感じられている」のが国際的な現実だからである。無論，トップクラスの専門家の国外への流出は新しい現象ではないし，経済的な観点からも労働力の国際移動は原則的には望ましい。しかし専門労働力に対する国内での需要が流出によって満たされなくなったとき，その流出は重大な経済的マイナスになる。この観点に加え，人口変動とそれに伴う社会保障システムの危機にも目を向けつつ，ボニンは拡大傾向にある国外移住に歯止めをかける対策の緊急性を訴えているが，この点では先に挙げたシュトラウプハールをはじめ，「ドイツは既に今日専門的労働力の不足に直面している」と断じているボン大学経済社会研究所のS.ヴァールなど専門家の見解は一致している。けれども，2006年5月4日付『フランクフルター・アルゲマイネ』紙上でS.ケーゲルが慨嘆するように，現状では「ドイツからの流出に関するデータがあまりにも乏しく，このテーマ自体，移民研究によってこれまで継母のように扱われてきた」ので，実態が不透明であるのは否定しがたい。いずれにせよ，専門家の間では，数年のうちにドイツでは流出が流入を上回るようになり，それが「国民経済にドラマティックな結果」を引き起こすことが憂慮されるところまで来ている。例えばシュトラウプハールはこのままでは遅くとも2012年にはドイツの労働市場で専門的労働力の不足が生じると予測し，東ヨーロッパ出身の技能労働者を率先して招致すべきだと説いているのが現実なのである[35]。

6　移民国としての自画像──結びに代えて

---

(34) Holger Bonin, Auswanderungsland Deutschland?, in: Personalwirtschaft, H. 5, 2004, S. 66.

(35) Migration und Bevölkerung, Ausgabe 7, 2006, S. 5.

以上で先頃発表されたミクロセンサスの概要とドイツ人の国外流出の実情について見てきた。前者からは移民の背景を有する市民が全人口の5分の1を占めている現実が浮き彫りにされ，「ドイツは移民国ではない」という従来のドグマの虚構性が暴露される結果になった。ミクロセンサスの発表は意外性をもって受け止められたが，その事実は，マスメディアを含め多数の人々がドイツに移民がいてもなお少数だと考え，移民を言わばエピソードの類いの一つとして片付けていたことを図らずも証明することになった。同時に，移民の背景を有する人々のうちで外国人よりもドイツ人の方が多い事実が浮かび上がったし，後発アオスジードラーを含めアオスジードラーが大量に居住していることからは，ドイツでは固有の歴史によって規定された移民が大きな比重を占めていて，移民問題が簡単に一般化できる問題ではないことが改めて確かめられた[36]。さらに移民の背景を有する人々が大規模に存在することは，地理的位置からドイツが激しい移民の波に洗われてきたし，これからもそれに備える必要のあることに社会の目を開かせ，もはや黙殺したり，ゾンマーの断罪する「不作為」を押し通すことが許されないことを納得させる効果をもった。いずれにせよ，ミクロセンサスのデータは，このようにドイツが間違いなく移民国となっている現実を白日の下に晒したのである。

　しかしながら，この現実を直視するだけではまだ事柄の半面しか視界に収めていないといわねばならない。ボニンは移民法の制定が大詰めを迎えていた2004年に，「計画中の移民法を巡る議論ではドイツが移民受け入れ国であるだけでなく，移民流出国であることが好んで見逃されている[37]」と視野狭窄を指摘したが，事実，ドイツは移民を受け入れるだけではなく，移民の送り出し国にもなっているのである。ドイツでの移民問題の論議を振り返ると，もっぱら流入面に視線が集中する反面，ドイツから出て行く人の流れにはほとんど注意が払われてこなかった。しかし，国外移住の波には時期により高低の差があるにしても，近年では増大傾向にあり，もは

---

　(36)　移民問題の理解に歴史的パースペクティブが必要とされることに関しては，前掲拙著とくに第1章参照。
　(37)　Bonin, op. cit., S. 66.

や無視できる段階ではなくなっているといわねばならない。というのも，高学歴層の頭脳流出ばかりでなく，国外に職を求めるドイツ人ガストアルバイターの集団が登場してきているからであり，しかもその背景には，産業立地としてのドイツを蔽う影が濃くなり，失業率が高止まりして，とりわけ若者がドイツの将来に明るい展望をもてなくなっている現状があるからである。

実際，1990年のドイツ統一から間もなく，「産業立地ドイツ」の衰退が問題視されるようになり，国際競争力の低下とともに主力企業がこぞって人員削減に乗り出したのを受けて失業率が上昇し続けたが，それに伴い，雇用を巡る状況は悪化の一途を辿った。この問題については拙著『統一ドイツの政治的展開』で検討し，熊谷徹も近著『ドイツ病に学べ』で多くのデータを用いて詳述しているが[38]，その端的な例の一つはドイツが誇ったデュアル・システムが綻びつつある点に見出せる。例えば2006年10月12日付『フランクフルター・アルゲマイネ』紙は「職業訓練ポストのない若者は5万人」という見出しで，職業資格を取得できないまま多数の若者が社会に送り出され，就職に躓いている深刻な実情を伝え，同様に9月25日付『パーラメント』は，有名なドイツ・シェルの委託による青年調査の結果を報じる中で，「職業訓練ポストと職場の不足が生活感情を規定している」として，若者の間に広がっている不安や失望感に注意を促している。

そうした就職の困難さは，しかし高学歴者の場合でも大差はない。10月20日付『ターゲスシャウ』によれば，若い大学卒業者にとって学業修了後に待ち受けているのは，低賃金の一時的な仕事でしかなく，多くは短期間で職場を転々とせざるをえず，安定した職場は幻影になっているのが実情だという。一方，10月23日付『パーラメント』では「入手するのはハルツⅣか研究職のどちらか」という見出しで，若手が研究職に就くのが極めて困難なことが紹介されており，志望者が最初からハルツ改革で設けられた

---

(38) 前掲拙著『統一ドイツの政治的展開』，84頁以下，熊谷徹『ドイツ病に学べ』新潮社，2006年，49頁以下参照。因みに，熊谷は触れていないが，今から20年以上遡る1980年代初期に既に「西ドイツ病」が問題視されていたことを当時の観察記録で小塩節が取り上げている。小塩節『ありのままの西ドイツ』三修社，1983年。

事実上の生活保護である失業手当Ⅱの受給者予備軍に編入されている現状を伝えている。ともあれ，ドイツが長期の経済的停滞から抜け出せず，失業の影が濃厚になった社会では若者が希望をもって人生のスタートを切るのは難しく，ハルツ改革での社会国家縮小によって強まった就職への強制と貧困への転落を甘受するよりは，国外移住の道を選ぶ若者が増えつつあるのは当然の成り行きだといえよう[39]。

ところで，高学歴者の就職難を背景にして，ドイツが必要とする専門的労働力が流出しているが，専門家が警鐘を鳴らすように，これによってドイツ国内でその不足が重大化する公算が大きいことも問題を深刻にしている。もっとも，この点を巡る議論の中でもしばしば忘れられがちではあるが，ドイツ人の国外移住は近年始まった現象ではなく，実は長い歴史があることにもやはり留意すべきであろう。大量のアオスジードラーの存在は，かつてドイツが移民送り出し国だった歴史を思い起こさせるし，政治，科学，芸術など多方面で活躍するドイツ系アメリカ人の存在もまた，アメリカが大量のドイツ人を移民として受け入れた過去を想起させる。事実，1990年のアメリカの統計では5,800万人もの市民がドイツ系に数えられているほどである[40]。その意味で，近年高まりつつある国外移住の波は，ドイツの歴史を貫く太い糸の先端にほかならない。それだけではない。先進国に共通する少子化傾向はドイツで特に顕著であり，2006年11月の人口予想の発表に当たり，連邦統計庁副長官W. バーデマッヒャーは「人口の減少はもはや止められない」とコメントして波紋を投じた。既に2005年にドイツは戦後最低の出生数を記録しており，そのニュースは社会に衝撃を与え

---

(39) この点については，ラファエル事業団で移住希望者の相談を担当しているM. シュナイトのインタビューが参考になる。Monika Schneid, "Ich will hier weg", in: Süddeutsche Zeitung vom 24. 10. 2006. ハルツ改革の概要については，労働政策研究・研修機構『ドイツにおける労働市場改革』2006年参照。ハルツ改革による社会国家の改造に伴って格差と貧困の問題が深刻さを増したが，そうした状況を反映しているのが，フリードリヒ・エーベルト財団が2006年7月に公表した貧困問題の報告書とそこでクローズアップされたプレカリアートを巡る広範な議論であろう。Friedrich-Ebert-Stiftung, Gesellschaft im Reformprozess, Bonn 2006.

(40) 明石ほか，前掲書11頁。

たが[41]，この傾向も含め，バーデマッヒャーによれば，「より高い出生率も，平均余命のより急速な伸びも，より多くの入移民も人口減少のトレンドを止めることができない」ところまでドイツはきているのであり[42]，国外移住の波はそうした状況下で減少を一段と加速する形で生じているのである。こうして人口減少のトレンドを背景にしつつ，グローバル化とヨーロッパ化の二重の試練に晒されて経済の停滞に呻吟している今日のドイツは，受け入れと送り出しの二重の面で移民国になっているのであり，同時に社会に根強く存在する非移民国という幻影を払拭して，移民国の現実に基づく自画像を作り上げるという課題に直面しているのである。

---

(41) Frankfurter Allgemeine Zeitung vom 14. 3. 2006.
(42) Frankfurter Allgemeine Zeitung vom 7. 11. 2006.

第2章

現代ドイツの民族的マイノリティ

―― 一つの素描 ――

1 個人的な経験から

　最初に個人的な記憶を手繰ってみることを許していただきたい。

　著者はドイツが統一して間もない1991年3月からしばらく，当時の首都ボンで勤務したことがある。その頃，職場の近くにドイツ学術交流会（DAAD）の本部などが入っている科学センター（Wissenschaftszentrum）があり，昼食のためにそこにある食堂をよく訪れた。その建物の一階のフロアーでは時折，展示が行われており，その一つにソルブ人の文化と生活を紹介するものがあったのである。初めてその名前を耳にしてどんな集団なのか見当がつかなかったが，展示を見てドイツにも少数民族がいること，そして彼らに対して保護政策が採られていることに気づかされた。考えてみれば，ソルブ人は消滅した東ドイツに住んでいたので，統一まで西ドイツには殆ど無縁の集団であり，著者のみならず，多くの西ドイツ市民の記憶にないのはある意味で当然だった[1]。しかしそれだけに統一に伴って対応を迫られる形となり，少数民族としてのソルブ人の保護が改めて政策課題として浮上していた。展示の背景にはそうした事情が存在していたと推察される。

　（1）　この点はソルブ人を扱った邦語で唯一と思われる論考で中村浩平も確認している。同「ドイツの少数民族『ゾルブ』―その抵抗の民族としての一断面―」神奈川大学人文学研究所編『国家とエスニシティ』所収，勁草書房，1997年，100頁。

その催しがあって間もない5月の末に、当時の最大野党で長い伝統を誇る社会民主党（SPD）の党大会が開かれた。その場では湾岸戦争の経験からドイツ連邦軍の国連ブルー・ヘルメット参加を認めるかどうかを巡って激論が闘わされ、首都をベルリンにするかボンにするかの代議員による投票も行われたが、もう一つの焦点は人事であった。前年に行われた連邦議会選挙での敗北の責任をとる形でH.-J.フォーゲル党首が先に辞任の意向を表明していたのを受け、後任には予定通りビョルン・エングホルムが選ばれた。ブレーメンで開かれたその党大会は著者も傍聴したが、会場で何度も繰り返されるその名前はいささか目立ち、明らかに北欧系であることが分かった。彼はハンザ都市の一つで、ドイツが生んだ偉大な作家トーマス・マンの出身地としても有名なリュベックの生まれであり、当時はその故郷の町があるドイツ最北端のシュレスヴィヒ＝ホルシュタイン州首相の地位にあった。何人かいた「ブラントの孫」のうちで自他ともにホープを任じ、1990年の統一後最初の連邦議会選挙の際にはSPDの首相候補にもなったのに、敗北の結果党首の座を窺うのを見送らざるをえなかったザールラント州首相O.ラフォンテーヌも姓からして過去にフランスから逃れたユグノーの子孫であることを感じさせるし、その点では東ドイツ最後の首相を務め、統一に貢献したL.デメジエールも同様である。しかし、エングホルムの場合はデンマークと国境を接する地方の出身で、姓ではなくビョルンという名がいかにも北欧風の響きをもっているのが注意を引いたのである。もっとも、ドイツ近代史を振り返れば、ビスマルクが行ったドイツ統一戦争の一環である1864年のデンマーク戦争の結果、ドイツ人とデンマーク人が混住していた係争の地シュレスヴィヒなどをドイツは獲得しているから、デンマーク系の住民がいても少しも不思議ではないはずである。こうして、いささか偶然が重なったために、ドイツにも民族的マイノリティが暮らしていることに興味を覚え、わが国と同様に民族的同質性が高いと想像されているドイツの本当の姿を探ってみることを思い立ったのである[2]。

（2） 以下での記述では連邦政府・州政府などが作成した文書や発表に依拠しているところがいくつもあるが、それらのうちには正確な事実関係が検

2　民族的マイノリティの輪郭

　最初に民族的マイノリティとはどのような集団を指すのかという点について述べておこう。

　マイノリティという概念は様々に定義することが可能だが，数の点および権力もしくは勢力の点からマイノリティはさしあたり次のように整理できるとされている。(1)数のうえで少数である集団，(2)数の面で少数であるだけでなく，権力ないし勢力の面でも劣勢な集団，(3)権力ないし勢力の面では劣勢だが数の点では比較的大きな集団の三つである。このようなマイノリティは，客観的に存在するか，あるいは主観的に感じられる種々の特徴によってマジョリティから区別される。そうしたマイノリティを大別すると，エスニック・マイノリティと社会的マイノリティに分類することができる。しかしまた前者を後者の下位のカテゴリーの一つとして位置づけることも可能である。社会的マイノリティは多様な集団の総称だが，マイノリティをマイノリティたらしめる種々の集団的属性の一つとしてエスニックな要素を捉えることができるからである[3]。

　本章で議論の俎上に載せる民族的マイノリティ（nationale Minderheit）は，このエスニック・マイノリティと関係している。エスニック・マイノリティとは，血統，出自，言語，宗教，文化のような実際上もしくは観念上の集団的属性により，あるいはそれらのうちのいくつかの要素の組み合わせによってマジョリティから区別される集団である。エスニック・マイノリティへの所属にとって決定的なのは，それに所属しているという個人の自己評価・自己意識である。しかし同時に差別体験のような他者による

　　証できていない点があることを予め断っておきたい。
（3）　ドイツ社会に即したマイノリティの説明としては，Albert Scherr, Randgruppen und Minderheiten, in: Bernhard Schäfers und Wolfgang Zapf, hrsg., Handwörterbuch zur Gesellschaft Deutschlands, Opladen 1998, S. 504ff. 参照。ここではマイノリティを社会的周縁集団に包摂する形で，その例として，相対的貧困層，社会扶助受給者，失業者のほか，麻薬依存者，ホームレスをはじめとする住宅困窮者，施設に収容された障害者などが挙げられており，これらに外国人が付け加えられている。Ibid., S. 510.

評価と態度がエスニック・マイノリティの存在とそれへの帰属意識の形成に重要な要因となることがあるのは多言を要しない[4]。

ドイツではエスニック・マイノリティのほぼ同義語として民族グループ (Volksgruppe) という語が用いられることもある。前者が外来語で比較的新しい用語であるのに比べると，後者はオーストリアで造語され，ヴァイマル時代初期のドイツで既に使われていた点が異なっている。しかしそれだけに，民族グループという語には，ある意味で歴史の手垢が付いているのも見逃せない。なぜなら，ナチズムの時代に多用されたように，その語には少数集団に分離の権利があるという観念が付着しており，第2次世界大戦以前にソ連・東欧圏に全体ではかなりの規模で居住していたドイツ系住民は分離して本来の民族 (Volk) に復帰することが認められるべきだという主張と重なりあっていたからである[5]。そのことは，改めて指摘するまでもなく，民族グループという用語がナチスの東方への膨張主義の正当化に利用されたことを含意している。その意味では，エスニック・マイノリティという概念は，フランスで問題になる「差異への権利」の基礎づけなどに用いることはできても[6]，政治的分離の権利までは包含されず，民族グループのそれのように，過激な政治的主張に利用される可能性は小さいということができよう[7]。

---

(4) エスニック・マイノリティの説明としては，Rita Polm, Minderheit, in: Cornelia Schmalz-Jacobsen und Georg Hansen, hrsg., Ethnische Minderheiten in der Bundesrepublik Deutschland, München 1995, S. 340ff. および Claudia Martini, Minderheit, in: Cornelia Schmalz-Jacobsen und Georg Hansen, hrsg., Kleines Lexikon der ethnischen Minderheiten in Deutschland, München 1997, S. 222f. 参照。またエスニシティについては，関根政美『多文化主義社会の到来』朝日新聞社，2000年，21頁以下，梶田孝道編『国際社会学 第2版』名古屋大学出版会，1996年，28頁以下参照。

(5) Georg Brunner, Ein Streit um die richtigen Definitionen und Begriffe, in: Das Parlament vom 20. 8. 1999.

(6) 「差異への権利」に関しては，中野裕二『フランス国家とマイノリティ』国際書院，1996年，61, 83頁以下参照。

(7) Norman Paech, Minderheitenpolitik und Völkerrecht, in: Aus Politik und Zeitgeschichte, B46-47/98, 1998, S. 24f. もっとも，民族グループという語は政治的に中立なタームとしての利用価値があるというG.ブルンナーの

ところで，一般にドイツのジャーナリズムでは，エスニック・マイノリティというタームは国外から移住してきた集団について用いられている。研究者の間では一致がないように見受けられるが，例えば現代ドイツを代表する社会学者の一人であるR. ガイスラーはそうした用法でこの概念を使っている[8]。移民や難民などから成るエスニック・マイノリティと呼称されるこの集団は，居住している国のマジョリティとは上記の諸領域で異なる特性を有しているだけでなく，その多くは居住国の国籍をもっていない。したがってエスニック・マイノリティは外国人を中心とする集団である場合が多いのが現実である。しかしエスニック・マイノリティと等置されやすい外国人というのは，本来は国籍を基準とする個人の法的地位を指示する概念であって，対になるのは内国人というタームである。その意味で外国人という概念は二分法的な性質をもっているといえ，しかも国籍に照準を合わせ，法的なレベルで個人もしくは集団を把握するものである。したがって，移住してきた集団の社会的・文化的な多様性や，法的レベルとは多かれ少なかれ乖離している実際の社会的地位を捉える上では外国人という概念は適していない。これに比べると，エスニック・マイノリティという呼称には，移住者などからなる多様な集団の内部にある文化的相違やアイデンティティの互いに異なる構造などが視野に入りやすいという利点があるといえよう。

　ところで，民族的マイノリティという概念は，例えばマイノリティの権利や保護に関する国際協定などでは，エスニック・マイノリティだけではなく，文化的，宗教的，言語的なマイノリティについても使用されることがある。その点から見るなら，それは包括的な性質の概念であり，常にエスニック・マイノリティの下位にたつカテゴリーとは限らず，場合によっては一種の上位概念になることもあるといえよう。しかも他面では，国際協定が結ばれていることに端的に示されているように，それは法的なレベルで使用され，なんらかの法的拘束力をもって現実に対して働きかけるも

　　　ような見解も存在する。Vgl. Brunner, op. cit.
（8）　Rainer Geißler, Die Sozialstruktur Deutschlands, 2. Aufl., Opladen 1996, S. 214ff.

のでもある点を見落としてはならない。通常，民族的マイノリティが語られるとき，社会的事実として存在する諸々の集団が表象されるだけではなく，それらが有する固有の言語や文化を法的措置によって擁護することが考えられている。事実，後述する「民族的マイノリティ保護のためのヨーロッパ評議会の枠組み協定」の締結に伴い，加盟各国では民族的マイノリティが確定されているが，ドイツで連邦政府によってその基準とされているのは次の5点である。(1)その構成員がドイツ国籍を有していること，(2)固有の言語，文化，歴史により，つまり固有のアイデンティティによってマジョリティから自己を区別していること，(3)このアイデンティティの保持を望んでいること，(4)伝統的にドイツに定着していること，(5)ドイツの内部で出身の居住地域で暮らしていること，以上である[9]。このように概念的な確定がなされたうえで保護のための種々の措置が採られているのが現状だが，そうした実情に照らすなら，エスニック・マイノリティが社会学的概念であるのに対し，民族的マイノリティは法的概念という性質も併せもっている点に留意する必要がある。

そうした民族的マイノリティがドイツに存在することは，わが国ではもとより，当のドイツにおいてすらあまり知られておらず，言及されることはあってもその実態に光が届くことは殆どなかったといっても決して誇張ではない。例えばシュレスヴィヒ=ホルシュタイン州にデンマーク系のマイノリティがいる事実は，有名なバルシェル事件の解明に当たってデンマーク系のK.O.マイヤーが州議会で果たした役割によって初めて多くの市民に意識されるようになったといわれ，ソルブ人の存在については，統一後に旧東ドイツ地域の一部で道路標識が2言語で記されているのを目撃する体験などを経て漸く旧西ドイツ市民の間で知られるようになったと言われる。また連邦新聞情報庁の編集になるドイツを概観した書においてさえ，1993年版までは民族的マイノリティに触れられておらず，1999年版になって簡略な記述が登場するようになったにすぎない[10]。

(9) Bundesministerium des Innern, BMI-Lexikon の中の "Minderheiten, nationale" の項。

(10) Ralf Koch, Ethnische Minderheiten in Deutschland, Teil 1, Hamburg 1993, S. 4. Presse- und Informationsamt der Bundesregierung, hrsg., Tatsa-

このように民族的マイノリティの存在についてはよく知られているとはいいがたいが，今日のドイツでそうしたマイノリティとして認められているのは，次の四つの集団である。すなわち，デンマーク人，シンティ・ロマ，フリース人，ソルブ人がそれである[11]。これらの集団がたんなるエスニック・マイノリティにとどまらず，法的に民族的マイノリティとしての地位を認められているのは，なによりもドイツ国籍をもちながら独自の言語や文化を保持しているからである。しかし理由はそれだけではない。彼らの祖先が今日のドイツの領域に昔から居住していたという歴史的事実があり，現在までその多くがそれぞれ空間的に限られた地域で生活しているからなのである。つまり，簡単に言うなら，彼らはエスニック・マイノリティではあるが，同時に一種の土着の集団であって，ドイツ国籍を有しドイツ国民の一部を構成する存在だといえよう。そうしたことから彼らは上記の基準を充たしていると認定されているのであり，土着性と国籍保持の面で彼らはマジョリティと共通項を有しているのである。

　無論，今日のドイツには，200万近いトルコ人など様々な国籍の多数の外国人が事実上の移民として定住しているのは周知のとおりである。そして彼らが各々の出身国の言語・宗教・文化・生活習慣などを持ち込み，ドイツ社会のなかにマジョリティとは異なる生活世界を形成しつつ，エスニック・マイノリティとして暮らしているのもよく知られた事実である。けれども既に帰化してドイツ国籍を取得した人々がいても，従来，帰化の要件が厳しかったこともあって，その数はそれほど多くはないし，なによりも彼らは遠い過去から現在の国土でみたドイツに居住していたわけではないのも確かである。その意味で，ドイツの中で大規模な集団を形成してはいても，トルコ人，イタリア人，スペイン人などの多様な集団が，民族的マイノリティとして認知されている上記の集団とは異なっていることは否定

---

　　chen über Deutschland, Frankfurt a. M. 1999, S. 11f. 連邦新聞情報庁の書で簡略ながら記述がみられるようになったのは，後述する国際協定と関連があると考えられる。なお，タームとしてそこでは民族グループの語が使われている。

（11）　Pressemitteilung des Bundesministeriums der Justiz vom 29. 1. 1998: Minderheitenschutzabkommen.

できない。

　他面，歴史的角度から見れば，現在より遥かに広大な版図を有した第二帝政期のドイツには帝国に所属するマイノリティとしてポーランド語を母語とするポーランド人，アルザス語を話すアルザス人などが包含されていた。しかし第1次世界大戦後の領土縮小と第三帝国崩壊後の再度の東部領土の喪失によりポーランド人の大部分はポーランドに所属し，アルザス人はフランス国籍になっている。それゆえ，今日ではドイツ国籍をもたないので，彼らもまた民族的マイノリティと呼ばれる集団とは区別される。こうした基本的事実を踏まえ，一般に外国人ないし移民と総称されているこれらの集団をここでは考慮から外し，公式な認知を得てドイツで生活している民族的マイノリティに的を絞って，それぞれの規模や居住地域，特別な保護措置などを素描してみたい[12]。

3　ソルブ人

　上述のように，ソルブ人をはじめ，以前から長く居住していて民族的マイノリティとしてドイツ政府が公式に認めているのは四つの集団であるが，ここでは最初にソルブ人について眺めよう。ドイツ国内の民族的マイノリ

---

(12) なお，上記の注（4）に掲げたシュマルツ=ヤコブセンとハンゼンの共編になる二つのエスニック・マイノリティ事典を除くと，以下で素描する四つの民族的マイノリティすべてを鳥瞰した著作は，管見の限りでは存在しない。その意味では，ドイツ通信（dpa）が時事問題の解説用に作成する『背景』シリーズの一つである，Ralf Koch, Ethnische Minderheiten in Deutschland, 2 Teile, Hamburg 1993 は，やや古くなってはいても参照に値する。一方，連邦内務省は民族的マイノリティについての文書を作成し，その中で個々の集団に触れているが，極めて簡略で歴史的経緯の記述が殆どない反面，旧ソ連諸国などのドイツ系マイノリティの解説を加え，暗にその支援の必要をほのめかすなど政治的意図が見え隠れしている。Bundesministerium des Innern, Thema: Minderheiten. 因みに邦訳されているジョージナ・アシュワース編，辻野功他訳『世界の少数民族を知る事典』明石書店，1990年では三つの集団がとりあげられ，要領のよい解説がなされているが，それに比べ，マイノリティ・ライツ・グループ編，マイノリティ事典翻訳委員会訳『世界のマイノリティ事典』明石書店，1996年のそれは簡略すぎるという印象を拭えない。

ティというと，規模の大きさから，通常，真っ先に挙げられるのはソルブ人だからである[13]。

　ソルブ人は別名ヴェント人とも呼ばれる。彼らはスラブ系の少数民族で，既に7世紀にはラウジッツ地方に定住していたことが知られている。その意味でソルブ人は典型的な土着のマイノリティといえよう。彼らの主たる居住地域はその当時以来，今日のドイツの版図内にある。彼らはそれぞれの時代の支配関係に組み込まれたために自立した政治勢力を築くことができなかった。そのためソルブ人としてのアイデンティティは主として言語，民謡，民話，習俗のような文化的要素によって維持されることになった。19世紀にはソルブ語の使用が禁止され，ソルブ人の居住地域にドイツ人が送り込まれたことに見られるように，ゲルマン化政策が推進されたが，彼らの文化的遺産は辛うじて受け継がれた。1858年に実施された公式の調査によると，ソルブ人の人口は16万人が数えられた。しかしゲルマン化政策の後にナチスの民族政策が登場して，ソルブ人の団体は解散させられ，ソルブ語による出版物をはじめ固有言語の使用も禁止されるなど断続的に抑圧を受けたためにソルブ人の紐帯だった文化的要素は後退し，その結果，彼らの数は現在約6万人と見積もられるところまで縮小している[14]。

　もっとも，戦後，ドイツ民主共和国（DDR）の時代には，東ドイツに圧倒的な影響力をもったソ連がスラブ系民族を擁護する立場から圧力を加えた関係で，少数民族として言語と文化を維持する権利が確保されたし，国家的な財政的援助を受けることができたことも指摘しておかねばならない。事実，1946年には既にソルブ語の新聞が発行されたし，翌47年にはソルブ語で授業をする最初の中等学校が開校したのである。その裏付けとなる憲法やその他の法令でもソルブ人の権利擁護の立場が明確に打ち出された。

---

(13) ソルブ人の説明としては，Peter Kunze, Kurze Geschichte der Sorben, 2. Aufl., Bautzen 1997 と Staatsministerium für Wissenschaft und Kunst, Zu Hause in Sachsen: Die Sorben, Dresden 1999 のほか，Koch, op. cit., Teil 1, S. 18ff., Ludwig Elle, Die sorbische Minderheit, in: Schmalz-Jacobsen u. a., hrsg., Ethnische Minderheiten, S. 454ff. および Rita Polm, Sorben/Sorbinnen, in: Schmalz-Jacobsen u. a., hrsg., Kleines Lexikon, S. 145ff. 参照。

(14) Staatsministerium für Wissenschaft und Kultur, op. cit., S. 9.

東ドイツでは1968年に改憲が行われたが，1949年の旧憲法はもとより，新たに制定された憲法第40条でもソルブ人に関する規定が設けられており，「ソルブ民族に属すドイツ民主共和国の市民は，その母語および文化を育成する権利を有する。この権利の行使は，国家がこれを促進する」と明記されていたのである[15]。そして例えば居住地域を中心に学校でソルブ語の授業が行われ，役所や公共施設ではソルブ語がドイツ語とともに併用された。またナチ期には禁じられた氏名のオリジナルな表記も認められたし，人民議会にも4人のソルブ人を代表として送り出すことができたのであった[16]。

とはいえ，ドイツ統一後の州制度の復活で再生したブランデンブルク州政府の資料では，ソルブ人が特別な国家的援助を受け取ることができたのは，独裁政党であるドイツ社会主義統一党（SED）の支配へのソルブ人組織の従属という代償を払った上でのことであり，政治的，文化的，宗教的多元性の喪失を条件にしていたことが強調されているのも忘れてはならないであろう[17]。東ドイツでは社会主義統一党の支配が末端まで及んでおり，その意思とは異なる自主的な民族運動を展開する余地はなかったからである。また他面，ソルブ人の居住地域には第三帝国の崩壊に伴う東部領土の喪失のために大量のドイツ人難民が流入したり，褐炭資源の開発のためにドイツ人労働者が住み着くようになったことも見逃すことはできない。その結果，ソルブ人のそれまでの居住地は混住地域の色彩が濃くなり，民族色は希薄化せざるをえなかったのである。

それはともあれ，19世紀に比べてソルブ人の規模が縮小したのは否定しがたい事実だが，彼らの地域的分布に目を向けると，人的な規模とは違い，大きな変化のないことが分かる。今日，彼らの3分の2はザクセン州東部のオーバーラウジッツ地方，バウツェン，カメンツ，ホイヤースヴェルダ周辺で暮らしている。また残りの3分の1はブランデンブルク州南東部の

---

(15) 高田敏・初宿正典編訳『ドイツ憲法集』信山社，1997年，188頁。但し訳文は変えてある。

(16) マイク・スティーブンス「ソルブ人」アシュワース編，前掲書225頁。

(17) Pressemitteilungen der bradenburgischen Landesregierung, Angelegenheiten der Sorben.

ニーダーラウジッツ地方，特にコトブス周辺およびカーラウ，シュプレンベルク，フォルスト，グーベン，リュッベンなどに住んでいる。

ソルブ人には二つの文語が存在する。オーバーソルブ語とニーダーソルブ語である。しかし彼らはすべてドイツ語を使いこなすことができる。というのも，毎日テレビやラジオでドイツ語に接しているだけでなく，職業活動をはじめとする日常の殆どすべての必要はドイツ語で対処する以外にないからである。こうした理由で今日ではソルブ語の知識は後退しつつある。3分の2はソルブ語を使えるものの，家庭での会話で日常的にソルブ語を使用しているのは3分の1にとどまる。もっとも，いくつかの地域では今日でもまだソルブ語は家庭のほかに村落の内部，教会，さらに一部では職場でも話し言葉として好んで用いられているといわれる。ソルブ人は伝統，言語，民族的アイデンティティを大切に守っているものの，ドイツ社会の只中で暮らしているという点では一般の社会生活にも参加しているのはいうまでもない。すなわち，彼らはもはやソルブ人だけで固まった居住地を形成しているのではなく，ドイツ人と混住しており，その意味で，彼らの生活の場はドイツ・ソルブ社会と呼ぶのが適切といえよう。

ソルブ人の生活では祖先から受け継がれてきた習俗を守ることが重視されている。ソルブ人の習俗はその由来からしても教会の年中行事と密接に結びついている。彼らの半数以上は福音主義教会に所属しており，4分の1はカトリックである。彼らの間ではとりわけ音楽への愛好が強く，それは民謡に対する愛着に結晶している。多くの合唱団が存在し，舞踊グループがいくつも結成されているのはそのためである。そうした文化サークルは約120存在しているといわれ，民謡などの文化的伝統はそれらによって守られている。他方，ソルブ人にはスラブ民族の色調の濃い民族衣装がある。その着用は日常生活では稀になっているが，今でも祝祭日にはまとうことが多い。特に教会での行事，日曜日の礼拝，家族の祝い事の際には伝統的衣装を着用する習慣が今日でも残っている。

ソルブ人には種々の団体があるが，それらの団体・施設の上部組織にあたるのはドモヴィナ連盟である。この組織には12の団体が加盟しており，会員数は約5,800名といわれる。ソルブ人の文化生活はこれらの団体や種々の制度によって支えられている。けれども，次に瞥見するデンマーク人

マイノリティのように独自の政治組織をソルブ人は有しておらず，自己の利害を表明する政治的チャンネルも構築しえていない。そのため彼らの政治的影響力は極めて弱いと見られている。

マイノリティとしての自己意識を維持する上ではメディアが重要だが，その面ではバウツェンを拠点とするドモヴィナ出版社の役割が大きい。同社からは『セルブスケ・ノヴィニー Serbske Nowiny』（ソルブ新聞という意味）という日刊の新聞がオーバーソルブ語で発行されているほか，ニーダーソルブ語の週刊新聞『ノヴィ・カスニク Nowy Casnik』（新しい新聞という意味）も発行されている。さらに月刊の文化雑誌として『ロジュラート Rozhlad』（展望の意味）があり，そのほかにも専門誌，子供向けの雑誌が存在している。しかしテレビなどではソルブ語に接する機会は皆無に近いといわれる。1995年秋の時点でいえば，テレビ局 MDR はソルブ語の番組を全く放送しておらず，より規模の小さいローカル局の ORB が僅かに1カ月に30分のバラエティ番組を制作していただけだからである[18]。

民族としてのソルブ人の研究も行われており，その中心になっているのがバウツェンにあるソルブ研究所である。ここを中心にしてソルブ人の社会史や文化史，言語，民俗などが研究されている。ソルブ研究所にはソルブ文書庫，ソルブ図書室が併設されている。また同じバウツェンにはソルブ博物館，ドイツ・ソルブ民衆劇場があるほか，ソルブ学校連盟やソルブ芸術家同盟などの本拠が置かれている。

ところで，基本法や連邦の法律に明示的な規定はないものの，民族的マイノリティの保護はドイツでは憲法上の義務と解されている[19]。この義務は，居住の関係上，ソルブ人に関してはザクセン州とブランデンブルク州

---

(18) Erich Röper, Minderheitenschutz im Vielvölkerstaat Deutschland, in: Deutschland Archiv, H. 6, 1995, S. 625f.

(19) 因みに，ドイツの憲法における明文のマイノリティ保護の条項としては，1849年のフランクフルト憲法13条188項，ヴァイマル憲法113条，1949年の東ドイツ憲法11条と1968年の改正憲法40条がある。1949年に制定された基本法では3条に非差別規定があるものの，マイノリティ保護は明文では定められておらず，1994年の基本法改正でも連邦制の立場から主に州の所管事項だとして見送られた経緯がある。

で問題となるが，両州ではドイツ統一後に復活した州の憲法に明文でマイノリティとしての彼らの保護が謳われている。例えばザクセン州憲法6条はソルブ人に関する規定であり，三つの条項からなっているが，第1項には「州で生活しているソルブ民族所属の市民は国家民族の同等な一部である。州は彼らのアイデンティティを守る権利およびとりわけ学校と文化施設により彼らの伝来の言語，文化，伝統を擁護し発展させる権利を保障し保護する」と定められている。同様にソルブ人に関するブランデンブルク州憲法25条でも第1項で，「民族的アイデンティティと祖先からの定住地域を保護し，維持し，擁護するソルブ人の権利は保障される。州，自治体および自治体の連合体は，ソルブ民族のこの権利の実現と，とりわけ文化的自立性および政治的に実効のある共同活動を促進する」と規定されている。無論，州憲法のこうした定めに沿う形でその他の法令が定められているのは指摘するまでもない。なかでも1994年に制定されたブランデンブルク州のソルブ人権利整備法は正文がドイツ語とソルブ語で書かれている稀有ともいえる法令である[20]。また同州では選挙法で州議会選挙の際に5％条項を適用することを定めているが，ソルブ人の団体に限りこの阻止条項は適用を除外されることが明記されている。

　ソルブ人の民族的・文化的自立性を確保するための法令が明瞭な効果を発揮しているのは，とりわけ行政，司法および学校教育の場である。ソルブ人が居住している地域では，ドイツ民主共和国の時代と同様に，官庁ではドイツ語と並んでソルブ語の使用が認められている。また両州の学校法では児童・生徒に対してソルブ語の学習を保証している。現在，74の公立学校でソルブ語は授業の正規の教科になっており，そのうち13校では母語

---

(20)　なお，この法律には，「6世紀以降ラウジッツに定住し，歴史を通じて繰り返された同化の試みにもかかわらず今日まで言語と文化を保持してきたソルブ人（ヴェント人）の，将来も自己のアイデンティティを守ろうとする意志を承認し……」という文言で始まる印象深い前文が付けられており，ザクセン州の「ザクセン州のソルブ人の権利に関する法律」（1999年3月31日施行）にも殆ど同一の前文がある。Gesetz zur Ausgestaltung der Rechte der Sorben im Land Brandenburg vom 7. 7. 1994. Staatsministerium für Wissenschaft und Kunst, op. cit., S. 38.

として教えられている。そのために例えばブランデンブルク州の学校ではソルブ語を教える45人の教員が勤務しており，ソルブ語の教員を養成する特別コースがポツダム大学に開設されている[21]。さらにソルブ人の居住している地域では法規の定めるところに従い，公共施設，道路，広場などはドイツ語とソルブ語で表記されている。またザクセン州政府はブランデンブルク州政府及び連邦政府の了解の下にソルブ民族財団を設立し，その本拠地をバウツェンに置いている[22]。財団の活動は公的資金で賄われ，その半分は連邦と両州から提供されているが，ブランデンブルク州政府の発表によると，これら3者から1998年に総額3,200万マルクが拠出されている。ソルブ人の伝統と習俗，及びそうした文化面での民族的自立性が，法令に基づく各種の措置によるばかりでなく，公的な援助を基礎とするこうした組織の活動によっても支えられているのを見落としてはならないであろう。

4 デンマーク人

次の民族的マイノリティとして，デンマーク人について見よう。

この集団はデンマークと国境を接するドイツ最北端のシュレスヴィヒ＝ホルシュタイン州に居住していて，その数は約5万人と見られている。彼らは主としてフレンスブルク，フーズム，シュレスヴィヒのような都市部か，あるいはドイツ・デンマーク国境に近い農村部やシュレスヴィヒ南西部に住んでいる[23]。

彼らの祖先が今日のドイツの領域に住むようになったのは，移動の結果というよりは，国境線の変更によるところが大きい。かつて存在したシュ

---

(21) Pressemitteilung der brandenburgischen Landesregierung, Unterricht im Sorbisch.

(22) 財団設立の目的や資金などについては，ザクセン州とブランデンブルク州の間で1998年に結ばれた協約に示されている。

(23) デンマーク系マイノリティの詳細に関しては，Johann Runge, Die dänische Minderheit in Südschleswig, in: Reimer Hansen, Peter Iver Johannsen, Johann Runge und Thomas Steensen, Minderheiten im deutsch-dänischen Grenzbereich, Kiel 1993, S. 73ff. および Edith Sigaard-Madsen, Die dänische Minderheit, in: Schmalz-Jacobsen u. a., hrsg., Ethnische Minderheiten, S. 134ff. 参照。

レスヴィヒ大公国は幾度かの戦争の帰趨によりデンマークに帰属したり，プロイセンの一部になったりしたが，最終的には1871年に姿を現したドイツ帝国に包摂された[24]。第1次世界大戦終結に伴い，改めて領土帰属問題が起こったが，住民投票の結果，1920年にシュレスヴィヒの分割が決定した。こうして住民投票での第1投票区の南限線だったいわゆるクラウセン・ラインを新たな国境にしてその北部に位置する北シュレスヴィヒはデンマーク領となり，南シュレスヴィヒはドイツにとどまることになったのである。デンマークに属す北シュレスヴィヒにドイツ系住民がマイノリティとして居住している一方[25]，今日のドイツにデンマーク系マイノリティが存在しており，彼らの団体にしばしば南シュレスヴィヒの語が用いられているのはこの理由による。第2次世界大戦後のポーランドの再建にあたりソ連との国境が西に移動したが，その際に見られたような住民の交換はシュレスヴィヒでは行われなかったのであり，その結果，デンマーク系市民を引き裂く形で，彼らがドイツ系市民と混住している地域の中に国境線が新たに引かれることになったといえよう。

　1920年のシュレスヴィヒの分割後，ドイツに残留したデンマーク系マイノリティは自己の集団的特性を守るために独自の文化的，政治的，社会的な基盤の形成に着手した。その際，役に立ったのがヴァイマル憲法のマイノリティ保護の規定だった。

　第1次世界大戦でのドイツの敗北に伴いポーランドが建国され，ドイツの領土は縮小した。これによりドイツからポーランド系住民の多くが失われたものの，なおルール地方のほかにプロイセン東部に残留していた。この点を主として配慮して，ヴァイマル憲法113条には言語を中心とする文化的レベルでのマイノリティ保護が定められたが，この条項はデンマーク

---

(24) 帰属問題の一齣が，対デンマーク戦争との関連で，望田幸男『ドイツ統一戦争』教育社，1979年で触れられている。

(25) 北シュレスヴィヒのドイツ系マイノリティについては，Peter Iver Johannsen, Die deutsche Volksgruppe in Nordschleswig, in: Hansen u. a., op. cit., S. 41ff. が数少ない論考の一つである。また国境問題に関しては，村井誠人「南スリースヴィ問題とデンマークにおける国境観の対立」『早稲田大学大学院文学研究科紀要』42集第4分冊，1996年参照。

系マイノリティにとってもまた固有の基盤形成のための法的な基礎になったのである。こうして既に1920年にはデンマーク系マイノリティを政治的に代表する組織としてシュレスヴィヒ協会（Slesvigse Forening 略称 SF）が誕生したのであり，それはナチスによる禁止の時期を経て南シュレスヴィヒ有権者同盟として戦後に再生することになる[26]。一方，第三帝国崩壊の後，ソ連との対立を深めつつドイツを占領した西側3カ国が西ドイツの建国に向かう中で国境の変更の可能性が失われたことも見逃せない。これにより南シュレスヴィヒ問題はもはや国境問題ではなく，西ドイツ最北端地域における少数民族の権利確保の問題に変わったのである。

　それではデンマーク系マイノリティはドイツの中でどのように処遇されているのであろうか。

　今日，デンマーク系マイノリティのすべての成員はドイツ語を問題なく使うことができる。しかし同時に彼らはデンマーク語を理解できるだけでなく，その多くは話すこともできる。デンマーク系マイノリティの政治組織としては，フレンスブルクに本拠を置く南シュレスヴィヒ有権者同盟（Sydslesvigs Vaelgerforening 略称 SSW）がある。また彼らの民族的・文化的活動の中心的機関として，南シュレスヴィヒ協会（Sydslesvigsk Forening 略称 SSV）があり，その事務局はやはりフレンスブルクに置かれている。南シュレスヴィヒ協会にはさまざまな活動領域をもつ26の団体が加盟している。

　デンマーク系マイノリティはその活動を自己資金のほかに個人と財団の寄付，デンマーク人国境協会からの寄付で賄っている。しかし同時にシュレスヴィヒ=ホルシュタイン州政府と居住地域の自治体からの援助の占める割合も小さくない。同州政府の発表では，1998年にデンマーク系マイノリティのために州から4,790万マルクが支出されたことが明らかになっている[27]。さらに隣接するデンマークからも決して少額とはいえない援助が

---

(26) Brigitte Mackscheidt, Dänen/Däninnen, in: Schmalz-Jacobsen u. a., hrsg., Kleines Lexikon, S. 46.

(27) Pressestelle der Landesregierung Schleswig-Holstein, Thema der Woche: Aufwendungen des Landes für Minderheitenpolitik und Förderung der Grenzverbände.

行われていることも見逃せない。これらの財政的支援の基礎になっているのは，1989年に州憲法に第5条2項として追加された次の文言である。「民族的マイノリティと民族グループの文化的自立性と政治参加は州，自治体および自治体団体の保護のもとにある。民族的デンマーク系マイノリティとフリース人民族グループは保護と援助を請求できる。」

もちろん，支援の基礎になっているのは州憲法のこの条項だけではないし，支援自体も1980年代末から始まった訳でもない。その観点から見て重要なのは，1955年にボンとコペンハーゲンで発表された二つの宣言である。それによってドイツ国内のデンマーク系マイノリティにとってだけではなく，デンマーク国内に居住しているドイツ系マイノリティにとっても文化的自己決定のための基礎が据えられたのである。それまで両国間ではマイノリティに関わる紛争を未然に防ぐために明示的な法令がなくても暗黙の互恵主義がとられてきた。しかし同年の西ドイツのNATO加盟に伴い，同盟国として相互の友好関係を安定化する思惑が働き，暗黙だった互恵主義がこの宣言によって可視的になったといえよう[28]。また同宣言によってシュレスヴィヒ=ホルシュタイン州議会選挙ではデンマーク系マイノリティの不利を避けるため，そこに基盤をおく団体には5％条項を適用しないことが確定されたことも重要である。なお，マイノリティとしての彼らの地位と権利の一部については，ボン・コペンハーゲン宣言より一足早く，1949年のキール宣言で確認されていたことにも触れておくべきであろう。北シュレスヴィヒのドイツ系マイノリティと同様に，その宣言では例えば彼らが設立した私立の中等学校に政府の認可を得ることなどができるとされており[29]，こうした事柄は基本的に州レベルの所管事項であって，連邦が直接に関与するものではないとされていたのである。

ところで，文化面に関して言えば，南シュレスヴィヒ協会は文化面での中心的機関として南シュレスヴィヒにおけるデンマーク語とデンマーク風

---

(28) Karl-Rudolf Fischer und Kurt Schulz, Vom Kanon der Kulturen: Minderheiten- und Volksgruppenpolitik in Schleswig-Holstein, Kiel 1998, S. 37f.

(29) ヴィルフリート・ラグラー「西ドイツのデンマーク系少数民族とデンマークのドイツ系少数民族」アシュワース編，前掲書所収，215頁。

の民俗の維持のために活動し，同時に，デンマークのみならず，北欧各国との絆をも守っている。またデンマーク語の日刊新聞として，『フレンスボルグ・アヴィス』紙がデンマーク系マイノリティ向けに発行されている。さらに学校と幼稚園レベルでの活動のために，南シュレスヴィヒ・デンマーク学校協会が組織されており，この協会によって現在，53の学校と61の幼稚園が運営されている。デンマーク系マイノリティには独自の図書館システムも構築されている。そのセンターは南シュレスヴィヒ・デンマーク人中央図書館であるが，それには二つの支所があるだけでなく，学校と幼稚園に110の末端の図書室が設けられている。宗教に関しては，デンマーク系マイノリティの宗教は約90％が福音ルター主義であり，カトリック教会に所属するのは１％にも満たない。彼らのための福音ルター主義教会としては南シュレスヴィヒ・デンマーク教会が存在しているが，この教会には44の教区があり，24人の牧師が働いている。

　青少年向けにはデンマーク人青少年連盟（略称 SdU）が組織されている。それは青少年活動を行っている77の団体の上部組織であり，余暇施設とスポーツ施設を運営している。またデンマーク系マイノリティに対する社会サービスのためにはデンマーク保健事業団がある。同事業団は老人ホームと児童・青少年用の救護施設をそれぞれ一つ運営しているほか，ケアの設備のある住宅を保有している。

　デンマーク系マイノリティに対しシュレスヴィヒ＝ホルシュタイン州政府の側からは，学校教育においてだけではなく，青少年向けの活動や成人教育，保健事業などさまざまな面で財政的な支援が行われている。またSSW が州議会に議員を送れるように上述の通り５％条項が外されている上，SSW の州議会議員団の政治活動に対しても，他の会派にはない特別な財政的援助が与えられている。こうした優遇措置により，SSW は1996年の州議会選挙では2.5％の得票率で総数75の議席のうち２議席を獲得している[30]。他方，デンマーク側でも，互恵主義を土台にして，北シュレスヴィヒ

---

(30)　戦後のシュレスヴィヒ＝ホルシュタイン州議会選挙における SSW の得票率と議席数については，Die Fischer Chronik Deutschland '49-'99, Frankfurt a. M. 1999, S. 1075 に一覧がある。

のドイツ系マイノリティに対して特別な措置がとられている。彼らはデンマーク人の政党と協力するか，あるいは独自の組織を基礎にして議会に代表を送ろうとしてきたが，得票数が少ないために自前の代表を送り込むのが困難だった。1964年に彼らのために利益代表機関として諮問委員会が設置されたのは，そのような問題に対する処方箋の一例といえよう。こうした取り組みが成果を上げているところから，二つの国家に属す南北シュレスヴィヒは，今日，紛争の原因になりやすいマイノリティ問題解決のモデル地域と見做されるようになっている。

5　フリース人

つづいてフリース人について眺めよう。

フリース人の存在について文書で確認できる最初は，紀元1世紀のプリニウスのそれであるといわれる。当時，フリース人はライン川河口からエムス川河口にかけての地域に住んでいたが，中世初期にエルベ川河口辺りから現在のドイツ・デンマーク国境地帯にかけての地域まで移動した。そして今日，フリース人はドイツではシュレスヴィヒ=ホルシュタイン州の北部とニーダーザクセン州の北西部およびジルト島など両州の島嶼部にマイノリティとして居住している[31]。

北フリース人の居住地域はシュレスヴィヒ=ホルシュタイン州の西海岸である。血統と自己意識の点で自己を北フリース人と感じているのは5万人から6万人程度とされている。この数は彼らの居住地域の人口の3分の1に相当する。この集団のうちで北フリース語を話せるのは1万人であり，残りのうち2万人がこの言語を理解することができる[32]。ニーダーザクセ

---

(31) フリース人マイノリティに関するまとまった文献として，Thomas Steensen, Die Friesen in Schleswig-Holstein, in: Hansen u. a., op. cit., S. 159ff. が貴重である。また同じ著者の概観的な論稿とコッホのそれも有益である。Ders., Die Nordfriesen, in: Landeszentrale für politische Bildung Schleswig-Holstein, Schleswig-Holstein: eine politische Landeskunde, Kiel 1992, S. 321ff. Koch, op. cit., Teil 1, S. 28ff.

(32) Lars von Karstedt, Friesen/Friesinnen, in: Schmalz-Jacobsen u. a., hrsg., Kleines Lexikon, S. 58.

ン州のオストフリースラント地方では東フリース語は既に消滅している。ザーターラントでは東フリース語のエムス地方特有の方言だったザーターフリース語が約2,000人のザーターフリース人によって四つの村落で辛うじて家庭内の言語として話されている。しかし，2100年までに死滅すると見られる言語を主題にした2000年12月12日付『ジュートドイッチェ』紙の記事で言及されていることからも看取されるように，ザーターフリース語は消滅寸前の状態にあるというべきであろう。同州が国境を接しているオランダのフリースラントには40万人の西フリース語を話す住民がいて，西フリース語はその地域の第2公用語とされているから，国境の東西での落差は極めて大きい。北フリース語についても同様な衰退が指摘できる。一例としてジルト島について見れば，19世紀には全住民がフリース語を話したが，1927年には話せるのは住民の3分の1になり，1970年になると2万5,000人の住民のうちフリース語を話す人は1,000人に満たない状態になったのである[33]。

　このようにドイツでフリース語が文字通り衰退しつつある言語になっているのは，上述のデンマーク系マイノリティのようにもう一つの母国と呼べる国家をもたず，それによる支えがないことが原因として指摘できよう。実際，比較的多くのフリース人がマイノリティとしての地位を確立して生活している隣国オランダも，ドイツに居住しているフリース人にとっては決して第2の母国と呼べるものではないのである。その上，ドイツ人，デンマーク人との間で頻繁に結婚が行われてきたので，彼らの間では言語の維持はもとより，堅固な民族意識も形成されにくかった。そのためフリース人には固有の民族と呼ぶに値するのかどうかという疑問が絶えず突きつけられてきたのが現実であり，彼らがドイツで固有の言語と文化を辛うじて守り，マイノリティ保護の国際的機運の高まりを背景にして，民族的マイノリティとして政府による認知を得るまでには長い年月を要したのであった。すなわち，フリース人は1990年に至ってようやく保護と援助を請求する資格のあるマイノリティとしてシュレスヴィヒ=ホルシュタイン州政

---

(33) マイク・スティーブンス「北フリース人」アシュワース編，前掲書所収，217頁。

府によって公認されたのであった。そしてこれに伴い，1991年に同州には州首相の下に国境地帯およびマイノリティ特別代表が設置されたのである[34]。

それではフリース人の言語と文化はどのようにして維持されているのであろうか。

北フリース人の多くは，自分たちをドイツ民族の内部にいる固有の言語と歴史を有する集団と見做している。こうした意識を土台にした民族運動の端緒になったのは，フリース人の伝統を保護するために1923年にフリース・シュレスヴィヒ協会が創設されたことである。同協会はヨーロッパ・マイノリティ会議に加入してフリース人の権利と地位の向上を図ったが，ドイツ政府の反対と民族意識や民族的特性が希薄であることが原因で成功しなかった。その後，ナチス期に他の民族団体と同様に禁止されたが，戦後に再建され，1948年以降，民族フリース人連合の名称で活動を続けている。この組織に集まっているのはフリース人を自立した民族と考える人々であり，フリース文化とフリース語の擁護・発展を目指しているが，数から言えば今日では少数派になっている。

一方，北フリース人の団体で最大のものは，1902年に設立された北フリース協会であり，現在，4,700人のメンバーを数える。同協会はナチス期には強制的同質化の一環として，民族性および郷土局にその一部として編入されたが，戦後になって復活した。そして以後，北フリースラントの言語，文化，景観の保持を目的にして活動している。そのために北フリース語の講座，言葉を使う旅行が企画され，フリース語の劇場も維持されている。さらに関連して文化財保護の領域でも活動している。これらの活動の一部

---

(34) マイノリティ特別代表の活動の概要については，Fischer u. a., op. cit., S. 72ff. および Pressemeldungen der Ministerien und der Staatskanzlei Schleswig-Holstein vom 27. 10. 1998: Zehn Jahre Beauftragter für Grenzland- und Minderheitenfragen in Schleswig-Holstein 参照。なお，デンマーク人を含む民族的マイノリティ保護のためのシュレスヴィヒ=ホルシュタイン州の関係法令の抜粋が, Der Präsident des Schleswig-Holsteinischen Landtages, Minderheitenbericht 1996-2000, Kiel 1999, S. 65ff. に収録されていて便利である。

には財政面で公的な援助が行われている。

シュレスヴィヒ゠ホルシュタイン州議会には「シュレスヴィヒ゠ホルシュタイン州のフリース人集団の諸問題のための委員会」が設けられている。この委員会が目的としているのは、フリース文化とフリース語を守ることである。これに対応して、北フリースラントの公立学校では授業でフリース語が教えられている。またキール大学には1950年以降北フリース語辞書部が置かれているが、これはドイツ全国でフリース人とフリース文化を科学的に研究する唯一の大学の施設である。さらにフレンスブルク教育大学ではフリース人教員の養成が優先課題として行われており、フリース語の教授法が授業科目として置かれている。

フリース語、フリース文化、フリース人の歴史を守るうえで大きな意義があるのは、ブレットシュテットにある北フリース研究所（Nordfriisk Instituut）である。それは1949年に開設された科学センターであり、創立に貢献したのはナチスに屈服しなかった数少ないフリース人民族運動家のL.C.ペータースとA.ヨハンセンである。同研究所は研究機関であると同時に、素人の関心にも応えて研究との橋渡しも行っており、言語、歴史、郷土学の領域での知識の普及に努めている。その活動は主にシュレスヴィヒ゠ホルシュタイン州政府からの補助金で支えられている。

フリース人の組織としては、さらに1930年に設立されたフリース人評議会があるのも見落とせない。それはドイツに居住している北フリース人と東フリース人をオランダに住む西フリース人と結合するものである。このように地域を超えたフリース人の組織が初めて結成されたのは1925年のことであり、定期的に会合を開くフリース人会議の発足こそフリース人の存在を守る決定的な一歩だったとも評されている。これを受け継いでいるところから、フリース人評議会は国境を跨いで活動している。フリース人の会議を開いたり様々な職業グループの会合を催したりして絆を強めるのが同評議会の目的とするところである。同評議会にはいくつもの協会が加盟しており、北フリース人の協会の代表たちは同評議会の北フリースラント部会で協力して活動している。

付言すれば、2000年2月に連邦政府はフリース人に対して継続的に財政的援助を行うことを確約し、同年中に10万マルクを支出する方針を表明し

た。シュレスヴィヒ゠ホルシュタイン州だけでデンマーク系マイノリティも含む民族的マイノリティのために年間5,000万マルク負担しているといわれるから，この額は遥かに少ないといわねばならない。しかし，同州政府の発表によれば，10年来連邦政府は民族的マイノリティ保護の公式的立場とは裏腹に，ソルブ人には支援を与えても，フリース人のためには財政的援助をしていなかったのが現実であった。そのため，この方針転換はひとまず関係者の間で肯定的に受け取られているという[35]。

6 シンティ・ロマ

長らくジプシーもしくはツィゴイナーと呼称されてきたシンティ・ロマは，これまでに一瞥した民族的マイノリティとは主要な点で相違している。それは，彼らがドイツないしヨーロッパに起源をもたないことである。彼らの発祥の地はインド北西部であって，ヨーロッパには中世に移動してきてその人口の一部になった。したがって，肌の色のような外見の面でも比較的容易に識別でき，その点でも彼らはこれまで見てきたマイノリティとは異なっている[36]。

ロマが移り住んだのは，東ヨーロッパ，中央ヨーロッパ，南西ヨーロッパの三つの地域に分けられる。そのうちドイツ語圏で暮らすようになったのがシンティと呼ばれる集団である。その意味で，ロマは各地に住み着いた人々の総称であり，シンティはその支流ということができる。シンティ・ロマがドイツ語圏で暮らすようになったのは，14世紀ないし15世紀以降のこととされる。それゆえ彼らには600年以上に及ぶドイツでの歴史がある。

---

(35) Pressemeldungen der Ministerien und der Staatskanzlei Schleswig-Holstein vom 21. 2. 2000: Bundesregierung will friesische Minderheit unterstützen.

(36) ドイツのシンティ・ロマの概略については，小川悟『ジプシー：抑圧と迫害の轍』明石書店，1990年のほか，Peter Köpf, Stichwort: Sinti und Roma, München 1994, Aparna Rao-Casimir, Die Minderheit der Sinti (und Roma), in: Schmalz-Jacobsen u. a., hrsg., Ethnische Minderheiten, S. 442ff. など参照。

ドイツにおけるシンティ・ロマの歴史を振り返ると，すぐに浮かび上がってくるのは，繰り返し彼らが差別と迫害に晒されてきた事実であろう。外見のみでなく，生活習慣や行動様式が異なっているうえに，キリスト教社会に混じりこんだ異教徒と見做された彼らには，都市や村落に定住することは許されなかったし，また閉鎖的な職業の世界からも締め出された。そればかりか，定住を企てても追放令が発せられ，禁を破って捕らえられると極刑に処されさえした。シンティ・ロマの歴史を手繰るとそうした事例は枚挙に暇がないといわれる。その結果，彼らはどこにも安住できず，流浪の生活を余儀なくされたが，そのことは，放浪する民という強固なステレオタイプが形成される原因ともなった。実際，啓蒙と科学の18，19世紀を経た20世紀に至ってすら，一定の地域に定住しようとする彼らの試みがしばしば妨害を受けたのは厳然たる歴史的事実なのである。

　ナチスが権力を掌握してからのシンティ・ロマの運命についてはわが国でも比較的よく知られている。似非科学に裏打ちされた人種主義を土台とし，人種所属で人間集団を序列化して統合と排除を推進するナチスのイデオロギーと政策は，シンティ・ロマのうえに悲劇をもたらした。アーリア人の血統保護を目的にして1935年に制定されたニュルンベルク法によってユダヤ人ばかりでなくシンティ・ロマも既に社会から排除されていた。しかし，戦争に突入してからは，ドイツに居住していたシンティ・ロマに加え，占領地のロマたちも迫害の対象とされ，民族絶滅を目的にした大量殺戮の犠牲になったのである。すなわち，一説には50万人とも推定されるロマたちがヨーロッパ各地から集められて殺害されただけでなく，彼らの文化的遺産も広範囲にわたって破壊され，存在の痕跡さえ消去されようとしたのである。犠牲者の正確な数は明らかではないものの，被害の規模が大きかったことは，官庁が戦前に把握していたドイツとオーストリア在住の4万人のうち，ドイツの敗北までに2万5,000人以上が暴虐の犠牲になった事実から推し量れる[37]。そのため，ナチスが実行しようとした計画的絶

---

(37) これらの点については，ドナルド・ケンリック，グラタン・パックソン，小川悟監訳『ナチス時代の「ジプシー」』明石書店，1984年および金子マーティン編訳『ナチス強制収容所とロマ』明石書店，1991年が詳しい。

滅の影響は，たんに虐殺を生き延びた人々だけではなく，戦後に出生した世代にまで色濃く残っている。

今日，ドイツで暮らしているドイツ国籍を有するシンティ・ロマの総数は5万人から7万人と推定されている。それ以外に東ヨーロッパ諸国から来て庇護申請者などとしてドイツに滞在しているロマもいるが，その数は不明である。民族所属によるデータは廃棄され，今日では統計は作成されていないから，ドイツ国籍をもつシンティ・ロマの正確な数を把握するのは不可能である。しかしバイエルン州のように一部の地域では差別的な登録制度が残されており，シンティ・ロマの側からの抗議にもかかわらず撤廃されないために社会に波紋を広げている[38]。

そうした差別的な制度が一部であれ現在に至っても残存しているのは，たんなる偶然ではなく，戦後になってもシンティ・ロマに対する差別が続いていることと関係している。ユダヤ人については虐殺の規模が大きく，国際的にも無視できない存在であることから，1952年にイスラエルと結んだルクセンブルク協定を起点にして早期に補償に着手されたのは周知のとおりである。しかし，これと対照的に，シンティ・ロマに関しては政府レベルでナチスによる犯罪行為を認めたうえでの謝罪はなされず，補償問題は先延ばしされてきた[39]。実際，1981年にゲッティンゲンで世界ロマ会議が開かれたのを受けて，西ドイツの首相としてH. シュミットがシンティ・ロマの代表団と会見し，ナチスによるシンティ・ロマの虐殺を認めて平等な権利確立の運動を支援すると約束したのはようやく1982年になってのことであり，戦争終結から数えても40年近い歳月が経過していたのである[40]。この間，ナチス支配の時期のような組織的暴力の犠牲にまではならなかったとしても，シンティ・ロマに対する蔑視と差別は容易に弱まらず，ドイ

---

(38) ロマニ・ローゼ「スィンティ・ロマ保護の国内法制定のための闘争」反差別国際運動日本委員会編『世紀の変わり目における差別と人種主義』所収，解放出版社，1999年，20頁以下およびFrankfurter Rundschau vom 14. 4. 1999 参照。

(39) Köpf, op. cit., S. 76f. 参照。

(40) 金子マーティン「ナチス時代の『ジプシー』について」ケンリックほか，前掲書所収，296頁。

ツ社会に受け入れられたとは言いがたい状態が続いた。

　他面，そうした状況にもかかわらず，シンティ・ロマに対するナチス犯罪を認めていなかったことから，政府が差別撤廃に向けた取り組みを不十分にしか行わなかったことも見落としてはならない。事実，1945年以降も様々な行政的差別措置は存続し，警察的取り締まりの観点から彼らの移動を捕捉するために本人を同定する手段となる指紋などが採取されたのであり，それらを定めた法令が廃止されたのは1970年になってからであった[41]。そのため，亡命・移住と虐殺の影響で戦前に比べて格段に規模が縮小したユダヤ人の場合のように，ユダヤ人中央評議会がガリンスキーやブービスなどの人物を議長の座に据え，反ユダヤ主義の兆候が現れるたびに社会に警告を発してきたのとは違い，シンティ・ロマは差別にひたすら堪えるほかない状態が長く続いてきたといっても誇張ではないのである。

　それでは今日，ドイツのシンティ・ロマはどのように暮らしているのであろうか。

　まず，地理的分布の面では，ドイツのシンティ・ロマの多くはベルリンをはじめ，その他の旧西ドイツの州都や大都市，ルールやライン・マイン地域のような人口集中地帯に住んでいる。このように各地に広く分布している点で，シンティ・ロマは一定の地域に集中している他の民族的マイノリティと大きく異なっており，それがまた彼らに関わる問題を複雑にしている。なぜなら，特定の地域に固まっている場合には，その地域に限定した形で保護などの施策が展開しやすいからである。

　ドイツのシンティ・ロマが団体に組織されるようになったのは1970年代に入ってからであり，とりわけ1982年にドイツ・シンティ・ロマ中央評議会（Zentralrat Deutscher Sinti und Roma）が結成されたことは大きな意義をもっている。それによって固有の利害を表明するアクターが形成されたといえるからである。しかし政治的には依然として力は乏しい。これまでに若干名のシンティ・ロマが自治体レベルで議員に選出された実績はあるものの，連邦議会はもとより，どの州議会にもシンティ・ロマの議員が出

---

(41)　Rita Polm, Sinti, in: Schmalz-Jacobsen u. a., hrsg., Kleines Lexikon, S. 141.

現した事例がないことがそれを裏付けている[42]。

　シンティ・ロマの最も主要な団体は中央評議会であり，ドイツ国内でもよく知られているロマニ・ローゼが長年会長を務めている。この団体は州レベルの九つの団体と地域的に活動しているいくつかの組織の上部機関である。中央評議会の主要な任務は，シンティ・ロマが今日でも差別されている現実を踏まえ，彼らの政治的社会的同権化と差別撤廃を目指し，彼らのための利益代表機能を果たすことである。そのために同評議会は，種々の立法提案を行っている。また外国人，ユダヤ人と並んでシンティ・ロマをも標的にする極右暴力を防止するイニシアティブをとり，あるいはホロコースト記念碑の設立を働きかけている。さらにマイノリティの権利の確立，ホロコースト犠牲者に対する補償，民族殺戮の犠牲者の追悼，ナチス犯罪の刑事的追及などを国内のみならず国際的レベルでも推進している。これらに加え，州レベルの団体の活動の調整，他国のマイノリティとの協力，国際的人権擁護機関との協力なども中央評議会の重要な任務になっている。同評議会がソルブ人，フリース人，デンマーク人とともにヨーロッパ・レベルのマイノリティの頂上団体であるヨーロッパ少数民族連合（略称FUEV）の一員になっているのはそのためにほかならない。

　一方，シンティ・ロマには主要な機関としてドイツ・シンティ・ロマ記録文書・文化センターがある。そこではシンティ・ロマに限らず広くエスニック・マイノリティの歴史，文化，現状の研究と資料収集が行われている。また文化的アイデンティティを保持したままドイツ社会にシンティ・ロマを統合するため，啓蒙・教育，社会活動，各種の相談，広報活動などが実施されている。

　1970年代末以降シンティ・ロマの組織がローカルなレベルでいくつか結成されたが，具体的な目標や要求では必ずしも一致しておらず，時にはかなり激しい対立が生じることもある[43]。それらのうちで中央評議会に所属していないシンティ・ロマの組織としては，ニーダーザクセン州のドイツ・

---

(42)　Bundesministerium des Innern, Die Volksgruppe der deutschen Sinti und Roma. Stand: 1996.

(43)　Rao-Casimir, op. cit., S. 453.

シンティ，ハンブルクのシンティ・ロマ団体，より規模の小さいその他の地域的組織がある。中央評議会に加盟していない若干の組織は近年ドイツ・シンティ連盟（Sinti Allianz Deutschland）を設立して合流した。その規約によれば，同連盟の目的は，種族としてのドイツのシンティの利益擁護，シンティの文化の保全，ドイツ人とシンティ・ロマとの相互理解の増進にある。さらにドイツ文化と並んで数千年の歴史のあるシンティ・ロマのインド・ゲルマン文化と言語の保護も連盟の主要な目標とされている。

中央評議会をはじめとするシンティ・ロマの活動が活発になり，ナチス犯罪被害者からも補償請求が出されるようになったのを背景にして，連邦議会が1986年に採択した決議により，ドイツのシンティ・ロマの生活条件の改善とドイツ社会への統合は，すべての会派によってその必要性が確認された。これを踏まえ，1991年以降ドイツ・シンティ・ロマ中央評議会とドイツ・シンティ・ロマ記録文書・文化センターには連邦から財政的援助が支出されている。特に14人の専従職員を抱えている後者には連邦政府が90％，所在地のハイデルベルクがあるバーデン＝ヴュルテンベルク州政府が10％の割合で資金を提供している。2000年5月の同州政府の発表によれば，センターに対して同州は年額24万マルクの援助を行っており，中央評議会に加盟しているドイツ・シンティ・ロマ州連盟には相談業務などへの補助として17万5,000マルクを提供している[44]。また州と自治体からは，社会生活へのシンティ・ロマの参加を促進し，文化的アイデンティティと固有の言語を保持したまま社会生活に溶け込ませることを目的にして，文化的・社会的なプロジェクトに対する支援が実施されている。

シンティ・ロマの子供たちは，一般にロマニ語とドイツ語の二言語を習得して成長する。しかし公立学校ではロマニ語の授業は実施されたことはなく，現在も計画は見当たらない。またどの州の学校法にもそれを認める文言は見られない。一部で行われているケースもあるといわれるが，あくまで実験的な試みにとどまっている。こうした現状については，単純に差別の結果と解釈すべきではない。確かにシンティ・ロマの分散した居住状

---

(44) Bundesministerium des Innern, Minderheiten. Pressemitteilung des Staatsministeriums Baden-Württemberg vom 18. 5. 2000.

態を考慮すると，ロマニ語を教えるための特別クラスを設けることが困難であるのは否定できない。しかし同時に，中央評議会とその他のシンティ・ロマの団体の意向が反映している面があるのを忘れてはならない。というのは，民族殺戮の被害を受けた経験に照らし，ロマニ語はシンティ・ロマ集団の内部でのみ継受されるべきであり，外部の者によってロマニ語が公立学校の教育システムを通じて教えられるべきではないとの立場をこれらの団体はとっているからである。しかも他方では，ロマの子供たちのために他から分離して学校を設置することや，特別クラスを設けることにもそれらは反対している[45]。むしろ親たちによっても望まれているのは，ロマニ語の継承は家庭やロマの間で口頭によって行う一方で，通常の学校が子供たちを差別なく受け入れ，進学が可能になることなのである。

ところで，ベルリン市学校・青少年・スポーツ局の資料により，ベルリンでのシンティ・ロマ問題の取り組みの一端を知ることができるので，簡単に触れておこう[46]。

ベルリンで生活しているドイツ国籍のシンティ・ロマの人数は明らかではない。しかし外国籍のシンティ・ロマについては，庇護申請をしたり，ボスニア＝ヘルツェゴヴィナからの内戦避難民として生活上の保護を受けている場合には把握されており，その数は1998年に約6,000人だったという。

ベルリン市では，シンティ・ロマ州連盟に設けられている相談所に1990年から財政的援助を行っている。同相談所はロマの人々によって運営されており，生活上の相談のほかに，ナチス犯罪に関連する補償請求での助言と支援を行っている。1997年には同市による援助の金額は12万2,000マルクであった。また同市では啓蒙活動への取り組みも進めている。そのためにシンティ・ロマに対する偏見を扱ったパンフレットを作成・配布したり，学校だけでなく，学校外でも青少年，成人を対象にした文化的催しが持たれているが，こうした活動には1994年以降毎年2万マルクが支出されている。なお，ベルリンにあるラジオ局が月に2回，それぞれ15分ずつロマニ

---

(45) Bundesministerium des Innern, Die Volksgruppe.
(46) Senatsverwaltung für Schule, Jugend und Sport, Zur Situation von Sinti und Roma in Berlin, Stand: 1998.

語による放送を行っている。

　さらに1995年からは車で移動生活を送っているシンティ・ロマのために専用のキャラバン・サイトが設けられ，そこで一定期間，キャンピング・カーでの生活ができるように設備面の整備がなされた。同時に，その間，子供たちが近くの学校に通学することも可能になった。併せて福祉団体カリタスが派遣した相談員も配置されている。しかし施設の整備・維持のために年間70万マルクの経費を要するため，かなりの負担になっているのが実情である[47]。

7　民族的マイノリティを巡るヨーロッパ・レベルの動向

　以上でドイツに居住していて公的に認知されている四つの民族的マイノリティの輪郭を描いてみた。これらの民族的マイノリティは，基本法によるほか，欧州人権規約，市民的および政治的権利に関する国際規約（国際人権規約）に基づいて保護されている。また，これに対応する形で連邦政府は民族的マイノリティの構成員の人格の自由な発展と文化の保護のための枠組みを策定しているが，その骨子は，所管官庁である連邦内務省の公式説明によれば，古来の独自の言語を維持し，固有の文化を保持し，伝統と習俗を生き生きと保つことが可能になる条件を整えることにある。しかし実際に保護措置の実務を担当しているのは，連邦制の国ドイツにおいては主として州である。それぞれの民族的マイノリティとの関連で州レベルの取り組みについて触れてきたのは，そうした理由からである。しかし他面では，国際協定が結ばれて，国際的レベルで保護政策の拡充が要請されているのが近年の顕著な動向といってよい。そこで，ドイツがEUの主軸として東方拡大などヨーロッパ統合の推進力の役割を果たしていることも考慮して，民族的マイノリティ保護に関するヨーロッパ・レベルでの動きを簡単に眺めておこう[48]。

---

　(47)　それにもかかわらず，新聞報道によると，数百万マルクをかけて新しいサイトを設けることが検討されている。taz vom 3. 5. 2000.

　(48)　マイノリティ保護の国際法上の発展と現状については，金東勲・芹田健太郎・藤田久一『ホーンブック国際法』北樹出版，1998年，136頁以下および福田菊「マイノリティの権利と国連」徐龍達ほか編『多文化共生社

第2章　現代ドイツの民族的マイノリティ　　95

　ヨーロッパでのマイノリティ保護への第一歩は，ヨーロッパ評議会で1950年に定められた欧州人権規約によって踏み出された。同規約の第14条には，性別，人種，言語，宗教，政治的立場，民族所属，社会的出自などの相違にかかわらず，規約に掲げられた基本権と自由が各人に保障されることが定められている。けれどもこの反差別条項は，同規約に謳われた権利などに明らかに抵触する差別からの保護はできても，実際に存在する多様な種類の差別からの保護では不十分なものにとどまった。

　そうした現実を踏まえ，マイノリティ保護をより実効的にしようとする試みが冷戦の間にも見られたが，いずれも挫折した。再びその機運が高まったのは，東欧諸国で社会主義体制が崩壊し，民族紛争の火種が燻りかけた1990年を迎えてからだった。同年，国際法学者を中心としたいわゆるベニス委員会が発足し，マイノリティ保護のための欧州規約のプロジェクトがスタートしたのである。それによって，紛争を欧州人権裁判所ではなく，ヨーロッパ評議会閣僚委員会で処理するなどの草案が作成されたが，イギリス，フランス，ギリシャ，トルコの反対で採択されずに終わった。しかし，マイノリティ保護のすべての努力を水泡に帰させないための努力が続けられ，その中から，欧州人権規約にマイノリティに関する規定を追加する構想が浮上した。この立場から1991年にオーストリアが閣僚委員会に草案を提出したが，それに沿う形で1993年5月に閣僚委員会に対する勧告として欧州議員総会が条約案を可決したのである。これを受け，欧州人権規約の追加条項の概要が1993年にウィーンで開催されたヨーロッパ評議会加盟国首脳の第1回欧州サミットで決定された。そしてユーゴ紛争で翻弄されたためにしばらく停滞したものの，1998年2月1日に「民族的マイノリティ保護のためのヨーロッパ評議会の枠組み協定」が発効するところまで漕ぎつけたのである[49]。

　　　会への展望』所収，日本評論社，2000年，50頁以下参照。連邦政治教育センターから発行されている週刊新聞『パーラメント』は，これまでに2回，ヨーロッパのマイノリティ問題に関する特集号を出しており，いずれも役立つ。Das Parlament vom 1. 5. 1992 und 20. 8. 1999.
　(49)　以上の経緯に関しては，Hartmut Hausmann, Ein schwieriger Weg, in: Das Parlament vom 20. 8. 1999 参照。なお，マイノリティ保護にみられる権

同協定には，ドイツはもとより，ヨーロッパ評議会に加盟している37カ国がこれまでに署名し，そのうちの29カ国は既に批准を済ませている。同協定がまとまるまでの経緯を見れば，それが妥協の産物であるのは歴然としている。どのような民族的マイノリティに対して協定に定められた保護を実施するかは各国の決定に委ねられていることや，保護の内容の規定が抽象的であるために拡大解釈の余地が大きい点などにそのことは表れている。それだけではない。そもそも協定が対象とする「民族的マイノリティ」に関して共通了解が得られず，その定義は断念するほかなかったという事実がその難産ぶりを窺わせている。

　定義を巡り，頑強に抵抗したのはフランス，ドイツ，トルコである。フランスの場合，コルシカ人，ブルターニュ人，アルザス人を抱えているのは周知の事実だが，自由な市民の共和国という建国の原理からいって，すべての市民に関わる権利保護ならばともかく，特別な集団的権利を承認することは困難であった。一方，トルコの場合には，国家原理についてはフランスと同じ立場だったが，その背景には，マイノリティの存在を認めたら深刻な政治危機を招く危険が見え隠れしていた。というのは，マイノリティを保護するとなれば，その対象の筆頭に挙がるのはトルコ市民として平等な権利を享受しているはずのクルド人であり，国内でゲリラ活動を続けるクルド労働党（通称PKK）を中心としたクルド人の分離・独立運動に油を注ぎかねないという事情があったからである[50]。そのため，西欧各国で移民労働者としてトルコ人が多数生活していることから，トルコ政府は土着のマイノリティではなく，新しいマイノリティの保護を優先することを唱え，そのようなエスニック・マイノリティを保護されるべき「民族的マイノリティ」と見做す立場をとったのである。

　これに対し，多数のトルコ人をはじめとする外国人労働者とその家族に

　　　力政治的文脈につき，谷口長世『NATO』岩波新書，2000年，158頁以下参照。
　(50)　トルコのクルド人問題に関しては，S.C.ペレティエ，前田耕一訳『クルド民族』亜紀書房，1991年，拙稿「ドイツにおける外国人過激派の実情：クルド労働党（PKK）禁止問題を例に」『社会科学論集』37号，1998年参照。

加え, 世界各地からきた大量の難民を抱えるドイツが正反対の立場を打ち出したのは推測に難くない。ドイツとしては, 移民国ではないとの立場をかねてより堅持している上, 国内で外国人問題を巡る対立が激しいことから, 直ちに新しいマイノリティを保護する政策をとることでコンセンサスを得られる見込はなかった。他方で, 1996年春の州レベルの選挙の際, ドイツに到来するロシア・ドイツ人のようなアオスジードラーの流入規制問題が焦点になったことを考えると, 「民族的マイノリティ」を土着のマイノリティに限定することには利点があった。なぜなら, 旧ソ連の各国や東欧諸国でその地に定住しているドイツ系マイノリティの権利が確立されれば, 彼らがドイツに流入してくる可能性が低下することが期待できたからである[51]。しかも, ソルブ人などの国内の「民族的マイノリティ」に対しては既に保護政策の実績が存在しており, 土着のマイノリティの保護が協定で締約されても, 新たな負担にはならないという考慮も働いていたと考えられる[52]。

それはともあれ, これらの思惑を背後に抱えつつまとめられ, 1998年に発効した協定には国際法上拘束力のある原則が含まれている。というのは, それは民族的マイノリティの保護と援助を加盟国に義務づけており, それを通じてヨーロッパの平和, 安定, 民主主義の発展に貢献することを意図するものだからである。協定に示された原則は, ドイツでは主要な点で既に実現されているというのが連邦政府の立場である。その理由は, ドイツ国内では民族的マイノリティの構成員は基本法に明記された権利を享有しているだけでなく, ソルブ人など個々の集団について見たように, 従来から固有の文化など保護のための施策が実施されているからである[53]。その点から, 連邦政府は, 他の市民に比べて民族的マイノリティの構成員が特

---

(51) ロシア・ドイツ人やアオスジードラーについては, 拙著『統一ドイツの外国人問題』木鐸社, 2002年, 第6章参照。

(52) 対立点などについては, Hartmut Hausmann, Bescheidener Einstieg in ein gesamteuropäisches Recht, in: Das Parlament vom 20. 8. 1999 参照。なお, ヨーロッパ各国の民族的マイノリティについては, Das Parlament vom 20. 8. 1999 に掲載された詳細な一覧が参考になる。

(53) Bundesministerium des Innern, Thema: Minderheiten.

段の権利侵害や差別を受けてはいないという認識を示している。けれども，この公式の立場がどこまで現実に合致しているかは，とりわけシンティ・ロマに対する一般市民の冷やかな視線を想起するなら，疑問を差し挟まざるをえないであろう。現にアレンスバッハ研究所が実施した世論調査では，好ましくない隣人に関し，極右，泥酔癖のある人，麻薬中毒者，極左の次にシンティ・ロマが挙げられており，社会的統合が困難な集団については，アラブ人，アフリカ系黒人，トルコ人などではなく，シンティ・ロマが筆頭にあがっているのが実情なのである[54]。

ところで，1999年の始まりとともにドイツではもう一つのヨーロッパ・レベルの協定が発効した。「地域言語もしくはマイノリティ言語に関するヨーロッパ憲章」がそれである。憲章はドイツ以外にフィンランド，クロアチア，オランダ，ノルウェー，スイス，ハンガリーなどで批准されている。またこれらの国のほかにヨーロッパ評議会に加入している21カ国が憲章に署名している。

この憲章は上述した協定以上に難産だったといえる。協定より10年以上早く策定作業が着手され，1992年11月には既にヨーロッパ評議会閣僚委員会の場で憲章は採択されていたが，例えばフランス憲法院が共和国の不可分性に反するとの理由でこれを違憲としたのをはじめ，キプロス問題などで対立するギリシャとトルコがそれぞれ内部に相手方のマイノリティを抱えているために反対で歩調を揃えたのであった。それにとどまらず，ヨーロッパ評議会加盟国の殆どでマイノリティが国内に居住していたことも憲章に消極的な態度を各国政府がとる原因になったのである。その結果，上述の協定と同様に，各国の国内事情を配慮して結果的に効力を弱める規定が添えられた。適用対象となる地域言語とマイノリティ言語は各国がそれぞれ決定することとされたのがその一つである。また長らく一定地域で話されている言語だけが対象とされ，移民などの比較的新しい集団の言語は適用外であることも明記された。ただ例外として，かねてから国民の一部

---

(54) 前者は1994年5月，後者は1993年7月の調査結果である。Elisabeth Noelle-Neumann und Renate Köcher, hrsg., Allensbacher Jahrbuch der Demoskopie 1993-1997, München 1997, S. 204, 628. シンティ・ロマに対する差別については，さらに，Frankfurter Rundschau vom 15. 12. 1998 参照。

によって使われていても特定地域に限定されない言語も対象に加えられ，実質的にはシンティ・ロマの話すロマニ語を保護の対象に含める特例措置も盛り込まれた[55]。

　こうして誕生した憲章に基づき，批准を済ませた国では，国内で話されている地域もしくはマイノリティ言語はヨーロッパの文化遺産と見做されて保護を受けることになった。すなわち，私的領域はもとより，行政機関，警察，裁判所，劇場，博物館，図書館などの公共の場や施設で地域ないしマイノリティ言語を使用する権利が保障される。またその言語を使用する少なくとも一つのラジオ局とテレビ局を設置し，最低でも一つの新聞を発行すると同時に，そのためのジャーナリストを養成することも各国は義務づけられている。さらに申請があれば，学校教育と成人教育でも習得の機会を提供する義務も生じている。こうして全体としてみると，憲章によって，地域ないしマイノリティ言語を用いる機会を創出もしくは維持することを各国が義務として負うことになったのである[56]。

　ところで，ドイツに目を向けると，これまでに連邦と州がこの憲章に掲げられた一連の保護措置のうち一部を既に実施しているのは上述した通りである。すなわち，その保護措置は，地域言語を除くと，マイノリティ言語であるデンマーク語，オーバーソルブ語とニーダーソルブ語，北フリース語とザーターフリース語に対し，それぞれの民族的マイノリティが居住している地域で適用されている。ただシンティ・ロマについては国内に分散して生活しているため，これらの言語ほどにはロマニ語を十分に保護できない状況にあるのは否定しがたい。もっとも，この場合には該当する憲章の条項が異なり，上述したように一種の例外規定が適用されるので，憲章に違反することにはならない。しかし，連邦政府としてはロマニ語に具

---

(55)　Hartmut Hausmann, Die bloße Existenz der Europäischen Charta ist ihre Stärke, in: Das Parlament vom 20. 8. 1999.

(56)　憲章の意義と問題点については，伊藤直哉「EUの言語文化政策とマイノリティの将来」伊藤章編『国民国家とエスニック・マイノリティの現在』所収，北海道大学言語文化部，1998年，64頁以下参照。なお，ヨーロッパの言語事情の概観として，田中克彦・H.ハールマン『現代ヨーロッパの言語』岩波新書，1985年が役立つ。

体的な保護措置をとることを義務と見做す立場をとっており，連邦内務省の発表によれば，この方針は既にヨーロッパ評議会に伝達されているという。

8 終わりに

本章では現代ドイツの民族的マイノリティの輪郭を簡単に描いた。この素描を踏まえ，注目される点を最後に二，三摘記しておこう。

もはや繰り返すまでもなく，ここで見てきた四つの民族的マイノリティは，いずれも外国人労働者や難民のようにここ数十年の間に国外からドイツに移り住んだ外来の集団ではなく，またドイツ国籍をもたない人々でもない。彼らの祖先は既にドイツに定住していて，彼ら自身はドイツ国民ではあるが，ただドイツ語を母語とはせず，文化も異なっているのが特色になっているのである。わが国では単一民族国家という言説がしばしば批判の対象とされることからも看取されるように，日本社会の民族的同質性が高いという観念が広範に定着しているといえるが[57]，その関連で，従来わが国で描かれてきたドイツ社会のイメージも自国のそれに類似していたといってよいように思われる。しかし，日本社会の民族的同質性の想念にはアイヌの存在が反証とされるように，ドイツ像についても，公認の民族的マイノリティが存在している事実を踏まえた修正ないし補足が必要とされよう。特にドイツに関しては，近年，日本にとっても重大化しているテーマである外国人ないし移民の受け入れや統合に関心が向けられるようになっているが，その際，ドイツは民族的同質性が高い社会であるために日本にとっての参考となるという観点がなんら検証されることなく土台に据えられているように思われる。換言すれば，日本からドイツに向けられる視線は，民族的同質性という共通項が存在することを前提にしており，暗黙のうちに，外国人がいなければドイツは民族的に同質的な国だという錯覚に陥りやすい構造を内包しているといえよう。実際，わが国にはドイツに関する概説書や事典がいくつも存在するが，外国人を別にすれば，ドイツ

---

(57) この点に関しては，小熊英二『単一民族神話の起源』新曜社，1995年，特に序章参照。

社会の民族的構成に視線を向けている例が皆無に近いのは決して偶然ではない[58]。その意味では、民族的マイノリティがドイツに存在するという事実には格別の重要性があると考えられるのである。

周知のように、19世紀初期に登場したフィヒテ、ヤーン、アルントたち以来、ドイツ・ナショナリズムを鼓吹した著名な知識人たちはNationとしてのドイツ国民よりもVolkとしてのドイツ民族について語る傾向が強かった。そしてこれを土台にして、やがてフランスの政治的ナショナリズムにドイツの文化的ナショナリズムを対置する主張が台頭した。第1次世界大戦中に戦争目的がイデオロギー化された際、西欧の文明に対してドイツの文化の優越が唱えられたのはその帰結にほかならない。こうした文脈での議論をわが国のドイツ学は摂取してきただけに、ナチズム研究の隆盛にもかかわらず、ともすると検証抜きにドイツ民族の文化的同質性のテーゼを受け入れがちな土壌が今日でも残っているように感じられる。この関連で振り返ると、伝統的ユダヤ人敵視から近代反ユダヤ主義への転轍が行われ、1870年代末にベルリン反ユダヤ主義論争の火蓋を切ったH.トライチュケが保守的な立場からナショナリズムを煽った当時、リベラル派の立場から論敵として登場した古代史の碩学T.モムゼンがドイツ民族の構成の多様性を強調した歴史的事実が想起される[59]。モムゼンが示唆したように、ヨーロッパの中央に位置しているだけでなく、険しい山岳や渡渉の困難な大河によって遮られているわけでもないので、ドイツで高度の民族的同質性を実現するのは、ナショナリストの夢想ではありえても、現実とはなりえなかったというべきであろう。フェルキッシュな思潮が地下水脈のよう

---

(58) 一例を挙げれば、「ドイツ人」(伊藤光彦稿)を比較的詳しく説明している『事典現代のドイツ』(大修館、1998年)でも、ドイツ国内のドイツ人と外国人、外国のドイツ系少数民族を扱ってはいても、ドイツ国内の民族的マイノリティとしては、ドイツの中の少数民族に一括する形でポーランド系などと並べてデンマーク系だけが触れられているにすぎない。

(59) ベルリン反ユダヤ主義論争に関しては、大内宏一「1879−80年の『ベルリン反ユダヤ論争』について」『早稲田大学社会科学研究所研究シリーズ』13号、1981年、その背景などについては、拙稿「アードルフ・シュテッカーにおけるキリスト教社会主義と反ユダヤ主義(2)」『社会科学論集』24号、1983年参照。

にドイツ社会に流れ続けているのも，同質的社会が不可能であるがゆえに一層輝かしく映るからにほかならないともいえよう。そうしたドイツ社会の基本的な成り立ちの一端を民族的マイノリティの存在は照らし出していると思われるのである。

もう一点指摘しておきたいことは，民族的マイノリティがたんなる社会集団の一つではなくて，法的なレベルでマイノリティとして認知されていることに関わっている。

この集団が政府によって公認され，特別な法的保護を受けていることは，改めていくつかの問題を提起している。民族的マイノリティは今日のドイツの領域に旧くから定住している集団であり，それゆえにドイツ国籍を保持しているという事実を除けば，固有の言語，文化などエスニックな特性を有しているところから，紛れもなくエスニック・マイノリティの一部である。この面では，彼らはトルコ人，イタリア人など現在のドイツに居住している多様な移住者集団となんら異なるところはない。にもかかわらず，後者の大多数が依然として外国人という法的地位をもち，社会的には統合政策の対象になっていて，言語や文化などエスニックな特性保持のための施策を受けていない現実は，民族的マイノリティとの大きな隔たりを浮かび上がらせずにはすまない。

教育現場を例にとると，確かに最近では学校教育で義務づけられている宗教の教科でイスラムを教えることを認めるのに前向きな姿勢の州も出てきているし，以前にはスカーフを着用した教師が教壇から排除されたのに，最近ではこれを認める方向のところも現れている[60]。とはいえ，今でも公認の民族的マイノリティと非公認のエスニック・マイノリティへの政府レベルでの処遇の相違が極めて大きいのは否定できない。この点は，移民政

---

(60) 例えばベルリンでは1998年11月に裁判所がイスラムの授業を認めうるとの判決を出し，ベルリン市当局も学校法改正の方向に転換している。Frankfurter Allgemeine Zeitung vom 5. 11. 1998 und 11. 4. 2000. また1998年7月にバーデン＝ヴュルテンベルク州では激しい論争の末にスカーフを着用した教師の採用が見送られたが，他方，ノルトライン＝ヴェストファーレン州教育大臣は同年9月にスカーフ着用だけの理由で排除はしない方針を表明している。Frankfurter Rundschau vom 18. 7. und 7. 9. 1998.

策の最前線に立っているだけに自治体や州の外国人問題特別代表の間で以前から問題にされている。例えば1994年に開かれた連邦，州，自治体の外国人問題特別代表の全国会議では，基本法に「国はエスニックな，文化的な，及び言語的なマイノリティのアイデンティティを尊重する」という条文を追加する提言がなされたが[61]，それにはこのような背景が存在していた。実は前年1993年にヘッセン州の州都ヴィースバーデンで開催されたSPDの党大会での決議にはドイツ統一以来懸案になっていた基本法の改正問題が採り上げられ，「法的地位の強化による外国籍市民の統合」と並んで，「民族グループとドイツ国籍の民族的マイノリティの保護と促進」が改正点として示されていた[62]。さらにこれを踏まえて1993年12月1日付で連邦議会に提出されたSPDの基本法改正案には第20条への追加条文の一つとして，外国人問題特別代表の会議の提言と同じ案文が掲げられていたのである[63]。

こうした提案は結果的には流産に終わったが，その原因の一つは次の点にあったといえよう。すなわち，法的レベルで何がエスニック・マイノリティであるかを定義し，その保護のための具体的な措置を定めることは，エスニック・マイノリティが均質な存在ではなく，各々が多様な特性をもっているだけに，処遇の相違からくる差別問題をはじめとして種々の困難が予想されることである。とはいえ，事実上の移民である人々のドイツ滞在期間がますます長期化し，ドイツ生まれの外国人が増大している事実に照らしただけでも，いつまでも民族的マイノリティだけを優遇してそれ以外のエスニック・マイノリティの存在を無視するのが難しくなるのは確かであろう。その意味では，これまで論議を呼んできた多文化社会をどのよ

---

(61) Polm, Minderheit, S. 341.

(62) Beschluß des Bundesparteitags der SPD in Wiesbaden zur Verfassungsreform. 著者はこの大会を傍聴したが，論議は産業立地問題に集中し，基本法改正はそれほど大きなテーマにはならなかった印象がある。なお，この決議は，大会議事録のほか，Dieter Dowe, hrsg., Lernen aus der Vergangenheit!?, Der Parlamentarische Rat und das Grundgesetz, Bonn 1998, S. 59ff. にも収録されている。

(63) Gesetzentwurf der Fraktion der SPD, Bundestagsdrucksache 12/6323 vom 1. 12. 1993.

うな姿のものとして構想するにせよ，エスニック・マイノリティの法的レベルでの公認と文化的特性の尊重の方途は避けて通れない政治的課題の一つと考えられるのである。

第 2 部

移民問題の政治過程

第3章

移民法の成立過程

1 はじめに

　2005年1月に施行されたドイツの移民法には長い前史がある。2002年に一旦は成立したかに見えた移民法は手続き面の欠陥から連邦憲法裁判所で無効とされ，再び政治の場に引き戻された。そして，与野党間で激しい論争と駆け引きが続けられた末に，2004年5月に連邦首相府で開かれた与野党のトップ会談で基本的な合意が得られ，これを受けて7月に遂にドイツで初めての移民法が成立したのである。もちろん，政党レベルの議論から社会に目を移すと，移民法の制定を求める声はさらに以前から現れていたのはいうまでもない。何よりも「ドイツは移民国ではない」という政府の公式的立場とは異なって，事実上の移民受け入れ国になっていた現実があったからである[1]。そればかりではない。1990年代には冷戦終結と歩調を合わせるかのように，庇護申請者やアオスジードラーなど様々な形態の新移民が大量にドイツに到来し，その規制を巡って激しい政治的対立が生じただけでなく，排外暴力の横行はドイツの民主主義の成熟に疑問符をつけざるを得ないレベルにまで達した[2]。同時に，少子高齢化の進行は，経済

（1）　この視点から，政府の立場は現実を糊塗する「生きるための方便」との批判をしばしば浴びてきた。Klaus J. Bade und Michael Bommes, Migration und politische Kultur im "Nicht-Einwanderungsland", in: Klaus J. Bade und Rainer Münz, hrsg., Migrationsreport 2000, Frankfurt a. M. 2000, S. 168.
（2）　この点の詳細については，拙著『統一ドイツの外国人問題』木鐸社，

不振と相俟ってドイツ社会の将来に注意信号を灯し，時間の経過とともにその色が危険信号に変わりつつあることが広く認識されるようにもなった。移民法の制定に対する社会的要求が強くなり，それへの対応を引き延ばすことができなくなったのは，そうした現実が背景になっている。

　ところで，政党レベルでは，2004年に連邦大統領を退任したJ.ラウが「終わりのない論議」と呼んだように，移民法については異例の長さで論議が続けられた。2000年2月23日のメッセ会場での演説でシュレーダー首相がグリーン・カード制の導入を提起したことから数えても，2004年7月の決着までに4年半を費やしている。この時間とその間に見られた紆余曲折は，シュレーダー政権の政治運営の稚拙さや政策能力の乏しさの結果と捉えるのでは不十分であり，なによりもドイツを公式に移民国に転換するのか否かという問題自体の重さを反映していると考えるべきであろう。実際，移民法の重要な一面は，ドイツは移民国ではないという従来の国是を改めるところにあり，いわば「国のかたち」に直結するだけに利害得失だけでは片付かないレベルの問題を内包していたのである。そこで，以下ではひとまず移民法の成立に至る経過を整理し，失業問題などの重圧に苦しむドイツの政治の現状を垣間見るとともに，ドイツにおける移民問題の重さと困難さを把握する手掛かりとしたい。

　移民法が成立する過程を追跡するに当たり，便宜上，三つの時期に区分して考察することにしよう。第1期は2000年2月のグリーン・カード制の提唱を起点とし，2001年7月に移民委員会が報告書を提出するまでの時期である。これは移民法が政治的焦点に浮上する時期だったともいえる。第2期は，移民委員会の提言を受けて法案が準備され，連邦議会と連邦参議院で一旦は可決されたものの連邦憲法裁判所で頓挫するまでの時期であり，これを特徴づけるのは与野党の激しい攻防である。続く最後の第3期は，挫折した移民法が蘇り，与野党の協議を経て成立に漕ぎ着けるまでの時期である。この時期は妥協と合意の模索に彩られており，ドイツに特徴的な合意のシステムに内在する力学が顕在化したことが看取できる[3]。つまり，

2002年，88頁以下参照。
　（3）　なお，移民法の成立までの経過については，拙稿「ドイツにおける移

このように時期区分を行うことによって，移民法そのものを超えて，コンセンサスを基調とするドイツ政治の特質が浮き彫りになると考えられるのであり，近年，合意のシステムが重大な試練に晒されているという，拙著『統一ドイツの政治的展開』（木鐸社，2004年）で指摘した問題との関連からみれば，本章は一つのケース・スタディとして位置づけられるのである。

2　グリーン・カード提唱から移民委員会報告書の提示まで：第1期

　移民法の制定が政党レベルで具体化したのは，前述のように2000年2月にグリーン・カード制の導入がシュレーダーによって打ち出されたことに始まる。この制度は2000年5月に政令が定められ，8月から始動したが，これに並行する形で7月に移民委員会が設置されたのである。

　移民法につながるグリーン・カード制の議論は，2000年2月下旬にハノーファーで開催された情報通信技術の見本市「CeBIT 2000」の会場を訪れたシュレーダー首相の開会式での演説が発端になった。同首相はIT関連の技術者が不足していることを取り上げ，これを補う目的でIT技術者向けのグリーン・カードを発行し，EU以外の国々から一定期間必要な専門家をドイツに招致する意向を表明したのである。

　グリーン・カードとは，元来は永住権を有する外国人であることを証明するアメリカの移民ビザの一種のことである。シュレーダーはこれを模して期限付きの労働許可の取得手続きを簡略化し，外国人技術者をドイツに呼び入れようと考えたのである。それまでドイツでは発展途上国の開発援助を重視する立場から，「途上国出身の高度技術者の募集と大学卒業者の雇用は責任ある開発政策と不可分だというドグマ」を守り，「経済政策に対する開発政策の原則的優位」を基本としてきた。これに照らせば，グリーン・カード提唱でその「ドグマが初めて疑問視された」のであり，H.コルプはその変化をパラダイム転換と呼べると述べている[4]。

　そうした見方の適否はさておき，グリーン・カードが提起された背景に

民法成立のクロノロジー」『社会科学論集』42・43号，2005年参照。
　（4）　Holger Kolb, Die Green Card: Inszenierung eines Politikwechsels, in: Aus Politik und Zeitgeschichte, 27/2005, S. 18, 20.

は，ドイツ国内で不足しているIT関連専門家の数が10万人にも上り，3万人が早急に必要とされているという実情があった。実際，情報通信部門の業界団体である情報経済・テレコミュニケーション・新メディア全国連盟（BITCOM）は，EU域外から3万人の専門技術者の導入を要求していたが，それはこの部門の成長が確実に見込めるにもかかわらず，専門技術者の不足が投資と成長の足かせになっているという危機感に支えられていた。もっとも，不足数にはもっと少なく見積もる見方が存在し，BITCOMのいう7万5千人についても連邦雇用庁が大きすぎるとしていることに見られるように，隔たりが小さくないのは事実である。だが，いずれにしてもIT専門家が大幅に不足している点に関しては認識の広範な一致があり，人材面でこのような窮状を招いた主要な原因は，マイスター制度を主柱とするドイツの硬直した職業教育制度にあるという見方が有力だった。情報化社会に移行する過程で情報通信技術の重要性はますます大きくなりつつあるが，既存の職業教育制度は急速な変化に適合できず，職業資格に基づく従来の雇用の仕組みでは既成の職業の境界線上にある情報通信技術の専門家が育ちにくいからである。

　シュレーダー首相の提言は，業界団体を中心とする要求に応えたものであり，これには経済界が即座に賛成を表明した。けれどもその一方で慎重論や反対論も存在した。なかでも労働側は国外からの専門技術者の導入によって国内で企業が行うべき職業訓練と継続教育が軽視されることを懸念したのである。こうした点を配慮してシュレーダーは職業教育に努力する企業にのみ外国人専門技術者の募集を認めるなどの軌道修正を行ったが，この問題を担当する連邦労働社会相W.リースターはIT部門の強化を急ぐ必要があるとしてグリーン・カード制を支持し，シュレーダーを援護した。

　もとより労働界の反応は一様ではなく，足並みは揃わなかった。ナショナル・センターであるドイツ労働総同盟（DGB）は会長のD.シュルテが条件付きで容認する立場をとったが，最大の産別労組IGメタルは反対の意向を表明し，ドイツ職員労組（DAG）も反対した。労働側からこのように外国人専門技術者の招致に慎重論や反対論が出てきたのは，何よりも国内に400万人に及ぶ膨大な失業者が存在していたからである。実際，失業の不安が社会に充満し，雇用対策で苦慮しているのに，グリーン・カード

制を新設して外国人に不足する職場を提供することは，素朴な疑問と反感を抱かせたのである。こうした感情は不足している人材を補充するという制度の趣旨の無理解に基づいていたが，ドイツ国内に根強く存在したのも事実だった。このような背景から，CDUは社会に瀰漫する感情に依拠しつつ，ドイツ人の雇用優先を掲げてグリーン・カード反対論を唱え，5月に行われたノルトライン=ヴェストファーレン州の州議会選挙では招致が有力視される「インド人の代わりに子供を Kinder statt Inder」の標語を打ち出したが，惨敗を喫する結果になった[5]。確かに失業に対する不安が深刻だとしても，他方で，IT専門家の導入によって人材不足が緩和され，経済に活力が回復すれば，大量失業が好転する可能性があるのも納得しやすい道理であろう。それゆえ，不安を利用するCDUの戦術が広範な批判を浴びたのは指摘するまでもない。その上，実はCDU自体がグリーン・カード反対で一致しておらず，党内にはその必要性にかなりの理解がみられたのが現実だった。ともあれ，シュレーダー政権がドイツで最大の同州で勝利を収めたことにより，グリーン・カードの導入は事実上決着がついたのも同然だった。

　こうしてIT分野に限定して技術者をEU以外の外国から受け入れる方針が固まり，8月から政令に基づいて受け入れ実務が開始された[6]。計画では最大で2万人を目標に据え，当面は1万人を導入することとして，その結果を見て枠を拡大することが予定されていた。しかし，先回りして実績に触れておくと，開始から7カ月経過した時点で6千人程度しか集まらず，目標数の達成は絶望視された。また2003年7月にはグリーン・カード政令の期限を2004年末まで延長することが閣議決定されたが，その時点までに発行されたグリーン・カードは1万4千件にとどまり，期待が大きかっただけに落胆を招く結果になった[7]。

（5）　Walter Ruhland, Die Landtagswahl in Nordrhein-Westfalen vom 14. Mai 2000, Düsseldorf 2000, S. 36, 53.
（6）　政令の概略については，Pressemitteilung der Bundesregierung vom 31. 5. 2000 参照。
（7）　Migration und Bevölkerung, Ausgabe 2, 2001, S. 1. Ausländer in Deutschland, H. 2, 2003, S. 19. 2002年秋の「グリーン・カードはそれほど多

それはさておき，グリーン・カード政令の実施に並行する形で7月に連邦内相O.シリーの下に独立性を有する移民委員会が設置されることになり，その委員長には前連邦議会議長のR.ジュースムート（CDU）が就任することが固まった。この引き抜きは野党対策の色彩の濃い人事であり，シュレーダーの政権運営の特色にもなっている。同委員会は超党派的な立場から新しい外国人政策と移民政策についての実際的な提言と勧告をまとめることを設置目的としている[8]。表1に見られるように，メンバーにはジュースムート以外に元SPD党首のH.-J.フォーゲルが副委員長として入ったほか，移民研究で著名な人口学者のフンボルト大学教授R.ミュンツ，国際法の専門家で移民問題に造詣の深いコンスタンツ大学教授K.ハイルブロンナーなどの学識者が名を連ねた。さらに経済界と労働界から前ドイツ産業全国連盟（BDI）会長H.-O.ヘンケル，元ドイツ商工会議所（DIHT）副会頭F.ニートハマー，ドイツ労働総同盟（DGB）執行委員H.プッツハマー，ドイツ職員労働組合（DAG）委員長R.イッセンなど労使を代表する人物が加わった。またその一方では，FDP所属の前連邦政府外国人問題特別代表C.シュマルツ=ヤコブセン，国連難民高等弁務官（UNHCR）ドイツ駐在のR.シリングのような外国人問題や難民問題の専門家と並んで，移民を受け入れた場合に実務を担当する自治体側からドイツ都市会議やドイツ都市・自治体連盟の代表も参加した。これらに加え，プロテスタントとカトリックの教会の移民問題責任者やユダヤ人中央評議会議長など有力な社会団体の代表たちが参加しているのは，しばしば見られるドイツの特色といってよいであろう。こうして移民委員会は労使の代表を中心に学識者，関係機関，社会団体の代表など立場の相違や利害のバランス

くのIT専門家を引き付けていない」と題した報告によれば，目標が達成されなかったことに関し，導入で中心的役割を果たしたドイツIBM社長E.シュタウトは経済の不調のために導入の必要性が薄れたと弁明している。Ausländer in Deutschland, H. 3, 2002, S. 20. しかし，外国人IT技術者がドイツを敬遠する主要な原因はほかにあり，アメリカなどが好条件で受け入れていることや，外国人敵視の風潮が強いというイメージがドイツに不利に働いていることが大きいと推測されている。

（8） Pressemitteilung der Bundesregierung vom 12. 9. 2000 u. 20. 11. 2000.

表1　移民委員会のメンバー

氏　名	現職など
委員長	
R.ジュースムート	連邦議会議員・前連邦議会議長(CDU)
副委員長	
H.-J.フォーゲル	元SPD党首
委員	
H.アイルマン	弁護士・公証人
K.ハイルブロンナー	コンスタンツ大学教授(国際法)
H.-O.ヘンケル	ライプニッツ科学協会総裁・前ドイツ産業全国連盟(BDI)会長
R.ホフマン	ザールブリュッケン市長・ドイツ都市会議議長
R.イッセン	ドイツ職員労働組合(DAG)委員長
C.カンネギーサー	ドイツ使用者団体全国連合(BDA)事務局長
K.L.コールヴァーゲ	ドイツ福音教会(EKD)外国人問題・エスニック・マイノリティ委員会委員長
G.ランズベルク	ドイツ都市・自治体連盟事務局長
R.ミュンツ	フンボルト大学教授(人口学)
F.ニートハマー	元ドイツ商工会議所(DIHT)副会頭
V.エーガー	旅行会社エーガー・ツアーズ社長
H.プッツハマー	ドイツ労働総同盟(DGB)執行委員
R.シリング	ドイツ駐在国連難民高等弁務官(UNHCR)副所長
C.シュマルツ=ヤコプセン	前連邦政府外国人問題特別代表(FDP)
J.シュムーデ	—
H.シュノア	前ノルトライン=ヴェストファーレン州内相(SPD)
P.シュピーゲル	ドイツ・ユダヤ人中央評議会議長
J.フォス	ドイツ司教会議移民問題委員会委員長

(出典) Bericht der Unabhängigen Kommission "Zuwanderung"; Zuwanderung gestalten, Integration fordern, Berlin 2001, S. 2f.

を配慮した形で構成され，それ自体が後述する合意のシステムの縮図になっているのが注目される。

　移民委員会の審議の過程では公聴会が開催されたほか，教会，研究機関など様々な社会団体から多くの意見書や鑑定書が提出された。また最大野党のCDUのほか，緑の党やPDSなども基本的指針や要点メモの形で方針を決定し公表した[9]。これらが委員会の審議に影響を与えたのは当然だが，ここではその詳細は避け，2001年7月に公表された『移民を形作り，統合

---

(9) Zeitschrift für Ausländerrecht und Ausländerpolitik, H. 4, 2001, S. 191.; H. 5, 2001, S. 237ff.; Migration und Bevölkerung, Ausgabe 9, 2000, S. 1f. なお，Zuwanderung und Integration, zusammengestellt von Ekkehart Schmidt-Fink, in: Ausländer in Deutschland, H. 3, 2001, S. 5 には，移民委員会の提言と主要政党のそれとが対比する形で整理されていて便利である。

を促進する』と題した報告書にだけ言及することにしよう。

移民委員会が作成した報告書の冒頭には、「ドイツは移民を必要としている。ドイツへの移民をコントロールし、移住した人々を統合することは今後数十年の最も重要な政治的課題になるだろう」と明記されている[10]。ここには移民受け入れの是非はもはや問題ではなく、導入の必要性を前提にしたうえで、どのようにして受け入れるかが問題であるという基本的認識が打ち出されている。さらに報告書の序論では、「ドイツは以前から移民受け入れ国であった」という確認がなされており、従来の政府の公式的立場が欺瞞的であったことを暗に批判している。その上で、移民は内国人の多数によって受け入れられなければならず、移民の側もドイツの政治的文化的システムに適合しなくてはならないことを訴えている。そしてこのための第一歩として位置付けられているのが移民法の制定であり、そこではドイツで誰が一時的に働き、誰が長期的に滞在することを許されるのかが定められなければならないとされたのである。

この立場からいわば自明の前提とされた移民の導入に関して報告書は具体的な方策を提言している。その骨子は、受け入れる移民を6種類に分けたうえで二つのグループに整理し、全体として当面は5万人の枠を設けたことにある[11]。第1のグループは移民側のイニシアティブによるもので、次の3種類が含まれる。第1は、ドイツでの就労を望む移民であり、教育水準、職業資格、家族関係、年齢、ドイツ語能力などを点数化して評価し、ポイント数に応じて滞在条件を定めたうえで、毎年設定される枠に従い、当面は2万人の枠内で導入するものである。第2は、外国人起業家で、提示する事業計画に説得力があると認められた場合に人数枠を設定せず、永住を前提に受け入れる。第3は、外国人留学生であり、人数枠を設けず、課程修了に続き滞在期間を定めて就労を認めるものである。第2のグループはドイツ側の労働需要に基づいて受け入れるグループで次の3種類からなる。第1は、労働力が不足している職種で働く労働者であるが、単純労

---

(10) Bericht der Unabhängigen Kommission "Zuwanderung": Zuwanderung gestalten, Integration fördern, Berlin 2001, S. 11.
(11) Ibid., S. 83ff. なお『海外労働時報』2001年10月号参照。

働者を排除するため，職種があらかじめ定められ，滞在期間は5年に限定して，当面は2万人の人数枠で受け入れる。第2は，ドイツで職業教育を受ける研修生で，人数枠は1万人であるが，職業教育修了後は評価制度に基づき，永住を含む滞在の道が開かれる。第3は，経済・学術の部門の優れた人材であり，16万マルク以上の年収があることが選別基準とされる。このカテゴリーでは人数の制限はなく，永住も認められる。

報告書ではさらに，これまで呼び寄せる家族について加えられていた年齢制限を緩和し，16歳から18歳に引き上げることを提唱している。また熱い議論が戦わされた庇護権に関しても，これを制限する方向ではなく，拡大することを求めている。従来は庇護権が認められるのは国家による政治的迫害の場合に限定されていたが，国家以外の迫害や女性に特有な性的な迫害についても庇護権を認めることを提言している。一方，こうして導入される外国人に対しては，社会的統合を促進する立場が打ち出され，ドイツ語，歴史，文化などを学習するためのコースを設けるとともに，これに参加することを移民に義務づけることが提起されているのも注目される。同時に，従来は連邦雇用庁や内務省，労働社会省など縦割り行政の弊害が目立っていた反省から，連邦難民認定庁を改組して移民に関する業務を統轄する連邦移民・難民庁を新設することとし，その下で社会的統合に向けた施策を推進するとした点も，移民政策への行政の側からの本格的取り組みを促す意味で重要である。

移民委員会の以上の提言は，公式の移民国に転換するという確固たる立場に立脚し，長期的展望から明確なコンセプトに基づく制度を提示しているだけでなく，様々な種類の移民に対する施策を包括的に描いている点で画期的な内容を有するものと評価できよう。同時に，従来の外国人政策の軌道を切り替えるものであるにもかかわらず，人口構造の変化のような社会変動に政策を合致させ，社会的必要に応じる性質の改革であることから，決して非現実的な理想論を追いかけていたのではないことも確認されるべきであろう。実際，「政治的に可能なことを強く志向している」ところに提言の特徴があり[12]，そのことは少数意見が付記されず，委員全体の総意と

---

(12) Steffen Angenendt, Einwanderungspolitik und Einwanderungsgesetz-

いう形をとったことにも表れているが,そうした特色は上述した委員会の構成からある程度まで説明されよう。要するに,P.ベンデルの適切な表現を使えば,「提言はこれまでの複雑な外国人法制を簡素化し,ドイツが移民国であることを初めて公言し,もっぱら守りの姿勢で特徴づけられる何十年にも及ぶ移民政策から方向転換する」ものだったのである[13]。

　上記のように,移民委員会の審議の過程では様々な社会団体や研究機関が意見書などを提出し,論議が活発化した。そして報告書の公表を契機にして,それまで社会で続けられてきた移民の導入に関する論議は白熱して失業・景気対策と並ぶ政治的焦点になった。そうした雰囲気についてS.アンゲネントたちは次のように記している。「移民政策という政策分野がこれまで余りにも長く等閑視されてきたこと,そしてドイツが移民と統合の政策の根本的改革を引き続き閑却することはもはやできないということへの洞察が恰も社会を貫き通したかのように見えた[14]。」このような雰囲気が醸成されたことに加え,シュレーダー首相がグリーン・カード制の創設を唱えて移民法の是非の問題を政治の日程に載せる以前から議論が行われていたことを考慮するなら,提言の公表によって移民法の制定問題に最終的な決着をつけるべき局面が到来したといえよう。連邦政府は移民委員会の提言に移民を制御しつつ受け入れる土台になるものという評価を与え,野党に対して妥協の用意を求めた。他方,提言には全般的に好意的な反響があり,とりわけ移民導入に積極的な経済界をはじめとして,労働組合,教会などからも一様に歓迎されたことは特筆に値しよう。特に経済界はドイツ産業全国連盟など四つの使用者団体が提言を早急に実施に移すことを要望する共同声明を発表し,その実現がドイツの産業立地の改善に有益だとする一方で,受け入れる移民の社会的統合の施策にも進んで協力する用意

---

　　　gebung in Deutschland 2000-2001, in: Klaus J. Bade und Rainer Münz, hrsg., Migrationsreport 2002, Frankfurt a. M. 2002, S. 38.

（13）　Petra Bendel, Totgesagte leben länger: Das deutsche Zuwanderungsgesetz, in: Gesellschaft-Wirtschaft-Politik, H. 2, 2004, S. 206.

（14）　Steffen Angenendt und Imke Kruse, Migrations- und Integrationspolitik in Deutschland 2002-2003, in: Klaus J. Bade u. a., hrsg., Migrationsreport 2004, Frankfurt a. M. 2004, S. 175.

があることを表明した[15]。

もちろん，最大野党の CDU・CSU も移民の導入を全面的に拒否してはいなかった。同党も長期的にはドイツを非移民国として維持することが不可能になっており，移民導入が必要となることを理解していたからである。その意味では同党の立場と移民委員会のそれとの間には埋められない溝が存在していた訳ではなく，むしろ基本的認識は共有されていたというべきであろう[16]。それにもかかわらず，同党は報告書を与党側との協議の土台としては受け入れなかった。その理由は，同党の見解によれば，提言が移民の拡大に一方的に肩入れしており，増大に歯止めをかける視点を欠落し

---

(15) 移民委員会での審議の過程でも経済団体は繰り返し声明などを発表して世論作りに動いた。次の文書はその若干の事例である。Bundesverband der Deutschen Industrie (BDI), Die acht BDI-Thesen zur Zuwanderungspolitik vom 20. 3. 2001; Deutscher Industrie- und Handelskammertag (DIHK), Stellungnahme zum Zuwanderungsgesetz, Jan. 2001. なお，『外国人法および外国人政策雑誌』2001年5号にドイツ商工会議所（DIHT）会頭の要職にあるG.L.ブラウンと移民委員会のメンバーでもあるドイツ労働総同盟（DGB）のH.プッツハマーが移民政策におけるパラダイム転換を主唱する論考を寄せており，2003年4号には同じく委員のヘンケルも寄稿しているが，それらはいずれも経済界と労働界の立場を代弁するものと考えてよいであろう。Ludwig Georg Braun, Paradigmenwechsel in der Zuwanderungspolitik wagen; Heinz Putzhammer, Für einen Paradigmenwechsel in der Einwanderungs- und Migrationspolitik; Hans-Olaf Henkel, Die Steuerung der Zuwanderung durch ein Zuwanderungsgesetz aus bevölkerungs- und wirtschaftspolitischer Sicht, in: Zeitschrift für Ausländerrecht und Ausländerpolitik, H. 5, 2001, S. 197ff. u. 204ff., H. 4, 2003, S. 124ff. 一方，移民委員会に所属する二人の学者も『政治と現代史から』2001年43号に寄稿し，持論を展開している。Rainer Münz, Geregelte Zuwanderung: eine Zukunftsfrage für Deutschland.; Kay Hailbronner, Reform des Zuwanderungsrechts, in: Aus Politik und Zeitgeschichte, B 43/2001, S. 3ff. u. 7ff. ミュンツの基本的認識に関しては，さらに，ライナー・ミュンツ，拙訳「移民受け入れ国になるドイツ－回顧と展望」『社会科学論集』40・41号，2003年参照。

(16) Michael Minkenberg, The Politics of Citizenship in the New Republic, in: Herbert Kitschelt and Wolfgang Streeck, ed., Germany. Beyond the Stable State, London 2004, p. 232f.

ていたからである。ドイツには無制限に移民を引き受ける能力がないだけではなく、国内に大量の失業者が存在し雇用問題が深刻化している現状に照らせば、秩序ある移民という意味での移民の全体的な制御の中心には外国人の流入を制限する論理が据えられなければならないとされたのである。つまり、同党は大量の失業者を抱えている現状から、新たに移民を導入することでドイツ人労働者の利益が損なわれることを懸念し、移民受け入れの限界を強調するとともに、外国人よりドイツ人の利益の優先を唱え、移民政策の重心を労働市場と社会の移民への開放よりも移民の制限に置いたのである[17]。基本的認識が共通していても CDU・CSU のこうした姿勢が政権との歩み寄りの余地を狭めたのはいうまでもない。その結果、移民法の制定問題は与野党の対立の焦点になり、同時に、舞台は連邦議会と連邦参議院に移されることになったのである。

3 移民法案提出から連邦憲法裁判所での挫折まで: 第2期

　上述のように、報告書の提言は各界の主要な団体から好意的な反応を得ることができた。けれども、内容が画期的であるだけに立法化の過程では利害調整が必要とされ、提言に修正が加えられたのは当然だった。特に連邦参議院で連立与党は多数を占めていなかったから、法律を成立させるためには CDU・CSU との調整が不可欠になった。

　移民委員会の報告書を土台とする法律の草案をシリー連邦内相は8月3日に公表した[18]。それは報告書の提言を大筋で踏まえているものの、野党との妥協点を探る意図からトーンを弱めた性質のものであり、その意味では後退ともいえる内容のものだった。一例として呼び寄せが許可される子

---

(17) この立場は、2001年5月のポジション・ペーパーに打ち出されている。Gemeinsames Positionspapier von CDU und CSU zur Steuerung und Begrenzung der Zuwanderung vom 10. 5. 2001. なお、Der Spiegel, Nr. 49, 2001, S. 22ff. 参照。

(18) Entwurf eines Gesetzes zur Steuerung und Begrenzung der Zuwanderung und zur Regelung des Aufenthalts und der Integration von Unionsbürgern und Ausländern, vorgelegt von Bundesinnenminister Otto Schilly am 3. 8. 2001.

供の年齢制限を見ると，移民委員会の報告書では現行の家族呼び寄せの16歳を18歳に引き上げることが提起されていたのに，シリーの草案では逆に16歳を14歳に引き下げることが盛り込まれていた。同様に，単純労働者の受け入れについてはポイント制に立脚した場合であっても可能性は乏しいと考えられたが，草案では最初からその可能性は考慮の外に置かれていたのである[19]。草案に関する記事で『シュピーゲル』誌が，広範な支持が得られていることを確認するとともに，その裏にはシリーの「包摂の戦術」があると伝えたのは，核心を衝いた鋭い指摘だったといえよう。この点を重視するなら，いささか辛辣な表現とはいえ，多方面からの要求に目配りした移民法草案という「シリーの入り組んだパズルは，完成した世紀の作品ではなくて，政治的な媚の塊である」と評しても決して間違いとはいえないのである[20]。

　ところで，連立政権の常道として，政策を法案として提出するまでには連立与党内部での調整が必要とされたのは指摘するまでもないであろう。移民法の場合にも，これが最初の関門になった。移民国への明確な転換を推進する路線を掲げる緑の党を法律の成立を優先する立場に引き寄せ，不満を抑えるのは容易ではなかったからである。これに加え，9月11日にアメリカで発生した同時多発テロがドイツにも激震を与え，アフガニスタンへの連邦軍の派兵やテロ対策が焦眉の課題になったために連立政権が空中分解の危機に晒されたことも調整を長引かせた。その結果，法案が固まるまでには3カ月を要し，11月8日に至ってようやく連邦議会への法案提出に漕ぎ着けた[21]。主要テーマに関し連立与党の内部で衝突や不協和音が表面化した例としては，脱原発で長らく即時撤退を唱えていた緑の党が閣内不統一を露呈した所管大臣J.トリッティン連邦環境相（緑の党）の異論を押さえ込んで段階的撤退を受け入れたことや，シュレーダーへの信任投

---

(19)　Vgl. Angenendt, op. cit., S. 42.
(20)　Der Spiegel, Nr. 32, 2001, S. 22.
(21)　Gesetzentwurf der Fraktionen SPD und Bündnis 90/Grünen (Bundestagsdrucksache 14/7387 vom 8. 11. 2001). 法案の名称はシリーの草案と同一である。法案の概要については, Zeitschrift für Ausländerrecht und Ausländerpolitik, H. 1, 2002, S. 2 参照。

票と抱き合わせにして辛うじて連立政権の危機を乗り切ったアフガニスタンへの連邦軍派兵決定などがある[22]。しかし、移民法については移民委員会での論議を土台にしていたところから法案作成段階ではそうした紛糾は生じなかった。

いずれにせよ、そうして成案が得られた法案であっても、野党はそれを基礎にした合意の可能性はありえないとの姿勢を崩さなかった。CDU・CSUの移民問題の責任者たちは、法案は外国人の流入を制限するどころか、反対に拡張しているから、同意は不可能だと宣言したのである。特に法案で予定されているいわゆる「小庇護」の拡張と呼び寄せが認められる子供の年齢制限の引き下げは野党には受け入れがたいものと映った。そうした事情から、CSUは2002年9月に予定されている連邦議会選挙での争点にする方針を打ち出した。これに対し、野党の中でもFDPとPDSはCDU・CSUの頑な姿勢に鋭い批判を浴びせた。こうした中でシリーは、移民受け入れについて社会に広範なコンセンサスが醸成されているだけでなく、移民導入の必要性に野党も理解を示しているところから、野党が歩み寄ってくるとの見通しを表明して法案成立に自信を示した。

連立与党では法案を3月初めに連邦議会で可決にもちこむ計算だった。そうすれば、9月に予定されている連邦議会選挙前にそれを成立させることが可能であり、選挙の主要争点から外すことができるからである。しかし計算どおりにことが運ぶかどうかは連邦参議院の動向にかかっていた。連邦参議院での法案の成否が見通せないのは、与党が多数を占めていなかったからである。そのため、CDUとSPDからなるブランデンブルク州の大連立政権の態度が法案の行方に決定的な重みをもつことになり、連邦参議院で同州から賛成を取り付けるために連邦政府は種々の働きかけを行うことになった。

まず3月初めまでに連邦議会を通すために、連邦参議院を睨みつつ野党との妥協が模索され、法案の修正につながるいくつかの譲歩が試みられた。その一つは、同伴ないし呼び寄せを認める外国人の子供の制限年齢を当初

---

(22) これらの事例については、拙著『統一ドイツの政治的展開』木鐸社、2004年、92, 98頁参照。

に予定していた14歳から12歳に引き下げることである。流入の制限に主眼を置くCDU・CSUはこれを10歳に引き下げることを主張していたから，文字通りその中間が選ばれたといえよう。第2に，法案の前文で流入の制限という目標が明瞭になるように書き改め，さらに労働移民についてはその受け入れが国内の需要によることがより強調されることにもなった。これらに加え第3に，難民保護につきCDU・CSUがいかなる拡大にも反対していたところから，追加される性に特殊な迫害や非国家的迫害に関連して，新たな庇護の事由をつくりだすのではなく，難民の地位の改善が目的であるとする譲歩もなされた。

このような譲歩を与党側が行ったのは，移民法のようなドイツの将来像にかかわる主要問題では党派を超えた合意が必要であり，9月に予定される連邦議会選挙の争点から外したいという考慮が働いたことも見逃せない[23]。同時に，この問題でのSPDの責任者である連邦議会内務委員会のD. ヴィーフェルシュピッツが述べたように，野党も本音では賛成であり，選挙戦を意識して反対のための反対をしているだけだという認識があったことが，CDU・CSUの頑強な姿勢を軽んじ，移民法の制定を求める強い社会的圧力に晒されて同党が早晩軟化するという甘い見通しを抱かせたのも事実であろう。

いずれにせよ，前記のような修正を加えたにもかかわらず，野党を賛成に転換させるまでには至らなかった。CDU・CSUはこれらの譲歩を踏まえた歩み寄りを拒否したのである。経済界，労働組合，教会もそれぞれのルートで働きかけたが，同党の反対姿勢は強硬で妥協に動かすことはできなかった。その結果，連邦議会における政府と野党の激しい応酬の末，移民法案は採決に持ち込まれ，2002年3月1日に連邦議会で政府案が可決された。賛成票321，反対票225，棄権は41票であり，移民問題に寛容な立場で知られるH. ガイスラー（元CDU幹事長）などCDUの3名が党の方針に反旗を翻したのが目立った[24]。

---

(23) Frankfurter Allgemeine Zeitung vom 29. 5. 2001.
(24) 連邦議会での論戦については，Das Parlament vom 8./15. 3. 2002 および Migration und Bevölkerung, Ausgabe 3, 2002, S. 1f. 参照。

以上のようにして移民法案が連邦議会で可決されたのを受け，舞台は連邦参議院に移った。表2が示すように，連邦参議院ではシュレーダー政権を支える連立与党は多数を制していなかったから，そこでの成否は微妙な情勢だった。こうした事情のため注目を集めることになったのは，SPDとCDUが大連立を組んでいるブランデンブルク州の4票の動きだった。3月22日の表決に当たり同州は問題の残る行動をとった。州首相M.シュトルペ（SPD）は法案に賛成したが，内相のシェーンボーム（CDU）は反対の意思表示を行い，基本法で州は一致した表決をすべきことが定められているのに反して，分裂した対応をしたのである。問題はそれで終わらなかった。この相反する対応にもかかわらず，またシェーンボームが2回にわたって抗議したにもかかわらず，連邦参議院の議長の座にあったベルリン市長K.ヴォヴェライト（SPD）はブランデンブルク州の表決を無効とせず，州首相シュトルペの表決を同州の見解として扱い，過半数ギリギリの35票の多数により移民法が可決されたものと宣言したからである（表3参照）。この取り扱いにCDUが政権を主導している諸州から異論の声があがったのは当然だった。会議は中断されて異常事態になった。テューリンゲン州からは会議の延期を求める動議が出されたが多数を得られなかったため，CDU，CSUが政権を担当している諸州の代表は退場した。議場ではCDU党首のA.メルケルを抑えて連邦議会選挙でCDU・CSUの首相候補に決定

表2　連邦参議院の党派構成と分布

SPD 単独	10票	CDU・CSU 単独	17票
ニーダーザクセン	6票	バイエルン	6票
ザクセン＝アンハルト	4票	ザクセン	4票
SPD 主導	17票	テューリンゲン	4票
ノルトライン＝ヴェストファーレン	6票	ザールラント	3票
ベルリン	4票	CDU 主導	14票
シュレスヴィヒ＝ホルシュタイン	4票	バーデン＝ヴュルテンベルク	6票
メクレンブルク＝フォアポンマーン	3票	ヘッセン	5票
中立ブロック	11票	ハンブルク	3票
ブランデンブルク	4票		
ラインラント＝ファルツ	4票		
ブレーメン	3票		

（出典）Ursula Münch, Vom Gestaltungsföderalismus zum Beteiligungsföderalismus, in: Hans-Georg Wehling, hrsg. Die deutschen Länder, Opladen 2002, S. 340 および Akutuell 2003, Dortmund 2002, S. 622f. より作成。

第3章　移民法の成立過程　　123

表3　連邦参議院における移民法案の採決結果

州	票数	政権構成	賛否
バーデン＝ヴュルテンベルク	6	CDU＋FDP	棄権
バイエルン	6	CSU	反対
ベルリン	4	SPD＋PDS	賛成
ブランデンブルク	4	SPD＋CDU	賛成
ブレーメン	3	SPD＋CDU	棄権
ハンブルク	3	CDU＋FDP＋法治国の攻勢	棄権
ヘッセン	5	CDU＋FDP	棄権
メクレンブルク＝フォアポンマーン	3	SPD＋PDS	賛成
ニーダーザクセン	6	SPD	賛成
ノルトライン＝ヴェストファーレン	6	SPD＋同盟90・緑の党	賛成
ラインラント＝ファルツ	4	SPD＋FDP	賛成
ザールラント	3	CDU	反対
ザクセン	4	CDU	反対
ザクセン＝アンハルト	4	SPD	賛成
シュレスヴィヒ＝ホルシュタイン	4	SPD＋同盟90・緑の党	賛成
テューリンゲン	4	CDU	反対
合計	69	賛成35　反対17　棄権17	

注：連立の場合，州首相は左側に記載した政党に所属。
(出典) Migration und Bevölkerung, Ausgabe 2, 2002, S. 2.

しているバイエルン州首相E.シュトイバー（CSU）がヴォヴェライトが憲法違反を犯したと難詰した。同様に，ヘッセン州首相のR.コッホ（CDU）もブランデンブルク州とヴォヴェライトの行動によって憲法危機に陥ったと非難の声を発したのである[25]。

　もっとも，こうした展開は意外ではなく，むしろその顛末は事前に織り込まれていたことを指摘しておく必要がある。実際，ブランデンブルク州の対応に関心が集まる中で，シェーンボームはシュトルペが賛成した場合に反対を表明することを予告していたから，彼らの行動は予想通りであった。また『シュピーゲル』誌の暴露によれば，ヴォヴェライトがブランデンブルク州の票を一括して賛成と扱った場合には，CDUとCSUの政治家がテレビ・カメラの前で怒りの場面を演じることも事前に打ち合わされて

(25) Das Parlament vom 5. 4. 2002. Frankfurter Allgemeine Zeitung vom 23. 3. 2002 und 19. 12. 2002. Der Spiegel, Nr. 13, 2002, S. 22ff. Heiner Adamski, Entscheidungsverfahren im Bundesrat: Problemfall Zuwanderungsgesetz, in: Gesellschaft-Wirtschaft-Politik, H. 2, 2002, S. 221ff.『海外労働時報』2002年6月号。

いたのであった。その意味では連邦参議院の場で演じられた与野党の激突は演出された一場の寸劇だったのであり，それが明るみに出たことで国民を落胆させたことにも注意すべきであろう[26]。

それはさておき，ひとまずは成立したと見做された移民法の概要にここで触れておこう[27]。

移民委員会の提言を土台にしてシリー連邦内相が準備した法案の段階で，野党対策を考慮して既にその内容は委員会のそれとは一部が変わっていたが，上述した与野党の折衝を通じてさらに変更が加えられた。こうして出来上がった移民法は，ドイツを移民受け入れ国として開放することよりは，移民の制限に力点が移り，ここに立法の主眼があることが明示された。これまで複雑だった滞在資格については，基本的に期限のある滞在許可と無期限の定住許可の二つに整理されていることと，従来は滞在資格とは分離されていた労働許可と組み合わされているのが目新しい点である。後者は一般にワン・ストップ・ガバメントと呼ばれている。

次に中心問題である労働移民に関しては，研究者や高度の専門技術者のように専門知識を有する外国人に対しては，政府の援助がなくてもドイツ社会に溶け込めると認定される場合には人数に制限を設けることなく受け入れ，定住許可を付与するものとされた。しかしその一方で，それ以外の労働移民については新設予定の連邦移民・難民庁と連邦雇用庁が人口政策，

---

(26) Der Spiegel, Nr. 14, 2002, S. 30ff. これを伝える『シュピーゲル』紙13号と14号の記事の見出しは「信用破棄」と「放火犯人」という激烈なものだった。

(27) 以下については，主に次の文書を参照した。Bundesregierung, Fragen und Antworten zum Zuwanderungsgesetz vom 22. 3. 2002. Beauftragte der Bundesregierung für Ausländerfragen, Das neue Zuwanderungsrecht: Eine Übersicht über die wichtigsten Inhalte der geplanten Neuregelung von Zuwanderung, Aufenthaltsrecht und Integrationsförderung, Berlin 2002. Ekkehart Schmidt-Fink, Die neuen Zuwanderungsregelungen im Überblick, in: Ausländer in Deutschland, H. 2, 2002, S. 4ff. なお，成立が不確かなことを反映して，研究者による解説としては，Ulrike Davy, Das neue Zuwanderungsgesetz, in: Zeitschrift für Ausländerrecht und Ausländerpolitik, H. 5·6, 2002, S. 171ff. が存在する程度である。

労働市場政策，統合政策などの専門家で構成される移民評議会と共同で受け入れ人数の上限を定め，選抜を実施することになった。選抜に当たっては職業教育の修了，生活費の保証，健康上の適性に加え，年齢，家族構成，ドイツ語能力，出身国などを考慮するとされ，EU加盟の交渉を行っている国々の出身者については特別な配慮をしたポイント制を取り入れることとした。この場合，ドイツの労働市場にマイナスの影響が生じないことが前提であり，ドイツ人とEU加盟国出身者の雇用が優先されることが原則とされている。この点で，専門技術者以外の外国人は受け入れが厳しく制限され，ドイツの利害が前面に押し出される形になっている。また，この種の労働移民とは別にドイツに一定額以上を投資する用意があるか10人以上の雇用が見込める自営業者に対しては人数枠を設けずに滞在許可を与えるものとしたが，この点にも失業と経済の低迷に苦しむドイツの事情が表出している。

ドイツに居住する外国人が国外から家族合流のために子供を呼び寄せる場合，野党との妥協のとおり，年齢の上限は12歳とされた。この点は現行が16歳，移民委員会の提言が18歳だったことと対比するとかなりの譲歩が見られる。一方，難民保護の分野では，性に特有な迫害や国家以外の集団による迫害も庇護権による保護を与える事由とすることになったが，同時に問題になっていた庇護権の乱用を防止する措置を盛り込み，負担を軽減することが図られた。

受け入れた移民をドイツ社会に統合するための方策も定められた。それは外国人向けのコースの開設であり，主眼は彼らが他者の援助を受けずに独立して生活を営めるようにすることに置かれた。そのために語学コースが中心に据えられ，法律，歴史，文化に関する基礎知識が習得できるように設計されている。また，コースへの参加は外国人の権利であるとされており，これらの点では移民委員会の提言が活かされている。しかし同時に，ドイツ語による意思疎通ができない者に対しては参加を義務づけるものとされ，さらに参加義務を履行しない場合にはペナルティが組み入れられたのは妥協の産物だった。

以上のような移民法の概略を見れば，移民委員会の提言がかなり薄まり，与野党の対立点について幅広く接近の試みが行われた跡が歴然としている

といえよう。とりわけ核心というべき労働移民の導入について移民委員会の提言では6種類に分けた構想が提示されていたが，この構想は大幅に組み替えられる結果になった。けれども，ここまで歩み寄ってさえ与野党の合意には至らず，連邦議会は通過したものの，連邦参議院では紛糾し，強行可決という異常事態の中でひとまず決着がつけられたのである。

ところで，移民法が一旦は両院を通過したとしても，しかし施行までにはまだ関門が残っていた。基本法の定めによれば，法律の公布には連邦大統領の署名が必要だからである。周知のとおり，ドイツの大統領はアメリカなどと違って本来は象徴的存在であり，政治的決定権限をもたないところに特色があった。別言すると，大統領の署名は形式的行為であるというのが制度の趣旨であって，大統領は立法過程における関門としては位置づけられてはいなかった。この点に照らすと，異常事態は大統領職を政治化する事態を招き，国民が注視する中で，移民法の帰趨は大統領の判断に委ねられることになったのである。

長くノルトライン=ヴェストファーレン州の首相を務め，国民の間で人望のある連邦大統領 J. ラウ（SPD）は即断を避け，思慮を重ねた。署名をすれば移民法は翌年に施行の運びとなり，連立与党の期待に応えることになるが，他方，その場合には連邦参議院での採決方法を違憲とする野党が連邦憲法裁判所に提訴する事態を避けられなくなるからである。さらにCDU・CSU の首相候補としてシュトイバーは，9月の連邦議会選挙で同党が勝利したら，施行を待たず即座に移民法を廃止すると公言して圧力を加えた。もちろん，ラウには署名をしないという選択肢もありえた。しかし，それは問題を残しているとはいえ両院で可決と宣言された法案に大統領がストップをかける結果になり，大統領が拒否権行使者という役割を演じることを意味したから，重大な政治問題に発展する可能性があった。いずれにせよ，署名をした場合であれ，拒否した場合であれ，大統領の決断が政治的に重大な意味を帯びるのは不可避だったが，それもまた回避したい事柄であった。

こうして苦渋の決断を迫られたラウは，苦慮した末に6月20日になって遂に移民法に署名した。法律の実施に必要な大統領の署名にこの日が選ばれたのは，代表的な難民支援機関である国連難民高等弁務官の定めた世界

難民の日に当たっており，移民法の性質から見て象徴的な意味を有していたからだと考えられる。署名に際してラウ大統領は，連邦参議院での混乱を国家と政治の威信を傷つけるものという苦言を呈し，憲法上のルールを逸脱した与野党を厳しく叱責した。そして自己の責任で決着をつけるのではなく，連邦憲法裁判所による判断を仰ぐのが望ましいと付け加えたのである[28]。

このように状況が混乱しているなかで，アレンスバッハ研究所が実施した世論調査結果が6月末に公表された。それによれば，連邦参議院での移民法の採決をルール違反とする意見が39％であり，ルールに合致しているとする16％を大きく上回っていた。その点から，強引な採決とそれを推し進めた連立与党はもとより，分裂した表決に持ち込んだ野党も国民の信頼を損なったことは明白だった。他方，移民法自体については，それを好ましいとする意見は17％にすぎず，49％が疑問があるという結果になった。この背景には，移民導入の必要性に関する理解が十分には浸透しておらず，あるいは必要性を理解していても雇用情勢への影響に対する懸念から当面は見送りたいという願望が国民の間で根強い事実があった。実際，「全体としてみた場合，ドイツへの移民受け入れに賛成か反対か」という設問で，賛成は22％，反対は50％，分からないは28％という分布になったのである[29]。もっとも，これらの数字から，移民受け入れを拒否する空気が濃厚であると結論づけるのは早計であろう。同様の世論調査は移民委員会が作業を進めていた2000年暮れにも同研究所の手で行われているが，その折にはドイツへの秩序ある移民受け入れのために移民法の制定が必要とする意見は60％に上り，コメントしたR. ケッヒャーが「コンセンサスは今日では党派を超えている」と記したほどだったのである[30]。この点を考慮するなら，一般市民の間では移民を全面的に拒否する意見よりは，無統制にでは

---

(28) Erklärung von Bundespräsident Johannes Rau zur Ausfertigung des Zuwanderungsgesetzes am 20. Juni 2002 im Schloss Bellevue in Berlin. Zeitschrift für Ausländerrecht und Ausländerpolitik, H. 7, 2002, S. 210.
(29) Allensbacher Bericht, Nr. 11, 2002.
(30) Renate Köcher, Die Bevölkerung fordert ein Einwanderungsgesetz, in: Frankfurter Allgemeine Zeitung vom 20. 12. 2000.

なく制御しつつ受け入れる意見が主流になっていたと解するのが適切であろう。

それはともあれ、両院を通過した移民法は、前述のように当初は2003年1月の施行が予定されていた。しかしこのスケジュールには狂いが生じた。ラウの署名から4週間後に、連邦参議院の採決方法を違憲だとするバイエルン、バーデン=ヴュルテンベルクなどCDU・CSUが主導する六つの州政府が連邦憲法裁判所に訴えたからである。

一方、与野党の対立とは別に自治体で構成される都市会議も予定通りの施行は不可能との見解を8月に明らかにした。移民法の施行には細則が定められる必要があるが、その一部は連邦参議院の同意が不可欠であり、連邦議会選挙を挟んだ日程から見てほとんど無理と判断されたからである。さらに外国人を担当する官庁に人員を配置することも必要だったが、この面でも準備が間に合わないと考えられたことも理由の一つである[31]。

2002年9月に実施された連邦議会選挙では、アメリカが準備していたイラク戦争に反対の立場を明確にし、夏に東独地域で発生した洪水に迅速に対処した効果で、連立与党のSPDと同盟90・緑の党が予想されていた敗北を免れ、きわどい勝利を収めた[32]。CDU・CSUが勝利した場合には移民法を廃止すると首相候補シュトイバーは明言し、ベックシュタインも移民を減らし統合を強める方針を表明していたが、連立与党の辛勝でその可能性は消滅した。その結果、移民法の行方に関して鍵を握る形になったのは連邦憲法裁判所だった。

六つの州による提訴を受け、10月に連邦憲法裁判所は審理を開始した。そしてベックシュタイン、ミュラー、シリーなどを喚問して意見聴取を行った後、2002年12月18日に採決方法を違憲とする判断を下した[33]。そのため、移民法自体も無効になり、施行を目前にして同法は頓挫したのである。

---

(31) efms Migration Report, Aug. 2002.
(32) 連邦議会の選挙結果とその分析としては、Aus Politik und Zeitgeschichte, B 49-50/2002 所載の諸論文のほか、伊藤光彦「第15期ドイツ連邦議会選挙の分析」『立命館国際研究』15巻3号、2003年参照。なお、移民政策に関する主要政党の選挙綱領が、Der Schlepper, Nr. 19, 2002, S. 9 に整理されていて参考になる。

こうして移民法の制定問題は振り出しに戻ったが，国民の間で政党や議会に比べ遥かに高い威信を享受している連邦憲法裁判所が移民法のような重要な政治的テーマの行方について大きな役割を演じたことは銘記されるべき事実であろう。

確かに連邦憲法裁判所は今回は法案の内容に関する判断によってその成否を決定づけた訳ではない。しかし，挫折に追い込んだのが司法権の頂点に立つ連邦憲法裁判所であることは，やはり軽視できない事柄といわねばならない。ドイツ統一以降を振り返っても，連邦憲法裁判所が憲法の番人としての立場から主要な政策や法案の成否を決した事例は少なくない。東西ドイツ間で決着がつかず統一後に持ち越された人工妊娠中絶の容認問題，国際貢献を迫られたドイツが統一後に進めた連邦軍のNATO域外派遣問題，難民の殺到によって浮上した，ドイツの良心と呼ばれてきた基本法16条の庇護権規定の改正問題，フランスとともにドイツが主導しEU統合を前進させたマーストリヒト条約の批准問題などがその例である[34]。またその一方では，政治的に重要とはいえなくても国民的注視を浴びた判決も数多くあり，高い信頼を確保する反面でしばしば厳しい批判にも晒されてきた。注目された近年の事例としては，キリスト磔刑像判決，「兵士は殺人者だ」判決，イスラム女性教師スカーフ判決などが挙げられよう。

ともあれ，今回，移民法に関して違憲とされたのは，既に指摘したとおり，その内容ではなく採決方法であった。すなわち，基本法51条3項で連邦参議院での州の表決は統一的にのみ行うことができると定められているのに，ブランデンブルク州が分裂して賛否の票を投じた上，これを一括して賛成票と見做して法案が可決とされたことである。しかし採決方法が違

---

(33) Migration und Bevölkerung, Ausgabe 1, 2002, S. 1f. Der Spiegel, Nr. 51, 2002, S. 42f. この問題の詳細な検討としては，宮地基「ドイツ連邦憲法裁判所による議事手続きに対する違憲審査」『明治学院論叢』705号，2003年, Joachim Lang und Christoph Gusy, Das Urteil des Bundesverfassungsgerichtes zum Zuwanderungsgesetz, in: Zeitschrift für Parlamentsfragen, H. 3, 2003 がある。

(34) こうした側面から見た連邦憲法裁判所の問題については，Klaus Stüwe, Das Bundesverfassungsgericht als verlängerter Arm der Opposition, in: Aus Politik und Zeitgeschichte, B 37-38/2001, S. 35ff. 参照。

憲とされれば,連邦参議院で可決されたことにはならず,一旦は成立したように見えた移民法は無効とされ,流産した。けれども問題はこれで片付いた訳ではない。なによりも経済界をはじめとして,労働組合,教会,自治体から移民問題に関する合意を早急に見出すことへの強い要求があったからである。グリーン・カードで注目を浴びたIT専門家の不足はもとより,人口の高齢化が進行し,大量失業の重圧が加わってドイツが誇りとしてきた社会保障制度の信頼性が揺らいでいるなかでは,移民問題を放置したり忽せにすることはもはや許されない状況が醸成されていたのである。こうして移民法を巡る与野党の対立は延長戦にもつれ込む結果になった。

4 移民法の頓挫から成立へ:第3期

(1) 両院協議会まで

連邦憲法裁判所の判断が示された直後から,違憲とされる場合に備えていた連立与党の側からは,野党との協議を始めたいという要望が表明された。同時に,その発言では譲歩をする用意があることが強調された。例えば緑の党で連邦議会院内総務に就任したばかりのK.ゲーリング=エッカートは,人道的な基本的要請が満たされるなら協議に柔軟に応じると明言した。またシリー内相も「明瞭な交渉の用意」があると語ったのである[35]。

移民法の頓挫という新たな局面を迎え,連立与党の姿勢の軟化が顕著になったから,これにCDU・CSUが対決姿勢を緩めて交渉に応じるかどうかが焦点になるはずだった。しかし,実際には,400万人にも達する深刻な失業問題を背景にして,連邦議会選挙で中心的争点になった経済・社会政策に関するハルツ委員会の提言の具体化に社会の関心が集中し,移民法の行方に対するそれはかなり薄れたのが事実だった。というのも,2002年9月の連邦議会選挙で連立与党が辛勝し,シュレーダー政権の続投が決まると,内政上の改革方針や計画を一括した「アジェンダ2010」が策定され,公約であるハルツ・プログラムの実現に向けたプランが次々に打ち出されたからである。

実際,ハルツ・プログラムは3年以内に失業者数を200万人減らすという

---

(35) Der Spiegel, Nr. 52, 2002, S. 26f. efms Migration Report, Dez. 2002.

大胆な目標を掲げており、2003年1月に施行されたハルツⅠとハルツⅡでは、新設された人材サービス・エージェンシー（PSA）が失業者の人材派遣業務に乗り出すとともに、ミニ・ジョブと呼ばれる所得税控除の低賃金労働のカテゴリーや自分株式会社（Ich-AG）という制度が創設され、さらに労働局もニーズに柔軟に対応できるジョブ・センターに改組された。したがって、これに続いたハルツⅢ、ハルツⅣも含め、プログラムの具体的内容や目標が達成できるか否かに関心が集まったのは当然だったといえよう。そのため、移民法に関しては、対決から協議に流れが変わりつつあったものの、与野党の駆け引きが主として舞台裏で行われたことも手伝い、それまでのように世人の耳目を引き付ける熱い争点ではなくなった[36]。世論に見られるこのような優先課題の変化は、視点を変えれば、生活に直結した差し迫ったテーマが突出し、これによって長期的な根本問題が後景に退けられるパターンの好例と見做すことができよう。

　それでは、関心の希薄化という変化を受けつつ、協議への流れはどのようにしてつくられ、展開していったのであろうか。

　連邦憲法裁判所の判決後、CDU・CSUの側ではヘッセン州首相のコッホのように連立与党の対話路線をまやかしとし、対決路線の堅持を唱える者も存在したが、連立与党の軟化を踏まえて指導部は協議に応じる姿勢を打ち出した。こうしてCDU所属の州首相とメルケルCDU党首、シュトイバーCSU党首（バイエルン州首相）の会議が開かれ、協議に応じるに当たって重要な条件をつけることが合意された。労働移民の導入はドイツの利害に従って厳格に制御されること、難民保護の事由はジュネーブ難民条約の原則を超えないこと、統合のための措置はドイツで暮らしている外国人にも拡張されること、以上の３点については妥協を排して貫くことがそれである。これらの要求は連立与党から見れば到底受け入れがたい強硬な内容であり、緑の党の連邦議会議員団事務局長V.ベックがCDU・CSU側の交渉の用意を疑ったように、たとえ協議の場ができたとしても難航が必至であることを予想させるものだった。こうしたなかでFDPの連邦議会院内

---

(36) ベンデルも、当初の熱気が消失し、関心が低調になったことを指摘している。Bendel, op. cit., S. 205.

総務W. ゲアハルトは折衷案というべき独自の草案を準備し，これに基づいて党派を超えた合意を模索するためすべての会派の院内総務の会合を呼びかけた。FDP が間に立ち，対立で動きのとれなくなった懸案を前に進めるこの方式はたとえば1999年の国籍法の改正では功を奏した前例がある。しかし今回は連立与党の側では反応は割れ，CDU・CSU では拒否の姿勢を示したため，成功しなかった[37]。

ゲアハルトの提案が不調に終わったのは，時期尚早だったという面がある。移民法の挫折から与野党協議へ一気に局面を転換させることはそれまでの経緯を考えれば無理があるだけでなく，連邦議会選挙で頂点に達した対決の構図が直ぐには崩れない以上，移民法に関しても交渉に入るまでには時間が必要とされたのは当然だからである。その間は表面ではそれまでどおりの応酬が繰り返されたが，同時にその陰で状況に重要な変化が生じたのも見逃せない。2003年2月にニーダーザクセン州とヘッセン州で州議会選挙が行われたが，シュレーダー首相の地元である前者で単独政権を維持していた SPD は敗北して CDU に政権を明け渡し，フィッシャー外相の地元である後者でも CDU からの政権の奪回に連立与党は失敗したのである。これにより，連邦参議院における勢力比ではニーダーザクセン州の6票が与党から野党に移り，野党の優勢は不動のものとなった。与野党の拮抗関係を背景にしたそれまでのような野党切り崩し工作の可能性は失われ，同意法案を成立に持ち込むためには野党に対する譲歩が不可欠になったのである。

移民法が流産して1カ月後の2003年1月，連邦政府はもう一度同じ法案を閣議決定した[38]。移民法の制定に対する社会からの要求は強く，またこの時点では二つの州の州議会選挙になお期待をつないでいたからである。しかし，上記の選挙結果のために連立与党もその成立を絶望視せざるをえなくなった。2月に連邦参議院では，CDU・CSU の主導する州の賛成により，「広範な多数派に支持された合意を得る」ために法案を全面的に修正することを連邦政府に求める決議がなされた[39]。これは CDU・CSU のそれま

---

(37) efms Migration Report, Jan. 2003.

(38) Migration und Bevölkerung, Ausgabe 2, 2003, S. 1f.

での対決姿勢の延長線上にあったのは改めて指摘するまでもないが，他方で，この時点になると強硬路線をとる CDU・CSU の内部にも足並みの乱れが顕在化してきた事実も見落とせない。2003年1月にゲッティンゲンで開催された CDU の首脳会議ではその兆候が見られ，1973年以来続けられてきた外国人労働者の募集停止の継続要求を外すことを巡ってメルケル，ミュラー，E.トイフェル・バーデン=ヴュルテンベルク州首相，W.ボスバッハ連邦議会副院内総務などの間での意見の衝突が明瞭になっていたからである。シュトイバーが依然として妥協の可能性はほとんどないと公言していたのに対し，ミュラーが合意に達することは可能であるとして，要求をトーン・ダウンさせる構えを示したのは，こうした亀裂を反映していた[40]。一方，SPD の側からは譲歩の用意があることを繰り返し表明しながらも，CDU・CSU の強硬な要求は呑めず，譲歩には限界があることを指摘して，野党を牽制する動きが見られた。

ともあれ，連邦政府は連邦参議院から求められた修正要求に応じず，また連邦議会内務委員会での128項目に及ぶ野党の修正動議をも撥ねつけた。そして連邦政府が提出した移民法案は2003年5月9日に連邦議会で採決にかけられ，可決された。賛成したのは SPD と同盟90・緑の党であり，反対票を投じたのは，CDU・CSU 所属の議員と PDS の2人だった。FDP は棄権に回った。法案は前年のままで修正を加えないものだったから，発言に立った CDU・CSU の議員たちは，法案が実施されたなら移民は規制されるのではなく拡大するとして反対論を繰り返した。法案は連邦議会を通過したものの，連邦参議院では野党が絶対多数を占めていたから成立の見込みは全くなかった。そして予想された通り，6月に連邦参議院は政府案を否決したのである。

こうして焦点に押し出されてきたのが，与野党間の妥協点の模索だった。そしてこの作業は両院協議会を主たる場にして進められることになった。両院協議会は基本法77条に定められた憲法上の機関であり，連邦議会から

---

(39) efms Migration Report, Feb. 2003.
(40) Migration und Bevölkerung, Ausgabe 3, 2003, S. 1f. efms Migration Report, März 2003.

各会派の勢力比に応じた代表16人と各州政府から1名ずつ派遣される16人で構成されるが，後者は指令に拘束されないことや，両院協議会での決定には連邦議会はもはや変更を加えることは許されず，賛成もしくは反対のどちらかしか表明できない点に特色がある。このような場に難題が持ち込まれた背景には，政界における与野党対立とは対照的に，社会にはできるだけ速やかに移民法を成立させることへの幅広い合意があり，その圧力を無視できなくなっていたことを見逃す訳にはいかない。実際，3月には労使の双璧ともいうべきドイツ商工会議所（DIHK）会頭L.H.ブラウンとドイツ労働総同盟（DGB）執行委員H.プッツハマーが足並みを揃えるかのように相次いで移民法の早期成立を訴え，同法がドイツの産業立地の改善に必要であることを強調するとともに，硬直した対立で時間を空費する与野党に対して痛撃を加えた。さらにこれまでの推移に失望した各種の福祉団体や人権団体などからも制定を急ぐことを求める声明などが公表されたのである[41]。

そうした社会的動向を踏まえ，すでに連邦憲法裁判所の判決直後から連立与党の側に柔軟化する兆しが現れていた。しかし，それが明瞭になったのは，移民法案が両院協議会に持ち込まれ，交渉が開始されてからだった。両院協議会での審議に移る前に緑の党の連邦議会副院内総務V.ベックは現在の状態を改善できるなら連立与党は妥協に応じるつもりであることを表明し，CDU・CSUの側でも会派事務局長のV.カウダーが同じ意向を示しつつ，連立与党の稚拙な進め方のために実際の審議に入るのは秋にずれ込むとの見通しを示して，政府側の責任を問題にした[42]。ともあれ，それまでは対決姿勢が目立ったのに比べると，これを節目に様相が変わり，協議を重ねる中で与野党の間には次第に歩み寄りが見られるようになったのである。

(2) 両院協議会での合意の模索

---

(41) 一例として，DIHK, "Das Zuwanderungsgesetz muss kommen": DIHK-Präsident Braun zur Beratung im Bundestag, 13. 3. 2003 参照。
(42) efms Migration Report, Mai 2003.

6月に連邦参議院で連邦議会から送られた移民法案が否決され，不成立が確定すると，シリーは両院協議会に作業部会を設置し，そこで妥協案作りをすること，その部会はできるだけ早く設置すべきであることを提起した。しかし，彼もその活動開始が夏休み明けまで遅れることを認めざるをえなかった。だが，この空白期間は同時にそれまでの熱い対立を冷却させ，冷静な判断に基づいて歩み寄りを探ることを可能にもした。作業部会は2003年9月に始動し，協議は翌年にかけて続けられた。

　作業部会は州と連邦議会の各会派の代表たち20人で構成され，座長にはミュラーが就いた。緑の党を代表して部会に入ったベックは柔軟姿勢を強調して合意の成立に期待を寄せたが，CDUを代表したボスバッハは成り行きに懐疑的だった。また与党側も野党側も内部は一枚岩ではなく，CDU所属の数人の州内相が統合法の制定に動いたことに見られるように，様々な思惑が存在していた[43]。

　作業部会の活動が本格化したのは10月からだったが，初回に議題とされた難民保護に関し，会合前から難航を予想させる動きが見られた。すなわち，座長のミュラーが難民の人道的受け入れはジュネーブ難民条約の枠内に限るというCDU・CSUの立場を繰り返し，ベックシュタインが法的には正規の資格ではない滞在認容の名目で22万人もの難民がドイツにとどまっている現実は制度に合致しないとしたのに対し，連邦政府外国人問題特別代表M.ベック（同盟90・緑の党）が滞在認容の難民のために新たな滞在資格を創設すべきだと主張し，シュツットガルトでの年次総会に集まった州レベルの外国人問題特別代表たちも，多年に及ぶ滞在認容は安定した滞在資格につながるべきとの立場を打ち出したのである。こうしたことから，悲観的な見方を排していたV.ベックも前途は「極めて困難」という感想を漏らし，その他の与野党のメンバーも部会には事柄に即した議論の雰囲気があると評価しながらも，すれ違いは極めて大きいことを確認せざるをえなかったのである[44]。

　11月に開かれた第2回の部会でも妥協に向けた見るべき進展は得られな

---

(43)　efms Migration Report, Sept. 2003.
(44)　efms Migration Report, Okt. 2003.

かった。この場では労働移民の問題がテーマになったが、CDU・CSUからは外国人労働者募集の停止の継続と並んで、連立与党が計画しているポイント制に基づく非EU諸国からの技能労働者の導入の削除が要求された。計画では職場の確保の証明がなくても滞在・労働許可が与えられうるとされていたからである。これに対し、緑の党のV.ベックは、なるほど現時点では多数の外国人労働者に対する需要はないにしても、労働移民の計画的受け入れは移民法の主要部分であるばかりでなく、遅くとも2010年には労働市場で移民の需要が大きくなるのは確実だとして対抗した。それと同時に彼は、野党が労働移民問題で強硬な姿勢を緩和しない限り、両院協議会は失敗に終わりかねないと警告した。こうして今回も議論は平行線を辿り、歩み寄りが極めて難しいことが明らかになった。このような状況で、SPD側から連邦議会内務委員会委員長のC.コーネリア=ヴォルガストが、野党との妥協を図るためにはポイント制による選別手続きを制限してもよいという意向を表明して譲歩の構えを示唆したが、それは作業部会の行き詰まりを打開し、協議の破綻を回避するためだった[45]。

　12月に開催予定の第3回の部会では統合措置が協議されるはずだったが、それまでの話し合いが不調だったため、急遽翌2004年1月に延期された。そして1月になるとさらに2月に延期された。その代わりに次回までに連邦と州の内相が妥協のための選択肢を含む具体案を作成することになった。そしてこれを連立与党から3人、CDU・CSUから3人、FDPから1人の計7人の代表からなる各党代表者会議で詰めた後、作業部会に諮ることになった。

　協議の場を変更したのに伴い、歩み寄りの兆しが表れるようになった。依然として最大の対立点は労働移民の受け入れ問題であり、ここでは歩み寄りは見られなかった。けれども、呼び寄せが認められる子供の年齢制限や、後発アオスジードラーの受け入れ制限では協議が進捗した。人道的な難民保護に関しても、CDU・CSUはその拡大に反対する基本線は崩さなかったものの、当分は故国への送還の見込のない難民の法的地位には欠陥が

---

(45) Migration und Bevölkerung, Ausgabe 10, 2003, S. 2. efms Migration Report, Nov. 2003. Frankfurter Allgemeine Zeitung vom 6. 12. 2003.

あることを認め，その地位を改善する必要があるとして軟化したのである。こうした展開を踏まえ，連邦議会CDU・CSU副院内総務ボスバッハは交渉の継続は意味があると発言し，連邦議会SPD議員団の内務政策責任者ヴィーフェルスピュッツも対立点を残しながらも接近が見られるようになったことを確認した。同様にFDP議員団で内務政策を担当しているM. シュタットラーもすべての対立点で合意が可能とする見通しを表明した。こうして作業部会から内相会合に，さらに各党の代表者会議に交渉の場を移したことによって硬直していた対立が緩み，対立から接近へと流れが変化したのである[46]。

　各党代表者会議ではポイント制による労働移民の受け入れ問題を巡って対立が続いたが，2月にはこの問題で移民法の全体が破綻するのを回避する動きが表面化した。会議のメンバーであるシリー内相とヴィーフェルスピュッツは野党側が募集停止の継続要求に固執しないならば見直しの用意があることを示唆したのである。これには緑の党から異論が噴出した。例えばベックは他のすべての問題で野党が譲歩するならポイント制を取り下げてもよいと述べ，緑の党の連邦議会院内総務K. ゲーリング=エッカートも法案の多くの部分は野党の反対があっても成立に持ち込めるとして強硬論を唱えるなど与党側に不一致が表れたのである。一方，CDUでも柔軟対応を迫る声が公然化した。同党所属のハンブルク市長O. ボイストがドイツは早晩労働市場で移民を必要とするから，ポイント制は考慮に値するとして与党側に歩み寄ることを求めるアピールを発表し，接近を促したのである[47]。

　2月末に再開された作業部会ではこうして重要な進展が見られた。労働移民に関してはなによりもポイント制が削除されたのが大きい。ポイント制は職場が決まっていなくても外国人を導入することを可能にする制度であり，受け入れを柔軟化するところに主眼があることを考えれば，その削除が労働移民をドイツの国内需要に厳格に従わせることを含意し，その意味で移民法の基本的性格を変えるほどの意義を有していたということもで

---

(46)　efms Migration Report, Dez. 2003.
(47)　efms Migration Report, Jan. 2004.

きよう。

　他方、難民問題も懸案になっていたが、故国に送還できず滞在認容でドイツにとどまっている難民についてはその地位を安定化するために独自の滞在資格を付与する方針が合意された。さらに庇護権に関しては、制定される移民法は近く確定が見込まれるEU指針に立脚したものとすることが確認された[48]。一般的効力をもち加盟国で直接に適用されるEU規則とは違い、EU指針は達成すべき目的については加盟国を拘束するけれども、その方式や手段は各国に委ねるものであるが、難民保護の領域でEU加盟国の内相による閣僚理事会で新たな指針が検討されていたのである。そこでは非国家的な迫害や性的迫害を受けたか、その虞れのある者を保護する方針が固まっていたから、その動きに合わせてドイツでもこれらの人々に庇護権を認定する方向で一致したのである[49]。庇護権の問題では同盟90・緑の党が拡大を頑強に主張していたのに加え、EUレベルでの方針決定がドイツで与野党を合意に向かわせたのであり、国内での硬直した対立に打開の道を開いたのがEUの動向であったのは注目に値しよう。EUとの関連では、与野党が激突していた基本法の庇護権規定の改正が1992年末に合意された際、EUレベルでの難民保護制度の調和化が謳われていたことが想起されるべきであろう[50]。いずれにせよ、これまでの経緯に照らせば明白なように、こうした進展は、労働移民では連立与党が譲歩し、難民、庇護権では野党側が従来の主張を和らげた帰結であり、文字通り妥協の所産にほかならない。

　このようにして大筋で与野党の合意が成立したところに新たな問題が持ち上がり、紛糾を招いた。さらに労働移民に関しても未解決の問題が残っており、決着を急ぐ必要があった。

　まず労働移民に関しては、3月までに各党代表者会議で残った論点を詰める作業が精力的に行われた。その結果、与野党の主張をつぎはぎした折

---

(48) efms Migration Report, Feb. 2004.
(49) 庇護権に関するEU加盟国の内相・司法相会議での合意内容については、Migration und Bevölkerung, Ausgabe 4, 2004, S. 1f. 参照。
(50) 基本法の庇護権規定改正については、広渡清吾『統一ドイツの法変動』有信堂、1996年、236頁以下参照。

衷的な結論に到達した。すなわち，グリーン・カードによって一定数のIT技術者に入国の道が開かれている現状に鑑み，トップ・クラスの専門家と自営業者には労働市場への参入を認めるとともに，中位程度の技能の労働者には，あらかじめ職場が確定しており，それがドイツ人もしくはEU加盟国の労働者が見出せない職場であることを条件に受け入れる方向で決着した。しかしその一方では，中位の技能労働者でも職場が定まっていない場合や単純労働者については従来どおり門戸は閉ざされたままとなった。また呼び寄せが許される子供の年齢の上限は16歳とすることで落着した。さらに滞在認容でドイツにとどまっていて送還が不可能な難民の処遇につき，州レベルで審査機関を設置して対処することが確認された。けれども他方で，彼らのために新設される滞在資格の具体的な形に関してはまだ合意が得られず，同じく受け入れた外国人に対する統合のための措置の財政負担をどうするかという点も未解決のままに残った[51]。

しかし3月になって治安問題が新たに重大なテーマとして浮上した。3月11日にマドリッドでテロ事件が発生したからである。スペインが米英主導のイラク戦争に協力していたことを背景に起こったこの攻撃は200人に達する死者を出す大惨事となり，それだけに世界に生じた波紋も大きかった。周知のように，ドイツはフランス，ロシアと足並みを揃えてイラク戦争に反対していたが，しかしこの事件はドイツ社会をも震撼させた。2001年9月11日のアメリカでの同時多発テロも，実行犯がドイツに在住していたことから強烈な衝撃を与えたが，マドリッドの事件は条件次第でドイツも標的になる可能性があることを示していたからである[52]。このため，CDU・CSUの主要な政治家たちは，テロ組織との関わりの疑いがある外国人に国外退去を命じられる規定を移民法の中に盛り込むことを主張した。これに対しては，SPDのヴィーフェルスピュッツや緑の党のベックは容疑だけで退去処分を行うことに反対したが，そうした声は少数であり，大勢は治安問題で党派を超えた合意づくりに突き進んだ。既に同時多発テロ以

---

(51) efms Migration Report, März 2004.
(52) マドリッドでのテロ事件に対するドイツのマスメディアの反応については，一例として，Der Spiegel, Nr. 12, 2004, S. 140ff. の特集参照。

来，治安責任者としてシリー連邦内相は人権の制限につながりかねない様々な対策を推進してきたが，マドリッドでのテロを受けて，「事実に基づく危険の予測」があることを条件に，外国人の国外退去を容易に実施できるようにする意向を表明した[53]。それによれば，例えば当該外国人が異議を申し立てた場合でも，連邦行政裁判所が審理を行うものとし，一審で決着するものとされて処分の手続きは簡略化されることになった。また故国に送還したら死刑や虐待が予想される外国人については退去処分の実施は不可能にならざるをえないが，その場合には申告義務を厳格化して管理を強めるとともに，予防拘禁を含む処分を導入することで与野党は一致を見たのである[54]。

しかしながら，基本線では合意しても治安対策面での具体案を詰める段階では与野党の対立が再燃した。この間に頻繁に開かれた作業部会は4月には11回目を数えたが，残っていた統合措置の扱いについて，与党が当初想定していた外国人の統合措置への参加権を削除し，これをドイツ語能力の低い外国人もしくは外国人官庁が特に必要と認めた外国人に対する義務に改めることで合意した。またこれに従わない者には何らかの制裁を科すことについても一致した。一方，治安対策に関しては，作業部会の場で与党側は国外退去処分の決定は連邦内務省が行い，異議のある場合は一審だけではあっても司法による判断を得るものとした。これに対しCDU・CSUは，テロリストの疑いのある外国人だけではなく，過激派の外国人にも退去を命じうる規定を設けることを主張した。さらにベックシュタインは，処分の決定権は州に帰属するものとし，異議があっても司法による判断を待たずに即座に処分が実施可能にすべきだと唱えた。また野党側はビザの規定もより厳格化し，警察の権限を拡大することも要求した。その結果，与野党は治安対策で再び激しく対立するに至ったのである[55]。

(53) アメリカでのテロ後に取られた措置は，連邦内務省が編集したBundesministerium des Innern, Nach dem 11. September 2001: Maßnahmen gegen den Terror, Berlin 2004 にまとめられており，マドリッド事件後も含む概略は，Bundesministerium des Innern, Frei und sicher leben, Berlin 2004 に示されている。

(54) efms Migration Report, März 2004.

(3) トップ会談と移民法の成立

このようにして作業部会は再び膠着状態に陥った。けれども，社会からの要望に応えるとともに，政争に明け暮れているというマイナス・イメージを払拭して政党に対する信頼感を取り戻すためにも事態の打開を指導的地位にある政治家たちは迫られた。こうして移民法を最終的に決着させるべく提起されたのが政党首脳によるトップ会談である。

対立点が残されたものの，実務者による協議で到達した大筋での合意を踏まえ，移民法の成立に向けた最後の一歩になったのは，シュレーダー首相，メルケルCDU党首，シュトイバーCSU党首のトップ会談であった。それが開かれたのは2004年5月25日のことである。そこで合意されたのは，紛糾していた治安問題に関し，テロ組織との関わりの疑いのある人物を本国に送還し，あるいは受け入れと帰化に当たって憲法擁護機関による外国人の審査を導入するなど，野党の主張に譲歩する形での対立点の処理のほか，6月30日までに与野党が協力して移民法の共同法案を仕上げることであった[56]。

首脳会談の後，記者会見の席でシュレーダー首相は，メルケルとシュトイバーが合意づくりに積極的だったことを指摘しつつ，「我々は政治的一致点に到達した」と満足感を示した。そして移民法の成立が経済に好影響をもたらすとの期待を述べるとともに，国際社会で持ちこたえようとするなら，現代的な移民法が必要であるとして合意の意義を強調した。一方，メルケルとシュトイバーも会談の成果に満足し，前者は与党との間に「幅広い共通項」ができたことを確認した。また後者も会談を通じて「喜ばしい前進」が見られたとし，移民法が明確に制限的な性格をもつことを「決定的な進歩」と高く評価した。さらにシリー連邦内相も合意が得られたことに安堵してシュレーダーの努力に感謝し，もつれた糸をほどいたとその手腕を称賛した。一方，会談には加わらなかった緑の党では代表のR．ビ

---

(55) Migration und Bevölkerung, Ausgabe 3, 2004. efms Migration Report, April 2004.

(56) Frankfurter Allgemeine Zeitung vom 26. 5. 2004. Tagesschau vom 26. 5. 2004.

ュティコーファーが理想的な解決ではないとしながらも，合意を原則的に受け入れると表明した。さらに FDP ではシュタットラーが合意を「政党戦術に対する理性の勝利」と形容すると同時に，この妥協の基本線は FDP 党首の G. ヴェスターヴェレが提案したものであるとして，FDP の貢献を指摘してみせたのである[57]。

トップ会談での合意に基づき，6月17日までに O. シリー連邦内相 (SPD)，P. ミュラー・ザールラント州首相 (CDU)，G. ベックシュタイン・バイエルン州内相 (CSU) が協議し，連邦政府が用意していた法案の修正に合意した。この結果，遅くとも6月30日までには両院協議会で法案を採択し，引き続き7月9日までに連邦議会と連邦参議院で可決・成立させることになった。そして半年後の2005年1月に移民法が施行されることが固まったのである。シリーは与野党の妥協により成立の運びとなった法案を「広範な基盤に立つ」重要な改革案だとし，労働移民にとって有用な道具が遂に見出され，今後高度の技能のある者と自営業者にとって移住が容易になるところに意義があると述べた。同時に，人道的立場から受け入れるべき移民についての規制も好ましいものになったと指摘した。というのは，難民保護に関する EU の指針が取り入れられ，非国家的な迫害や性に特殊な迫害が難民認定の理由とされることになったからである。さらに治安の面についても賢明な解決が得られたことをシリーは強調している。その具体例として彼が挙げたのは，今後はテロリストもしくはその関係者の疑いのある外国人の国外退去を「事実に基づく危険予測」を理由にして命じることができるようになったことである。ドイツに入ってくる外国人の統合についてもシステマティックな仕組みが構築され，連邦がそのための負担を引き受けることになったことをシリーは新法の意義深い点であると言明した[58]。

共同修正案が固まった6月17日に連邦議会 SPD 副院内総務 H. J. ハッカーが SPD を代表して声明を発表した。その中でまず彼は，「我々の社会の

---

(57) トップ会談についての各党の評価の詳細に関しては，Süddeutsche Zeitung vom 27. 5. 2004 参照。

(58) Pressemitteilung des Bundesministeriums des Innern vom 17. 6. 2004.

将来的能力のための礎石」が据えられたとして修正案の意義を強調した。そして,「本日到達した妥協は合理的で大きな価値がある」と語るとともに,「一つの法律がすべての関係者のコンセンサスによって担われるのは大きな功績である」と述べて賛辞を贈った。その上でハッカーは,「現代的移民法を巡る密度の濃い議論は本日得られた全体的妥協によって成功裏に終結した」と宣言し,激しい対立を含む合意までの長かった経過に終止符を打ったのである[59]。その翌日には連邦議会 SPD 議員団の名で声明が出されたが,そこでは従来の「古い移民政策は望ましくない移民から身を守ることに余りにも偏っていた」として問題点を指摘すると同時に,もはや「問題はドイツへの移民を認めるかどうかにではなく,我々が移民をどのように積極的に形作り制御するのかにある」と強調し,この観点から,「我々の移民法は重要でバランスのとれた改革の作品である」とその意義を宣揚した[60]。そこには妥協の産物であることへの言及はなく,古い政策と対比する形でもっぱらポジティブな面に光が当てられたのである。

妥協を糊塗するかのようなこうした積極的評価が政権政党から出てくる反面で,野党の側では抵抗と阻止の戦略が奏功したとする見解が打ち出され,与党のそれと一対をなす形になった。連邦議会の CDU・CSU 会派は7月1日付で『両院協議会の本質的成果』と題した文書を発表したが,そこでは「多文化的移民社会というカギのプロジェクトに向けた赤緑の本来の目標設定を阻止した」ことや,「移民の制限という原則と募集停止の原則が守られた」ことが成功として描かれている。さらに,「治安の領域で目に見える改善」が達成されたことなどと合わせ,「CDU・CSU はその中心的要求を貫徹した」として成果が謳歌されているものの,与党に譲歩した面にはほとんど言及されていないのが特徴になっている[61]。

SPD と CDU・CSU ではこのように移民法の意義を積極的に評価しつつ,

---

(59) Hans Joachim Hacker, Einigung über das Zuwanderungsgesetz erreicht- ein guter Tag für Deutschland, 17. 6. 2004.

(60) SPD-Bundestagsfraktion, Wir brauchen ein Zuwanderungsgesetz, 18. 6. 2004.

(61) CDU/CSU: Fraktion im Deutschen Bundestag, Wesentliche Ergebnisse des Vermittlungsausschusses, 1. 7. 2004, S. 6.

自己の立場を貫き成果を上げたとして自賛する姿勢が目立ったが，もちろん他面では，共同案に対する不満や批判の声も存在した。例えば緑の党ではブランデンブルク州で同党の首相候補に推されているW. ヴィーラントがそれを現代的移民法からは懸け離れていると批判し，緑の党の本来の主張とは異なると述べて党の変節を暗に攻撃した。同じく同党の連邦議会副院内総務で知名度の高いH.-C. シュトレーベレも共同案では連立与党の本来の提案が著しく損なわれているとし，それはドイツの政治における「輝かしい一頁では決してない」と強い不満を表明した。さらに連邦政府外国人問題特別代表M. ベックは，立場上の制約から，妥協案は実効的であるとしながらも，それによって「ヨーロッパで最も現代的な移民法が創出されたのではない」と述べ，近年中に更なる改善が必要だと指摘したのである[62]。

このように主として緑の党の側から批判の声が上がったが，全体としては少数だったことは否定できない。むしろ合意が遅すぎたことに不満があっても，ようやく移民法の制定が日程に上ったことを歓迎する空気が濃厚だった。それは例えばドイツ産業全国連盟（BDI）会長M. ロゴウスキーの発言に代表されているといえよう。合意の直後に彼は，「人口発展を背景にして，将来の我々の成長チャンスを確実にするためにも我々は移民を必要としている」と語ってBDIの従来の主張を繰り返した。しかし同時に，移民法の合意を受けて，産業立地ドイツを高度の専門的能力を有する人々のためにますます魅力的にしなければならないと社会に向かって呼びかけた。また教会関係では，カトリック司教会議議長の要職にあるK. レーマン枢機卿が妥協案が得られたことを「民主主義の重要な勝利」と呼び，賛辞を惜しまなかった。一方，ドイツ福音主義教会（EKD）も既に7月1日に声明を発表し，「教会が期待し，社会発展のために必要な外国人法の領域でのパラダイム転換は，妥協によって端緒が実現しただけではあっても，重要な人道的改善が果たされた」ことを評価するとともに，主要な問題で関係者が合意に達したことを歓迎すると表明した。とりわけ積極性が目立つのは国連難民高等弁務官（UNHCR）ドイツ駐在部代表S. ベルクルンドの発言であり，「移民法の成立はドイツのみならず，ヨーロッパと国際社会

---

(62) Süddeutsche Zeitung vom 18. 6. 2004.

の難民保護にとって特別な意義がある」とし，「ドイツを遥かに超える積極的なシグナル」であると位置づけている。これに対し，福祉団体からは自由社会福祉事業全国協議会（BAGFW）議長のM. ラガティが7月9日に発表した声明で，「人道的領域での改善」があったことは認めながらも，「移民政策において緊急に必要な転換が果たされなかった」と述べたのが，批判的評価の中では注目に値しよう[63]。

　以上で概略を見てきた経緯を辿って共同案は6月30日に両院協議会で採択された。そして7月1日に与野党こぞっての賛成を得て連邦議会で可決され，続いて同月9日に連邦参議院でも予定通り可決された。連邦議会で反対に回ったのはPDSだけだった。ラウの後任として大統領に選出されて日の浅いケーラーが署名するのは確実だから，これによって移民法は事実上成立したのも同然であり，それとともに同法を巡る長期にわたった与野党の対立も幕を降ろすことになった。G. ハウスディングが感慨深く記しているように，「かつて連邦参議院を混沌状態に突き落としたものが今や幅広い了解を得て舞台に上った」のであり[64]，これによって終幕を迎えたのである。

　けれども，正確には長かった対立がひとまずは終結点に達したというべきであろう。ここであえてひとまずというのは，成立が確実になった移民法が文字通り与野党のきわどい妥協に支えられており，強固な合意に基づいてはいないからである。実際，成立への最後の一押しになったのは与野党のトップ会談だったが，それは移民法に決着をつけなければ政党に対する信頼が失われるという危機感を反映していると同時に，政党指導者を前面に立てることで党内の異論を押さえ込む役割を果たしたのであった。そ

---

(63) Evangelische Kirche in Deutschland (EKD), Gemeinsame Äußerung zur Verabschiedung des Zuwanderungsgesetzes durch den Deutschen Bundestag, 1. 7. 2004. Vertreter des UN-Flüchtlingskommissariats (UNHCR) in Deutschland, Chancen für Flüchtlingsschutz nutzen, 9. 7. 2004. Süddeutsche Zeitung vom 18. 6. 2004. Präsident der Bundesarbeitsgemeinschaft der Freien Wohlfahrtspflege (BAGFW), Zuwanderungsgesetz, 9. 7. 2004.

(64) Götz Hausding, Ein langes Vermittlungsverfahren fand nunmehr seinen Abschluss, in: Das Parlament vom 12./19. 7. 2004.

の意味では，このような決着の方式は，主要政党の内部で妥協に満足しない勢力が小さくなかったことを証明しているともいえよう。それだけではない。制定される移民法が社会の期待に十分に応えているか，またドイツの将来を見据えた場合に必要と考えられる準備が概ね出揃っているといえるか，さらに2004年に10カ国を加えて拡大と深化を続けるEU統合の将来像に合致しているかなど，重要な点で疑問が残っており，これらの面から近い将来に見直しを迫られて再び政争の火種になる可能性が排除できないことも重要である。

　もちろん，難産の末に大枠が定まったことを考えれば，正面からの改正を避けて当分は小刻みな修正を積み重ねることで対処していく可能性が大きい。また同時に，それがドイツの政治の一般的なパターンでもあるといってよい。その点から見れば，ひとまずという限定つきではあっても，移民法が実質的に成立に漕ぎ着けたことの意義が大きいのは間違いない。ともあれ，2005年1月1日に施行された移民法の概要を次に瞥見しておくことにしよう。それはとりもなおさず6月17日にまとまった共同案の骨子の確認にもなるのは改めて注意を促すまでもないであろう。

5　移民法の要点

　連邦内務省が作成した『移民　新しい法律』と題する冊子の序言で，シリー連邦内相は，「連邦政府が幅広い政治的コンセンサスを追求した」ことを強調しているが，与野党の妥協の末に産まれた移民法には四つのポイントがある。労働移民の受け入れと制御，難民保護の範囲の拡大，社会的統合政策の推進，テロリズムに重点を置いた治安対策である[65]。

　移民法について最初に確認しておく必要があるのは，最大の眼目である

---

(65)　以下については, Bundesministerium des Innern, Zuwanderung-das neue Gesetz, Berlin 2004 のほか, dass., Einzelheiten des Zuwanderungsgesetzes, 4. 8. 2004: Innenpolitik, Nr. 3, 2004, S. 4ff. などを参照した。なお，G. レンナーの論考は移民委員会の提言，当初の政府の法案，成立した移民法を比較検討していて参考になる。Günter Renner, Vom Ausländerrecht zum Zuwanderungsrecht, in: Zeitschrift für Ausländerrecht und Ausländerpolitik, H. 8, 2004, S. 266ff.

移民の制御の手段として、従来は分離していて複雑だった滞在資格と労働許可に関して簡素化する方向を打ち出した点である。移民法ではこれまでの五つの滞在資格が二つに整理された。一つは期限付の滞在許可であり、もう一つは無期限の定住許可である。後者はこれまでのように8年の滞在ではなく、5年の滞在を要件とすることになり、期間が短縮された。また両方に労働許可が併せて付与されることになった。これまでは滞在と就労は別々に扱われていたが、今後はそれらの許可は一体化して行政手続きにのせられて付与の可否が審査されることになった。また移民自体が多様なカテゴリーで構成されているところから、多数の官庁が移民の処遇に関与し、権限が錯綜していたが、これを改善するために連邦内務省の下に置かれていた連邦難民認定庁を発展的に解消して連邦移民難民庁を新設し、移民とその統合に関わる主要な問題を包括的に管轄することになった。なお、正規の滞在資格ではない滞在認容でドイツにとどまっている25万人に上る難民の扱いについては、認容という枠は廃止され、新たな二つの滞在資格のほかに特別の滞在許可を設けて地位の安定化が図られた。

　ところで、移民委員会の提言の核心であり、社会的にも要請が強かったのは労働移民の秩序ある導入だったが、これに関しては移民法ではどのような合意がなされたのだろうか。この点から順に見ていこう。

　まず1973年にとられた外国人労働者の一般的募集停止が維持されることが決まった。したがって具体的に職場が確定していない限り、これまでどおり外国人は就労を目的としてドイツに移住することができないことになる。けれどもその一方で、研究者、高度の技能を有する技術者、自営業者、大学生などに対しては門戸が開放された。研究者と高度な専門技術者には一定の要件を満たしていれば最初から定住許可が与えられ、ドイツに移民することが認められた。これは既に施行されているIT技術者向けのグリーン・カード制の枠を超えるものであり、これに伴い同制度は廃止されることになった。因みに、グリーン・カード制によってドイツに移住したのは2004年秋までで約1万7千人であり、紛糾した割りにはその実績は当初の計画をかなり下回った。

　移民が認められる自営業者については、最低で100万ユーロをドイツに投資するか、あるいは最低でも10人の雇用を創出できることを条件にして

移住が認められた。このカテゴリーの外国人には最初は最長で3年の滞在許可が与えられ，3年が経過した段階で事業が軌道に乗り，生計費の確保が確実である場合に定住許可を付与するものとされた。

こうした開放政策はドイツの大学で勉学している外国人学生にも適用されることになった。彼らの場合，大学卒業後少なくとも1年間の在留が認められ，就職活動や就労ができるようになる。また，ドイツへの帰化を希望する卒業生が専門的技能を有している場合には，その要件を緩和することになった。

これらの政策はいずれもドイツが必要とし，経済の活性化と成長への貢献が期待できる外国人の誘致を意図したものであるが，他方で，受け入れる対象となる外国人からは単純労働者が排除されているのが特徴になっている。その意味では，労働市場が公式に開放され，転換が図られているものの，それは限定的開放と呼ぶのが適切であろう。連立与党の当初の構想ではカナダをモデルとするポイント制度を導入し，職業的技能，年齢，ドイツ語能力などを点数化したうえで，ドイツでの職場が確保されていなくても一定枠で受け入れることとされていたから，軌道修正の跡が歴然としている。このように厳しい限定がつけられたのは，400万人を超す失業者を抱える現状から見て，大量の外国人労働者の移住につながるような労働市場の大幅な開放にCDU・CSUが強く反対し，これに与党が歩み寄った結果にほかならない。移民法ではドイツ人の雇用を優先し，開放よりも制限が基調となったが，こうした形の労働移民の受け入れについては野党のイニシアティブによるところが大きいのは明白であろう。

なお，継続が決まった一般的募集停止とは別に，二国間協定に基づいてドイツが特殊な形態の単純労働者を受け入れており，これについては変更されないことにも注意が必要であろう。東欧諸国の変革の後，それらの地域では市場経済への移行過程にさしかかった経済の混乱を背景にして豊かなドイツへの移住圧力が高まったが，このような事態に対処するため，コール政権下の連邦政府は東欧諸国への支援を名目にして単純労働者の秩序ある受け入れを決定し，各国と二国間協定を結んだのである。その特色は，この枠で入国する労働者にはドイツでの長期的滞在の可能性がなく，一定期間を経ると帰国が義務づけられているところにある。2004年の時点では，

外国人のドイツでの就労を認めるそうした協定には研修労働者の受け入れに関するものと請負契約労働者の受け入れに関するものの2種類がある。前者はポーランド，ハンガリー，チェコ，スロヴァキア，スロベニア，ルーマニア，エストニア，ラトビア，リトアニアとの間で締結されている。後者が結ばれているのは，ポーランド，チェコ，スロヴァキア，スロベニア，ルーマニア，ラトビアである[66]。

　次に移民法で難民保護がどう変わったかに焦点を移そう。

　この分野では現行法制と比較して前進があった。というのも，保護すべき難民の範囲が拡大され，処遇も向上したからである。前者の点では女子割礼に代表される性に特殊な迫害が難民として受け入れる事由とされ，同様に国家以外の集団による迫害を受けたかその虞れのある者も難民として認定されることになった。さらに庇護申請を却下されながら滞在を認容されている難民については，これまで3カ月ごとに滞在認容が更新され，その点から「連鎖認容」とも呼ばれていたが，従来は当面の送還を免れていただけであったのに対し，新設される連邦移民難民庁が送還停止の判断を下せば，今後は滞在認容に代えて期限つきの特別の滞在許可が与えられるほか，就労も認められることになった。しかし庇護手続きをとらず送還が停止されているだけの難民は，引き続き滞在を認容されるだけであることも注意すべきであろう。一方，難民の家族呼び寄せに関しては現行のままとすることが固まった。庇護権を認められた両親もしくはジュネーブ難民条約が定める難民に該当する両親が呼び寄せることのできる子供の年齢の上限は，これにより，従来どおり18歳とすることが確定したのである。これらの変更を全体としてみれば，労働移民に関しては連立与党の譲歩が目立ったが，難民保護では野党が歩み寄り，反対していた難民の範囲の拡大や処遇の改善が移民法に盛り込まれる結果になったといえよう。このよう

---

(66)　田中信世「生産年齢人口の減少に歯止めをかけられるか―ドイツ新移民法の概要」『フラッシュ』72号，2004年。ただし，田中が移民法に関し，「ドイツ国内の失業者の就労を促進することを最優先」したことが移民委員会という「諮問委員会の諮問の趣旨を生かして」いると記しているのは正しくない。それは移民委員会の意図ではなく，野党への譲歩の結果だからである。

な難民法制の改善にはとりわけ教会関係者や人権団体から肯定的な評価が与えられた。

　移民のドイツ社会への統合措置も移民法の重要な分野である。新たにドイツに移住する移民がドイツ語を習得し，ドイツの文化に習熟することは社会に受け入れられる前提になるが，そのための講座を開設することが決まったのは，主として緑の党の主張に基づいている。しかし，講座への参加を移民の権利ではなく義務として位置づけ，講座で学習せず，あるいは不熱心な場合にはペナルティが科せられることになったのは野党の要求を反映している。ペナルティとしては社会給付の10％カットや滞在延長申請の却下などが予定されている。さらに既にドイツに居住している外国人に対しても，特に統合が必要と認定された場合には講座への参加が義務づけられることになった。シリー内相は講座参加者を年間5万人と見積もり，その費用は総額で年間2億3,500万ユーロと計算しているが，これはすべて連邦政府が負担することが決定されている[67]。

　またドイツ語能力の重視が固まった関連で，旧ソ連・東欧地域に居住しているドイツ移民の子孫でドイツへの移住を希望する者の受け入れに対する制限が強化された。従来，ドイツに入国すると簡単にドイツ国籍を与えられるこの集団はアオスジードラーと呼ばれ，一般の外国人に比べてその地位が特権的であることが問題になっていた。そうした背景から受け入れが見直され，制限が強められてから到着する者は特に後発アオスジードラーと呼ばれ，その数も少なくなっている。新たに制定される移民法は一般の外国人だけではなく，この集団も射程に収め，ドイツ系であれそれ以外であれ，また難民であれ労働移民であれ，ドイツ国外から来る移民のすべてを包括しているのが注目点の一つになっているが，アオスジードラーに関しては，受け入れに際しての審査で実施されていた語学テストが厳しくなり，基礎知識の名の下にドイツ語のかなりのレベルが要求されるようになったのである。このテストに合格しなくても家族がドイツに在住してい

---

　(67)　なお，統合講座の概要と見込まれる受講者数などについては，Martin Zwick, Weg aus Sprachlosigkeit, in: Integration in Deutschland, H. 4, 2004, S. 4f. 参照。

れば合流のためにドイツに入国できるが，その場合には直ぐにはドイツ国籍が取得できないという不利益が生じる。こうした変更の狙いについて連邦政府アオスジードラー問題特別代表を務めるJ．ヴェルト（SPD）はドイツに移住してからの統合が容易になるからだと説明しているが[68]，実際にはこれは副次的で，主眼は受け入れの制限にあると考えるべきであろう。

　最後にテロリズムを中心とする治安対策を見よう。

　マドリッドでの大規模なテロ事件を契機にこの問題が急浮上し，その対応を巡って与野党が衝突したのは上述のとおりである。しかし，与野党の妥協の結果，危険と見做される外国人に対しては州の最上級官庁もしくは連邦の決定に基づいて強制送還の措置が実施できることになった。これによってテロリズムと関わっている者や，「憎悪の説教師」と呼ばれる，反対意見の者を脅迫する宗教指導者などを比較的容易に国外退去に処す道が開かれた。この処分は「事実に基づく危険予測」に立って行われるところに新しさと問題点がある。また処分に異議が申し立てられた場合，連邦行政裁判所で一審限りの司法的判断が下されることになっており，辛うじて司法の関与が残される形になっているのも問題点とされている。なお，危険が予測されても人道的理由などから本国に送還できない人物について導入が検討された予防拘禁は，人権侵害の危険が大きいという批判を受け入れて見送られた。

　一方，移住を許可する外国人のすべてについて憲法擁護機関に人物照会を行うことが決定され，移民法に盛り込まれた。この方策については，テロリストの嫌疑を外国人に無差別にかけるものという批判があったが，テロ事件後の治安を優先する空気が強い状況では少数にとどまり，与野党の合意は覆らなかった。2001年にアメリカで発生した同時多発テロ以降，人権よりも治安を重視する傾向が先進諸国では強まっていたが，ドイツも例外ではなく，移民法は治安優先を体現するものとなった。同法には移民委員会の提言の段階では見出されなかった治安対策が取り入れられただけでなく，外国人の人権を制限する虞れの強い規定が組み込まれたからである。この点を重視し，批判する声を代弁したのは，『ジュートドイッチェ』紙の

　（68）　Info-Dienst Deutsche Aussiedler, Nr. 46, 2004, S. 4.

著名なコラムニストH. プラントルであろう。2004年6月17日付の同紙に彼は「逆さの符号のついた法律」という論評を寄せ、「多年にわたる紆余曲折の末に移民法から治安法が生じた」と酷評したが、この指摘は的外れとは言い切れないのである。

　長い論議と紆余曲折を経て難産の末に誕生した移民法の概略は以上で瞥見したとおりである。それは文字通り与野党の妥協の産物にほかならない。労働移民の分野では野党の主張が色濃く表れ、難民保護では連立与党のそれが反映されていることが成立事情を端的に物語っている。いずれにしても、移民法の成立は移民受け入れ国ではないとしてきたドイツの基本的立場を転換し、事実上移民受け入れ国になっている現状に合致させたばかりでなく、労働市場の限定的開放などによって未来に向けて一歩を踏み出す内容になったことも確かである。その意味では、同法の成立が戦後ドイツの憲政史の中でも画期的な意義を有するのは間違いない。

　けれども、当初構想されていた労働移民導入のためのポイント制が消えうせ、制限色が濃厚になったことは、そこに移民法の眼目があっただけに重大な修正であった。また人権侵害の虞れさえ感じさせる治安対策も極めて問題の多いものとなっている。これらにより同法の性格は大きく変貌し、T. シュトラウプハールが評するように、「望ましいものから可能なもの」に変わった結果、「長期的に見てドイツが直面する挑戦に応じるには不十分なもの」となったのは否定できない。というのも、彼が指摘するように、「秩序づけられた魅力的な移民の阻止による、2004年に確定された現状の保守は、遅くとも2020年以降にドイツで暮らす世代の豊かさにネガティブに作用するであろう」と予想されるからであり、この点については、人口変動に関する議論を通じて概ね一致した認識が形成されてきている。その意味では、成立した移民法は、「現代的で、視野が広く、未来志向的な移民法」とは呼べないという評価は間違っているとはいえない[69]。移民国を公言したことの意義は大きく、それによって扉が開かれたのは確かだとしても、ためらいが極めて強く、明確なビジョンが失われた結果、開かれたの

---

(69) Thomas Straubhaar, Kommentar, in: Migration und Bevölkerung, Ausgabe 5, 2004, S. 2.

は僅かな隙間程度にとどまったといわざるをえないのである。

6 政治過程の特質

以上で略述した成立経過から明らかなように，今回成立した移民法はドイツでも近年稀に見る難産の産物である。このように類を見ないほどに成立が難航したのはなぜであろうか。ここで政治過程の特徴に目を向け，まずこの問題をを考えよう。

移民法が成立までに紆余曲折を経たのは，いくつかの要因が重なったからであった。第1に挙げられるのは，移民法自体の性質である。移民法を巡る論議が始まる以前からドイツでは外国人政策に関して長く熱い論争が続けられてきた。それはドイツの将来を移民を受け入れないドイツ人だけの国として描くのか，それとも移民を受け入れ彼らが持ち込む文化を尊重する多文化社会として設計するのかという論争である[70]。多岐にわたる論点を大掴みにすれば，明確に意識されていたか否かは別にして，議論の核心にはドイツを担う国民の枠をどこまで広げることが可能かという問題があり，別言すれば，ナショナル・アイデンティティをどのように定義づけるかが問われていたといえよう。

周知のように，1973年に外国人労働者の新規募集を停止して以降，一時的に西ドイツ国内に居住する外国人の数が減少したものの，基調としては増大し続けた。そしてドイツ統一の年1990年には534万人に達していた。この点に照らせば，ドイツ人だけのドイツという構図は現実に追い越されて既に破綻しており，ドイツが移民受け入れ国に変貌しているのは誰の目にも明瞭だった。しかし，連邦政府はそうした実態を認めず，依然として

---

(70) この論争の一例としては，CDU所属の現職（当時）の連邦内相とSPDの重鎮である前ノルトライン＝ヴェストファーレン州内相との新聞への寄稿が興味深い。Manfred Kanther, Deutschland ist kein Einwanderungsland, in: Frankfurter Allgemeine Zeitung vom 13. 11. 1996; Herbert Schnoor, Deutschland ist ein Einwanderungsland ohne Einwanderungspolitik, in: Frankfurter Rundschau vom 21. 5. 1996. なお，移民法が政治テーマ化するまでの潮流に関しては，Heiner Adamski, Braucht Deutschland ein Einwanderungsgesetz?, in: Gegenwartskunde, H. 2, 2000, S. 217ff. が概観に役立つ。

非移民国という虚構の立場を堅持していた。さらに外国人の増大は社会の中にドイツの異邦化という不安を広げ，それがドイツ人のドイツという失われた国家像への憧憬を強めることにもなった。政治倦厭が広がる中で地方選挙の際に極右政党への傾斜が深まり，排外暴力事件が頻発したことにはそうした背景がある[71]。一方，多文化社会の構想も，移民国としてのドイツの現実を踏まえてはいても，高唱される寛容が突き詰めれば異なる民族集団の並立に行き着き，社会が統合力を失って分解する可能性を孕んでいた。その意味で，どこまで移民の固有の文化を尊重するかで多文化社会の主張は必ずしも説得力のあるビジョンを提供できず，広い支持を獲得することはできなかった。こうしてドイツ人のドイツと多文化社会としてのドイツという二つのビジョンを両極にしつつ，移民国を巡る論争はドイツの将来像を軸にしてイデオロギー色の濃厚な対立を生み出し，それが移民法にまで持ち越されて衝突が再現されることになったのである[72]。

　移民法の成立を困難にした第2の原因は，1980年代以降重大化していた失業問題の重圧が統一前後のブームで一旦は緩んだ後，それ以前にも増して大きな難問として再浮上してきたことである。統一で社会が沸き立って間もない1993年にドイツ経済はマイナス成長を記録するほど落ち込み，喜びをもたらすはずだった東西ドイツの統一は心の壁によって隔てられていることが問題になった。そればかりか，マイナス成長に転落したのは脆弱な東ドイツを抱え込んだことに原因があるとして，東ドイツを重荷と感じる人々が増大した。その真因がどこにあるかはともかく，失業者が増大の一途を辿り，産業立地の再構築が重い課題となって一般市民の上にのしかかった。それまで享受してきた豊かさは将来はもはや自明のものではなく

---

(71) この点に関し，拙稿「統一ドイツの右翼問題」『社会科学論集』34号，1995年参照。

(72) この意味でO.シュミットケが「移民とナショナル・アイデンティティのイシューが政党政治における分極化と動員のための手段に使われた」と指摘しているのは正しい。Oliver Schmidtke, From Taboo to Strategic Tool in Politics: Immigrants and Immigration Politics in German Party Politics, in: Werner Reutter, ed., Germany on the Road to "Normalcy": Policies and Politics of the Red-Green Federal Government, New York 2004, p. 175.

なり，安心を支えていた社会保障のシステムももはや拡充ではなく縮小がテーマになったのである。

このような状況が続く中で，各種の世論調査が裏付けているように，政治の主題は雇用問題を軸に経済・社会政策に集中し，環境や男女同権などのテーマは後景に追いやられる形になった。1998年にコール政権が選挙で敗れて退陣したのは，2000年までに失業者を半減させるという公約の達成に失敗したことに主要な原因がある。同様に，2002年にシュレーダー政権が選挙で勝利はしたものの薄氷を踏むきわどい結果になったのも，失業問題の解決に成果を上げられなかったからであった[73]。

こうした事実を考えれば，選挙に向けた戦略として，長期的な課題を押し出す以前に，眼前の最大の課題である雇用問題で国民の安心の回復を優先することが有利と判断されたのは当然だった。同時に，様々な面から大幅な改造が必至であるとはいえ，国民生活の安定を保証してきた国家の役割に対する国民の期待が依然として大きいところから，移民導入に対する要望が各界で強くてもドイツ人の雇用優先を掲げることが集票増大につながることが確実視された。このような計算に基づき，ドイツ人の雇用確保を訴える戦術をとる野党の前では，移民委員会の労働市場開放を基調とする提言が薄められ，これと軌を一にする与党が防戦を強いられるのは避けがたかった。こうして結局は与党が大幅な譲歩を余儀なくされ，移民の受け入れの制限に重点を置くことで決着が図られたのである。

以上のような原因により移民法は制定に至るまで難航する結果になったが，同時に厳しい対立にもかかわらず，修正を重ねた末に移民法が成立に至った事実もやはり重要である。換言すれば，対決法案であることから，暗礁に乗り上げたまま放置されるか，再び取り上げられるにしてもかなりの冷却期間が必要とされると一般的には考えられるのに，司法の場で挫折すると直ぐに協議のテーブルに持ち込まれて結果的に成立に至ったことは，それ自体注目に値するというべきであろう。この点に視線を注ぐと，その政治過程にはドイツの特色が色濃く表れている事実が浮かび上がってくる。その特色とは，主要政党間で繰り返し妥協点が模索され，コンセンサス形

---

(73) 前掲拙著『統一ドイツの政治的展開』79頁以下参照。

成が試みられていることである。

　この点を移民法の成立経過に即していえば，たたき台となる提言を作成したのが，そのために設置された移民委員会だった事実にまず注意すべきであろう。J.v.ブルーメンタールによれば，合意のためのテーブルには三つのタイプがあり，雇用のための同盟に代表される多元主義的コーポラティズムと呼びうるタイプ，健康保険改革で見られた与野党間対話のタイプと並んで課題ごとに設置される委員会タイプが区別できる[74]。合意形成のメカニズムとしての委員会については，移民委員会のほかに労働市場改革のためのハルツ委員会，年金改革に取り組むリュールプ委員会が代表例であり，それらは専門家である学者以外に関係する利益団体の代表者と教会をはじめとする社会団体の代表者によって構成されているのが特色になっている。移民委員会についていえば，使用者団体代表と労働組合の代表を含んだ構成面から合意形成を目指していることが明らかであるだけではなく，委員長にCDUのジュースムート前連邦議会議長を起用したことがコンセンサスを重視する姿勢の表明であり，同時に野党対策の一環でもあったことが銘記されるべきであろう。

　提言を受けてシリー連邦内相が草案を作成し，連立与党の緑の党との調整を経て法案を準備するのにもかなりの時間を要したが，それは主要テーマについての法案成立には与党の結束が不可欠であり，ここに第1の関門があったからである。そこで得られた合意に基づき，最大の関門である野党の理解を取り付けるために，連邦議会の審議に持ち込むまでに野党との協議が水面下で断続的に行われ，法案にかなりの修正が加えられた。けれども，近づく連邦議会選挙を睨んで歩み寄りよりも対決姿勢が前面に押し出されたために，そうした努力は実を結ばなかった。このため，連立与党は姿勢を硬化させ，多数を占める連邦議会に続いて連邦参議院でも突破を目指した。しかしその強引な政治運営には新たに連邦憲法裁判所が関門として立ち塞がった。こうして強行突破を図った連立与党の目算が水泡に帰し，移民法が流産すると，改めて妥協が模索された。両院協議会を舞台に

---

(74) Julia von Blumenthal, Auswanderung aus den Verfassungsinstitutionen, in: Aus Politik und Zeitgeschichte, B 43/2003, S. 9f.

し，作業部会や各党代表者会議に場所を変えながら，決裂の危険を回避しつつ，粘り強く交渉が行われて合意点が煮詰められていったのである。そしてこれらの場でまとめきれない問題については与野党の首脳が登場し，トップ会談で最終的な決着が図られたのである。

このような経過を見ていくと，合意形成に向けた力学が働いている事実が明瞭になるであろう。経済の低迷を背景にして，シュレーダー政権が発足してから税制改革，年金改革などの改革法案が次々に政治的テーマになり，与野党の激しい攻防が繰り返されてきた。また，移民法を巡り合意の模索が続けられた2003年は，医療制度改革や労働市場改革などが進まず，ラフォンテーヌ率いるSPDがコール政権の産業立地強化に向けた主要政策を阻止して「改革の停滞」が話題になった1997年と同様に，一定の合意が成立した年末を除けば，全般的に「改革の停滞」によって特徴づけられる形になった[75]。こうした事実に照らすと，以前に比べて合意の力学が弱まっているのは否定できず，かつてM.G.シュミットが「大連立国家」と特徴づけたドイツに顕著な合意のシステムが薄らいでいるのは間違いない[76]。しかしその反面で，対決がクローズアップされたテーマであっても，両院協議会で妥協に向けた交渉が続けられていることも，やはり注意を要する重要な事実である。この点に関し，2003年末の『ツァイト』紙でK.ハルトゥンクは「かつてない」現象がいくつも見られるとしつつ，その一つに両院協議会が巨大な課題を抱え込んでいることを挙げ，「このように大量の交渉課題は果たして政治的にコントロールできるのだろうか」と疑問を投げかけている[77]。このことは，そうした問いが発せられるほど両院

---

(75) この点については，横井正信の一連の論稿（「シュレーダー政権の改革政策（1）（2）」『教育地域科学部紀要』（福井大学）57・58号，2001・2002年，「シュレーダー政権の改革政策と2002年連邦議会選挙」同誌59号，2003年，「第2次シュレーダー政権とアジェンダ2010（1）」同誌60号，2004年）が有益である。

(76) Manfred G. Schmidt, Germany: the Grand Coalition State, in: Josep M. Colomer, ed., Political Institutions in Europe, London 2002, p. 58ff.

(77) Klaus Hartung, Schwer vermittelbar, in: Die Zeit, Nr. 51, 2003. 両院協議会での連邦議会側の会派別人数配分に関し，2004年にCDU・CSUが与党に有利だとして連邦憲法裁判所に提訴し，同年12月に是正を命じる判断が

協議会の役割が大きくなったことを物語っているが、それだけではなく、ハルトゥンク自身が注目するように、なによりもその場に持ち込まれる課題の完全な破綻を誰も望んではおらず、粘り強く交渉する姿勢が共有されていることを表しているといえよう。

同じことは各党代表者会議などについても当てはまる。既述のように、もはや両院協議会を主要な舞台にするのではなく、各党代表者会議やトップ会談で一致点を詰める作業が行われ、決着が図られるケースが目に付くようになっているが、これもまた、対決を演じる裏側で合意の形成を粘り強く追求する姿勢が依然として存在することを証明している。この点では移民法が代表例の筆頭に上がるのはもはや多言を要しないであろう。けれども同時に、O. シュミットケのように、移民法と国籍法以上に「野党であるCDU・CSUおよびFDPの密接な協力を得て仕上げられた法律は存在しない」と述べてその例外性を強調するのは適切さを欠いていることにも注意する必要がある[78]。また、R. ヨーネが指摘するように、協議の重心が各党代表者会議やトップ会談のような「憲法外的領域」に移ったことはそれ自体として看過できない大きな問題であろう。というのも、その事実は、「立法における憲法上の紛争調整メカニズムが問題解決能力の限界に突き当たった」ことを示しているといわねばならないからである[79]。現に、連邦議会と連邦参議院の多数派の党派構成が背馳していた1970年代には頻繁に両院協議会が招集され、これこそが本当の立法者だとさえ呼ばれたが、その当時に比べると、近年では両院協議会が合意形成の中心舞台に位置しているとはいえない状況が現れているのは否定できない。

ところで、合意の力学という観点から移民法の場合を点検すると、なによりも与野党間で基本認識が共有されていたことに考慮を払う必要がある。

　　　示されたのは、両院協議会の役割が大きくなったことが背景にあると考えるべきであろう。この問題については, Jörg Kürschner, Bundesverfassungsgericht fordert neue Zusammensetzung des Vermittlungsausschusses, in: Das Parlament vom 20./27. 12. 2004 が詳しい。

(78)　Schmidtke, op. cit., p. 172.
(79)　Roland Johne, Bundesrat und parlamentarische Demokratie, in: Aus Politik und Zeitgeschichte, B 50-51/2004, S. 11.

第3章 移民法の成立過程 159

厳しい雇用情勢から確かに労働開国に踏み出すことは容易ではなく，選挙戦を考慮すれば，移民の導入を前面に掲げることは避けるのが得策と判断された。しかし，先進国に共通する少子・高齢化が引き起こす人口変動はドイツでは特に深刻であり，移住による人口の社会増がなければ1972年以降自然減の局面を迎えていたとされるほどだったから，その対策の一つとして移民を受け入れることは不可避であるという認識が党派を超えて定着していたのである。

　人口変動はドイツ経済の成長力をはじめとして，年金，医療など社会保障制度の根幹に関わる問題に直結しており，その重大性を考慮して連邦議会には専門家を交えてこの問題を検討する特別調査委員会が設置されていた。同様にジャーナリズムでも繰り返し人口変動が経済や社会に及ぼす影響が論じられ，人口問題はよく知られたテーマにもなっていた[80]。こうした背景から移民の導入はもはやその是非ではなく，方法や規模が中心論点になっていたのであり，重心が労働市場の開放にあるか制限にあるかを問わず，ドイツ経済への貢献が見込まれる限り，移民の受け入れは不可避というコンセンサスが形成されていたのである。逆にいえば，国境を閉鎖し，移民導入に反対することによって移民法を破綻に追い込むならば，与党であれ野党であれ，その政党には重大な政治責任が発生し，政権担当能力の欠如という烙印を押される危険すら存在したといえよう。対決から歩み寄りに急転し，協議のうえで与野党が移民法を成立させたのは，このような共通認識が土台になっていたのである。

　もちろん，共通認識以外にも合意の力学が働く原因がある。その主要なものは制度面の仕組みである。第一に，ドイツでは連邦主義をとる基本法

---

(80) ここではその若干の事例として，Lothar Julitz, Ohne Zuwanderung schrumpft die Bevölkerung in Deutschland, in: Frankfurter Allgemeine Zeitung vom 8. 4. 1993; Klaus F. Zimmermann, Wohlstand durch Fremde, in: Die Zeit vom 24. 11. 1995; Bernd Oswald, Ohne Zuwanderung sinkt die Bevölkerung, in: Süddeutsche Zeitung vom 24. 1. 2001 を挙げるにとどめる。なお，最近の例では，Der Spiegel, Nr. 4, 2004 の「最後のドイツ人：老人共和国の途上で」というタイトルの特集のほか，「社会の高齢化」と題した Das Parlament vom 22. 11. 2004 の特集号がある。

の定めにより，法案の50％から60％程度に当たる同意法の場合には連邦議会だけでなく，連邦参議院でも可決される必要がある。けれども現実に目を向けると，ドイツ統一以降，両院における多数派の党派構成が食い違い，政府を支える連立与党が連邦参議院では少数派という逆転現象が常態化している。1949年の西ドイツの建国からブラント政権誕生の1969年まではそうした現象は見られなかったが，その後は頻繁になり，統一後のコール政権下では，中立ブロックの州を除き，SPDが単独もしくは主導する州が連邦参議院で多数を占めた時期は1991年初頭からの半年間と1996年4月から1998年の連邦議会選挙までの2年半に及んだ。また1998年にシュレーダー政権が発足してからは，2002年4月以来2005年初めまで少なくとも3年近くにわたりCDU・CSUが単独もしくは主導する州が多数派を形成している。このような逆転関係が生じる原因としては，国政レベルでの政治参加の回路が制限されているために連邦政府に対する不満を州レベルで表明する「制裁投票」があると考えられる[81]。いずれにせよ，逆転関係のため，与党は連邦参議院で多数派工作を強いられ，州の特殊事情を野党の懐柔や切り崩しに利用するケースが目立つようになっているが，他面では，移民法が典型であるように，両院協議会をはじめ憲法外の各党代表者会議などの場で歩み寄りを図り，一致点を模索することが頻繁になっている[82]。

---

(81) Klaus Stüwe, Konflikt und Konsens im Bundesrat, in: Aus Politik und Zeitgeschichte, B 50-51/2004, S. 26.

(82) Ludger Helms, Deutschlands "semisouveräner Staat", in: Aus Politik und Zeitgeschichte, B 43/2003, S. 3ff.; Reimut Zohlnhöfer, Institutionelle Hemmnisse für eine kohärente Wirtschaftspolitik, in: Aus Politik und Zeitgeschichte, B 18-19/2003, S. 9ff. なお，立法期ごとの同意法の比率と連邦参議院の同意が得られなかった法案の数などについては，Roland Lhotta, Zwischen Kontrolle und Mitregierung, in: Aus Politik und Zeitgeschichte, B 43/2003, S. 20 参照。この関連でG.A.シュトローマイヤーは連邦参議院の政党政治化を指摘しているが，2003年の世論調査では，連邦参議院の影響力を制限することに関し反対意見が多数を占めている。Gerd Andreas Strohmeier, Der Bundesrat: Vertretung der Länder oder Instrument der Parteien, in: Zeitschrift fur Parlamentsfragen, H. 4, 2004, S. 730. Der Spiegel, Nr. 42, 2003, S. 52.

これと関連して第2に，連邦議会選挙の合間に州議会選挙や自治体選挙が度々行われる仕組みが存在することが挙げられる。例えば2002年と2003年には24カ月間に合計で11の選挙が行われた。そのため，K. シュテューヴェが指摘するように，「政党は国内のどこかでほとんど常に選挙戦を繰り広げる」のが常態になり，選挙戦が恒常化すると同時に，州議会選挙などでその都度国政レベルの争点が問われることになる[83]。その代表例としては国籍法改正を方向づけた2000年のヘッセン州議会選挙が挙げられよう。州議会選挙の帰趨が連邦参議院の勢力関係を左右するのは当然だが，それにとどまらず，この例に見られるように，選挙結果が国政の行方にも強い影響を与えるところから，与野党にとって可能な限り幅広い支持を得る努力を不断に続けることが必要とされる。こうした理由により，ビジョンが明確であっても国民の理解が乏しい政策は希釈されざるをえず，結果的に歩み寄りを迫る圧力が作用することになるのである。

　また第3に，与党が野党の反対を押し切って強引に法案を通した場合，抵抗の手段として連邦憲法裁判所に持ち込まれる可能性が存在している。そこで違憲と判断されれば法案は無効になり，法案成立の努力は水泡に帰す。したがって，この可能性を封じるためには妥協点を探ることが必要とされ，その点で連邦憲法裁判所が制度として存在する意義は小さくない。ドイツに特有な違憲審査制の要であり，政治と法との狭間で微妙なバランスをとりつつ，憲法の番人として高度に政治的な役割を担う憲法裁判所の存在は，そこで決着が図られる案件が増えるにつれ，過重負荷が問題となる一方で，立法国家や行政国家に対する司法国家の優越の危惧すら呼び起こしている。首都機能が1999年にベルリンに移った後のドイツは一般にベルリン共和国と呼ばれるが，これに対し連邦憲法裁判所の所在地から「カールスルーエ共和国」という表現が使われるのはその表れにほかならない。例えば，実質的にハビリタチオン制度の廃止につながる助教授制度の導入に関する2004年7月の判決の際にも，その含蓄は重大だとして『シュピーゲル』誌はこう記している。この判決に従えば，「社会保険法，労働法，経済法のような連邦の立法の幅広い領域で無条件に『必要な』（カールスルー

---

　(83) Stüwe, Konflikt und Konsens, op. cit., S. 26

エ）場合にだけシュレーダーとその仲間には法律を制定し変更することが許される。そして何が必要かは憲法裁判所が決定するのである[84]。」ここに見られる懸念は，無論，行き過ぎといわねばならないであろう。けれども，それを杞憂として一蹴できないところに問題が伏在していることは確認しておく必要がある。その意味でも，連邦憲法裁判所が合意のシステムの面で見逃せない役割を演じているのは確かなのである。

さらに移民法の場合には大統領が署名に応じるか否かが注目点になったのも見過ごせない。基本法では連邦大統領には政治的決定権限は与えられていない。けれども，移民法のケースは，そのような大統領でも例外的状況においては事実上一種の拒否権保有者になりうることを暗示している。無論，署名拒否という行為は基本法の定めに従って訴追の対象になりうるし，失職につながる可能性をも孕んでいる。しかし仮にそうした行動がとられた場合，世論に対して警鐘を鳴らし，立法機関に再考を促す効果をもつのは間違いない。この点を確かめるには，職務の範囲を逸脱したという非難を浴びながら，R.v.ヴァイツゼッカー元大統領が現職当時に行った辛辣な政党批判が大きな波紋を巻き起こしたことを想起すれば足りよう[85]。

同様にEUの存在も軽視できない。周知のように，EUで定められた規則は国内法と関係なく効力をもつし，指針はその目的を達成するための措置をとることを義務づけるので，その実現に向けて合意を得ることが求められるからである。移民法の例でいえば，与野党の主要な争点の一つだった難民保護の枠の拡大につき，EU指針によって決着の方向が定まったことがこれに該当する。このような拘束は，問題によってはEUが各国の政策を決定づけ合意を強いる役割を演じることがありうると言い換えてよいであろう。

これらに加え，連立与党も一枚岩ではないから，与党の内部でも調整を図る必要があるのは指摘するまでもない。仮に一方が他方を押し切るようであれば，最悪の場合，政権の崩壊につながる危険を伴うからである。移

---

(84) Der Spiegel, Nr. 34, 2004, S. 44.
(85) 拙著『統一ドイツの変容―心の壁・政治倦厭・治安』木鐸社，1998年，188頁参照。

民法のケースでは，同盟90・緑の党が非国家的迫害などを庇護権の認定理由に加えることを頑強に主張し，これを交渉材料にしようとするSPDに圧力をかけて要求を貫いた。これらの諸点から明らかなように，要するに，連立政権を常態とするドイツでは，政権を掌握していても政府・与党にとっては連立内部からEUに至るいくつものレベルにハードルが存在し，それらが全体として合意形成に向かわせる働きをしているといえよう[86]。そしてこの働きは連邦議会と連邦参議院の党派構成のねじれという今日では通例になった条件がある場合に一層強くなるのである。

　もちろん，これらと並ぶ重要な要因として，主要な政治的争点についての決着を求める社会からの圧力が存在する場合があることも見落とせない。移民法のケースでは，グリーン・カード制の導入に当たって労使に異なった反応が見られたものの，移民法を巡る駆け引きが本格化したころには経済界，労働界はもとより，教会，福祉団体，人権団体などがその制定を求めるようになっていた。また世論調査が教えるように，一般市民の多くは無統制な移民の受け入れには否定的であっても，秩序ある移民を保障する移民法の制定には前向きな姿勢を示していた。事実，与野党の協議が大詰めを迎えていた2004年3月の『シュピーゲル』誌の報道では，「あなたは技能のある外国人を就労のために需要に応じて導入することに賛成ですか」という質問に対して56％が賛成と答え，反対だとしたのは41％という結果になったのである[87]。

　さらに移民法制定を求める気運の高まりをよそに対立を続ける政党に対する風圧が強く，移民法が政党間の「遊戯ボール」になっているとジャーナリズムが批判したように，制定に漕ぎ着けなければ政治不信がますます深まり，政党からの離反が加速することも懸念された。実際，移民法の制

---

(86) このような認識は，改革の停滞を説明するために拒否権プレイヤー理論を援用する研究で強調されている。Reimut Zohlnhöfer, Rot-grüne Regierungspolitik in Deutschland 1998-2002, in: ders. u. a., hrsg., Das rot-grüne Projekt, Wiesbaden 2003, S. 399ff.; Gerd Andreas Strohmeier, Zwischen Gewaltenteilung und Reformstau, in: Aus Politik und Zeitgeschichte, B 51/2003, S. 17ff.

(87) Der Spiegel, Nr. 12, 2004, S. 46.

定が政治的主題になった2000年末の世論調査では，61％の市民が政党はこの課題に真剣に取り組んでいないと感じていたのであり，政党がドイツへの移民の制御を真面目に考えていると感じていたのは僅か21％にすぎなかった。この事実についてR. ケッヒャーは，「政治的論争は構想力と行為能力の欠如を隠蔽する見世物の争いと映っている」とコメントし，政争がもたらすシニカルな反応の裏で失意や不満が広がっていることを憂慮している[88]。このような状況の下では政党の側で支持する社会団体の利害に配慮して行動する通常のパターンを超え，懸案解決の能力を示すことが必須となった。政党政治を安定させる狙いから連邦議会の解散の制限や，国庫による政党助成，泡沫政党を排除する5％条項などによってドイツでは政党は制度的に守られているが，それらは社会から政党が遊離することを可能にし，政治倦厭を広げる一因にもなっている[89]。こうした事情からも，与野党には抗争を続けることは許されなかったのである。

　社会からのこのような圧力に押されて成立した合意では，既に指摘したように，労働移民の分野では主としてCDU・CSUの主張を取り込み，他方，難民保護の分野では連立与党の立場がかなり反映された。あるいは「移民国」の立場に公式に転換したことにより連立与党が名を取り，移民の制限に重心を置く内容になったことでCDU・CSUが実を取ったと評すこともできよう。このことは，合意のシステムの中心が主要政党の妥協にあり，それが大きな転換の遂行を困難にしていることを示している。換言すれば，合意の力学は政治路線の根本的切り替えには馴染まず，いわば中程度の変換と小さな改革の積み上げによって基本的な転換につなげていくことが常道にならざるをえないといってよい[90]。その点から見れば，このシステム

---

(88)　Köcher, op. cit.

(89)　この問題は戦後ドイツで確立された政党国家の揺らぎと表現できる。前掲拙著『統一ドイツの政治的展開』190頁以下参照。

(90)　M.G. シュミットはこれを「中道の政治」と特徴づけている。Manfred G. Schmidt, Immer noch auf dem "mittleren Weg"?, in: Roland Czada und Hellmut Wollmann, hrsg., Von der Bonner zur Berliner Republik, Wiesbaden 2000, S. 491ff. もっとも，原則よりも政治的に可能なことを優先するシュレーダーの政権運営の手法が中道への傾斜を強めていることも見逃せない。Uwe Jun, Sozialdemokratie in der Krise, in: Gesellschaft-Wirtschaft-Politik, H. 3,

は政策の安定性を強める一方で，変化に対応しにくいという特性を備えているのであり，難航した移民法の成立過程もそうした一面を証明する形になった。シュレーダー政権はアジェンダ2010の名の下に経済・財政・社会政策に互る幅広い抜本的改革を推進しつつあるが，それが容易ではないのはドイツに特徴的な合意のシステムに原因があるといえ，移民法の成立過程はそうした難点の一端を示していると考えられるのである。

7 結　び

　多年に互って論議されてきた移民法は，2000年のシュレーダー首相によるグリーン・カード制の提唱を起点にして本格的な政治的テーマになった。そして与野党が対立を続けたあと，合意の力学が作用して妥協の努力が重ねられ，2004年になってようやく成立に漕ぎ着けた。ドイツにはこれまでに既に700万人を超える外国人が定住しているから事実上もしくは非公式の移民国になっていたが，これによって公式の移民国に転換することが決定した。従来はドイツに居住する外国人には共同市民（Mitbürger）という曖昧な地位しか認められなかったが，今後は新たに流入する人々も含め，文字通りの市民になる可能性が開かれたのである。もっとも，正確に言えば，移民法の成立によって一挙に移民国への転換が行われる訳ではないことにも注意する必要がある。現代につながる外国人に関する法制の歴史をたどると，ナチ支配下の1938年に定められた外国人警察令に行き着くが，敗戦を挟んで戦後まで生き続けたそれが廃止されたのは，ガストアルバイターの受け入れが本格化し，これに対応すべく外国人法が制定された1965年のことだった。そして短期の滞在で帰国するはずの外国人が定住化し，その規模も大きくなると，既成事実を認知する形でようやく1990年に至って外国人法の改正が行われた。これによって外国人の法的地位の安定化が図られた時，「事実上の移民状態が承認され，法的に確定された」といえるのである[91]。

　　2004, S. 328.
　(91)　Renner, op. cit., S. 266. 改正外国人法を検討した広渡も，「新法は移民国型の法制度との論理的対応関係をよく示すものになった」とその意義を評価している。広渡清吾『統一ドイツの法変動』有信堂，1996年，205頁。

この関連で見ると，成立した移民法もまた社会的必要の追認という色彩が濃厚であり，その限りでは法制度が現実に追いついたという消極的意義しかもたないようにも解釈できる。しかし，多数の外国人が定住していても，従来は定住を予定して外国人を受け入れたことがなく，したがってまた受け入れるための制度が整備されていなかったことを考えれば，定住を視野に入れつつ外国人を受け入れ，それに対応して社会的統合にも備えるところから，公式の移民国への転換が有する意味が大きいことは確かであろう。さらに移民受け入れ国ではないという政府の立場を一つの支えにして，ドイツの将来像をドイツ人のためのドイツとして描く傾向が根強く存在することを考慮すれば，異質な文化的背景をもつ移民の導入に舵を切ったことは，一般市民に否応なく異なる文化との共存を迫り，ドイツ人のドイツという過去に目を向けた復古的なイデオロギーや血統主義的な色調の濃いナショナル・アイデンティティの清算を促進することになる。K. シェーンヴェルダーも力説するように，「移民法は移民が単なる短期的な歴史的例外現象にすぎないという観念に終止符を打つ」ものなのである[92]。その意味で，移民法の成立は，現状に追いついただけでなく，外国人問題の厚い壁となっていたイデオロギーに強烈な打撃を与える点で，ドイツの国家と社会の未来像の基軸を組み替えることにもつながると考えられる。同時に，イデオロギーの壁が崩れれば，多数の外国人が住み着き，その労働力がなくてはドイツの産業が立ちいかない現実を直視した生産的な議論が展開される土壌も形成されよう。

ドイツは既にこの方向への一歩を2000年初頭に施行された改正国籍法によって踏み出している[93]。これによって帰化の要件が緩和され，条件つきで二重国籍が容認されたことは，ドイツに在住する外国人の間にかなりの反響をもたらした。例えば2000年には18万7千人が帰化し，翌2001年に17万8千人，そして2002年には15万5千人がドイツ国籍を取得したのであ

---

(92) Karen Schönwälder, Kleine Schritte, verpasste Gelegenheiten, neue Konflikte: Zuwanderungsgesetz und Migrationspolitik, in: Blätter für deutsche und internationale Politik, H. 10, 2004, S. 1206.

(93) 国籍法改正については，佐井達史「外国人政策の新展開—ドイツ国籍法改正を手掛かりに」『ドイツ研究』35号，2002年参照。

る[94]。このように国籍の障壁を低くし，異なる文化的背景をもつ人々をドイツ人として受け入れたことは，ドイツが均質な人間から成り立っているのではなく，多様な人々で構成されていることを公認する意味を有していることは指摘するまでもないであろう。因みに，ドイツに在住する外国人のうちで最大の集団は周知のようにトルコ人だが，その数がピークだった1998年の211万人から2003年に188万人に減少したのは[95]，大量の帰国者が生じたからではなく，国籍法の改正を契機にして帰化の動きが高まったからにほかならない。

このような変化をもたらした国籍法改正を考慮に入れれば，移民法の制定は移民国への第二歩として位置づけるのが適切であろう[96]。もちろん，国籍法改正はドイツに居住している外国人を対象にしたものであるから，移民国を想定した上での外国人問題の後始末というのが基本的な性格といえよう。これと比較すると，移民法は定住を予定して新たに移民を受け入れることを目指すものであり，後ろ向きではなく前向きであるところに重要な相違がある。そしてドイツの将来像に直結しているだけに国籍法改正を大きく上回る重要な意義をもっているといっても過言ではない。与野党合意が得られた際の発表で連邦内務省は改めて移民問題を「我々の社会の将来の発展にとっての決定的問題」として位置づけ，その折の声明で連邦内相のシリーは，成立の運びになった移民法は，「我々がこれまで移民を受け入れ，これからも受け入れることを承認するものであるから，わが国における立法の歴史的転回を意味する」と語ったが[97]，これらの評価は額面ど

---

(94) Bundesamt für Migration und Flüchtlinge, Migration und Asyl, Nürnberg 2004, S. 81.

(95) Beauftragte der Bundesregierung für Migration, Flüchtlinge und Integration, Daten-Fakten-Trends: Strukturdaten der ausländischen Bevölkerung, Bonn 2004, S. 19.

(96) 連邦内務省の広報誌も移民法を「第二歩」と規定しているが，何に向かってなのかが明示されていないところにも妥協の痕跡が垣間見える。Innenpolitik, Nr. 3, 2004, S. 4.

(97) Pressemitteilung des Bundesministeriums des Innern vom 17. 6. 2004.; Bundesinnenminister Otto Schily zum Abschluss der Verhandlungen zum Zuwanderungsgesetz. シリーは2004年7月1日の連邦議会の発言でも移民

おり受け取っても決して間違いとはいえないのである。

しかしながら，本来ならそうした意義を有しているだけに，成立した移民法で踏み出した一歩の距離が短く，姿勢が及び腰であることも否定しがたい。その理由は，移民の導入に道を開くと同時に，それを制御し制限することに力点が置かれたからである。この点で，成立に至る途上で，「人口発展と労働市場での隘路のゆえにドイツが移民を必要としていることが視界から脱落した」というP.ベンデルの指摘は正鵠を射ている。同様に，移民法がもたらしたのは失望だったとしつつ，「移民に向けたドイツの開放という当初に告知されたパラダイム転換に即して測るとき，特にそのことは当てはまる」というK.シェーンヴェルダーの総括も傾聴に値しよう[98]。移民史研究の第一人者であるオスナブリュック大学教授K.J.バーデを中心とし，論壇への働きかけを主眼にして活動している移民評議会が，政争の痕跡が色濃く刻まれた移民法に「次善の解決策」という冷やかな評価を与えたのも[99]，これと同一線上にあるのは多言を要しないであろう。

このように本来の課題に正面から取り組むのを回避したところから，施行に移され，その効果が明らかになったとき，今回の移民法がそのままの形で維持されるか否かは不透明であり，予断を許さないといわねばならない。人口変動に関しては多方面から予測がなされているが，生産年齢人口の縮小に伴う世代間の負担の不均衡を是正し，現状の生活水準を維持するためには大規模な移民の導入が避けられないという点で見通しは概ね一致している。この点を考えるなら，前述のように合意の力学が作用するドイツの政治では今回の移民法に小刻みな修正が加えられ，それが大きな転換につながっていく可能性も排除できない。その意味では本格的な移民国へのドイツの転換は緒についたばかりというべきあろう。

  法を「歴史的転換点」と呼んでいる。Zeitschrift für Ausländerrecht und Ausländerpolitik, H. 7, 2004, S. 251.
(98) Bendel, op. cit., S. 211. Schönwälder, op. cit., S. 1205.
(99) Zeitschrift für Ausländerrecht und Ausländerpolitik, H. 8, 2004, S. 293.

第4章

統合サミットの政治過程

―― 移民政策の新局面 ――

1 はじめに

　2006年7月14日にドイツでメルケル首相の提唱に基づくいわゆる統合サミットが連邦首相府で開催された。政府の発表では移民の統合政策を協議することが会議の目的だった。会議には移民団体をはじめ、政治、経済、社会の様々な機関と団体を代表する86人が参加し、4時間にわたって移民と統合の問題に関する意見交換が行われた。また、1年後の2007年夏を目処に「国民的統合計画」を策定することが申し合わされ、そのための作業部会などを設置することが合意された。

　これを一見すれば、戦後ドイツの移民政策の展開を知る者にはこのサミット開催は画期的な出来事だと感じられよう。サミット開催計画が公表された直後の4月12日付『ツァイト』紙には、J.ラウの執筆した「サミットの呼びかけ」と題する長い論考が掲載され、そのリードには「アンゲラ・メルケルが統合を首相所管事項にする。首相府で移民たちについてだけでなく、移民たちと話し合うのは初めてのこと」と記されているが、この短い表現の中にサミットの意義はほぼ尽くされているように思われる。すなわち、今回の統合サミットの画期的意義としては差し当たり次の3点が挙げられる。第1は、所管の大臣に委ねるのではなく、政治的リスクを引き受ける覚悟で首相自らが担当する姿勢を見せたことである。そこには当然、事柄の重要性の認識と成果を得られる見通しがある。第2は、サミットという形で主要な団体の代表者の協議をつうじて問題解決を図る方法がとら

れたことである。深刻な失業問題を打開するためにシュレーダー前政権は「雇用のための同盟」を設置して経済界と労働側の代表との交渉を制度化しようとしたが，サミットを起点にして作業部会での協議で解決策を探る方法はそれに似ている。第3は，このような協議の場に移民団体の代表が正式に参加したことである。労働組合とは異なり，ドイツ労働総同盟（DGB）のような頂上団体をもたない移民の場合，どの団体の代表が加わり，逆にどの団体が排除されるかは代表の正当性に関わる重大な問題である。しかし，そのことを考慮してもなお，首相府に移民団体が招かれ，首相をはじめとする政府関係者はもとより，経済人，教会代表などドイツ社会の指導的立場の人々と直接かつ対等に話し合った事実は重いといわねばならない。これら3点に照らしただけでも今回の統合サミットがいかに重要かが理解されよう。もっとも，その背景や経緯については管見の限りドイツでもまだ検討されておらず，よく知られているとはいえない。それゆえ，以下では新聞報道などを用いてその点を掘り下げるとともに，上記の意義づけが正しいのか否かも含めてその意義をもう少し詳しく考察することにしよう。

2　サミット構想の提起とその背景

　メルケル首相が自ら乗り出し，移民問題が首相の所管事項になったところに2006年7月のサミットの目新しさがあるのは間違いない。7月11日付『フィナンシャル・タイムズ・ドイツ』紙が「統合サミットついに首相所管事項に」という見出しの社説でこの点に着目し，「このテーマの政治的扱いはもはやたんに州や内務大臣の所管事項ではないというサインを首相が出した」として，「統合はいまや首相所管事項なのである」と指摘したのはその意味で正しい。実際，彼女の積極的姿勢は移民問題を政権の主要課題として位置づけたことの表れであり，混迷を深めていただけにサミットに寄せられる期待も大きくなるはずだった。けれども，4時間に及んだサミットを実質的に組織したのは，連邦政府の移民統合問題特別代表を務めるM.ベーマー（CDU）であり，準備過程で首相はほとんど姿を現さなかった。また開催直前にまとめられた政府の指針にも首相が関与した形跡は乏しい。その意味で厳密には移民問題が首相の所管事項になったとはいえず，

事態が深刻化していた局面での一種のパフォーマンスという色彩が濃厚だったと言ってよいように思われる。

　この点はサミットと並んで同種の計画が立てられていたことでも裏付けられる。移民問題を所管するショイブレ連邦内相はCDUの前党首であり，コール元首相の後継者と目されながらも不正献金疑惑で失脚した過去があるが，内相就任から間もなくイスラム会議を開くことを提唱した。この会議は2006年9月にボンで開催が予定されていたのに，これに重なる形で後からサミットが計画されたのである。移民問題を担当するのは内相であり，ショイブレは計画を中止しなかったから，首相が前面に立ってサミット開催を強行すれば，主導権争いの観を呈するのは避けられなかった。その意味で，事態の深刻さのゆえに行動する姿を示す必要があったものの，移民問題に持続的に取り組む余裕と意欲がなく，ショイブレとの衝突も回避したいためにベーマーに計画を委ねたと推測される。実際，ショイブレは不快感をあらわにし，サミットが近付いた7月9日付『フランクフルター・アルゲマイネ』紙でも，「彼は統合サミットについて明らかに無口」であり，「サミットの場に同席しても見張りのように沈黙を通すだろう」と報じられたほどである。

　因みに，統合問題特別代表の通称で知られるベーマーは，2005年11月の大連立政権の発足で前任のM.-L. ベック（同盟90・緑の党）と交代した。シュミット政権下の1979年に設置されたこのポストの名称は幾度か変わったが，初代を務めたのはSPDの大物政治家で「キューン・メモランダム」で知られるかつてのノルトライン゠ヴェストファーレン州首相H. キューンだった。その後，政権交代に伴いFDP幹事長をともに務めた硬骨漢のL. フンケ（FDP），C. シュマルツ゠ヤコブセン（FDP）を経てベックにバトンタッチされたが，政治的経歴の点で彼女からベーマーも含めて軽量化したとの印象が否めない。また，シュレーダー政権のスタートの際にポスト名が現在の移民・難民・統合連邦政府特別代表に改称され，それまでにはなかった「統合」が付加されて前面に押し出された経緯がある。

　サミットの構想を提起したのは，3月に開くのが恒例になっているCDU幹部のいわゆる秘密会議であり[1]，それを踏まえて党首でもあるメルケル首相が開催を決断した。その直接の契機になったのは，学校教育が文

字通り崩壊した事件である。ベルリンのノイケルンにあるリュトリ基幹学校が授業を行えなくなって行き詰まり，これを頂点とする荒れた学校の問題が2006年3月末にマスメディアで大々的に報道されて社会を震撼させたが，その直後から移民問題の抜本的な対策を求める声が高まったのである。リュトリ学校では生徒同士の暴力事件が頻発していただけでなく，教師に対する暴力も横行していた。そのため授業が成り立たず，教育はもはや不可能だとして同校の教師全員が連名で廃校を要請する書簡を市の教育局長に送付する事態に至ったのである。その中で教師たちは，いつでも救援を求められるように教室に行く際に携帯電話を持参している実例などを挙げつつ，「我々の力の限界に来ている」，「我々は途方に暮れている」と訴え[2]，当局に対策をとるように求めたのである。『シュピーゲル』誌4月3日号でこの書簡を「火急の催促状，告発状，破産宣言，そして同時に救助要請の叫び」と呼んでいるのは至当な表現であろう。半年前に同校を定年退職したばかりの元教師は3月31日付『ヴェルト』紙で，「移民の子弟の割合が大きくなるにつれて状況が尖鋭化」し，ますます多くの教師が「転勤希望を認められないまま病気になった」と実情を語ったが，その背景となるリュトリ学校のある地域では，住民の3分の1が外国人，失業率は40％から45％に達しているうえに，暴力が日常化しエスニック紛争が絶えないことを同紙は伝えている。またそうした実情にルポで光を当てた4月1日付『ジュートドイッチェ』紙はノイケルン地区をドイツの中の「異邦」だと臆

(1) Die Welt vom 3. 4. 2006.
(2) Der Spiegel vom 30. 3. 2006. 詳細な現場報告としては，Marian Blasberg und Wolfgang Uchatius, Ist die Rütli noch zu retten?, in: Die Zeit vom 6. 4. 2006 および K. Rüdiger Durth, "Wir sind ratlos...", in: Das Parlament vom 10/18. 4. 2006 がある。また『シュピーゲル』誌4月3日号と『フォークス』誌4月10日号もそれぞれ特集を組んで詳しく伝え，とくに後者は「多文化の嘘」というタイトルをつけ，副題を「ドイツで統合はいかにして破綻したか」としている。なお，移民問題の広報誌『クラヴィス』は偶然2006年1号でノイケルンに焦点を当て，区長H.ブシュコフスキーのインタビューを掲載しているが，提示された基礎データでは区の住民30万4千人のうち移民が10万人を占め，失業率は27.4％，700ユーロ未満の月間所得は47％などとなっている。Clavis, H. 1, 2006, S. 12ff.

することなく呼んでいる。こうした社会的背景をもつリュトリ学校では，学力の低い生徒が集まる傾向があるところから，移民の背景を有する生徒の比率は83.2％にも上ったのである。

　無論，破綻の危機を抱えているのはリュトリ学校だけではない。ベルリン市が2005年に公表したデータによれば，表1に見るように，いくつかの地区で移民の生徒の比率はほぼ半数に達しているのが現実だからである。なかでも基幹学校では移民の背景を有する生徒が60％から70％にも上っている。ギムナジウムでは30％程度であることに照らせば，基幹学校への集中傾向は明白であり，彼らの多くを低学歴で社会に送り出す学校教育の社会的選別機能が浮かび上がってくるであろう。

　しかし，問題はこれだけではない。学校教育に関しては学力低下も重大であり，この関連でも移民問題が浮上している。リュトリ学校の崩壊に注目が集まる直前に『パーラメント』紙に寄稿したB.シューラーは，「ヨーロッパ規模のPISA調査の結果が明らかになって以来，論議されているのはドイツ語を母語とする生徒たちの悪い成績だけではない。移民の子供たちもまた世論の焦点に押し出されている」と指摘した[3]。国際学力調査であるPISAの初めての結果が公表されたのは2001年12月だが，高いと信じられていたドイツの学力のランクがOECDの平均以下であることが明白になったとき，強いショックが国内に走った[4]。ドイツの市民の自信を揺さぶり，自国の将来への懸念を広げたこの出来事はわが国でも報じられた

表1　ベルリンの学校における移民系生徒の比率（％）

地　区	全体	基礎学校	基幹学校	実科学校	ギムナジウム	総合学校
ミッテ	56.5	63.1	59.9	61.0	36.5	69.7
フリードリヒスハイン・クロイツベルク	47.5	56.2	71.5	26.1	25.3	53.6
ノイケルン	45.9	50.9	68.7	59.3	30.1	33.4

（出典）Stefan Luft, Deutsche Großstädte zwischen Parallelgesellschaft und Integration, in: Politische Studien, H. 409, 2006, S. 61.

（3）　Bernd Schüler, Der neugierige Blick in eine fremde Welt, in: Das Parlament vom 13. 3. 2006.
（4）　PISAショックについては，『シュピーゲル』誌2001年50号の「ドイツの生徒は馬鹿なのか」と題した特集のほか，坂野慎二「ドイツにおけるPISAショックと教育政策」『ドイツ研究』37・38号，2004年参照。

が[5]，2004年の第2回の調査でも結果はほとんど変わらず，学校教育は大きな政治問題になったのである。そのなかで学力がとりわけ低いことで注目を浴びたのが移民の生徒であり，問題グループというイメージが強まった。この点は，2004年12月7日付『フランクフルター・アルゲマイネ』紙が「外国人生徒は敗北者」という見出しでPISAの結果を伝えているだけでなく，2006年になっても主要紙が「ドイツでの移民の子供の教育促進は不十分」（5月15日付『ヴェルト』紙），「移民の子供は引き離されている」（5月16日付『フランクフルター・ルントシャウ』紙）などの見出しで問題を伝えているのを見れば明らかであろう。そればかりか，5月15日付『フランクフルター・アルゲマイネ』紙で報じられたように，ドイツでは他の国に比較して「内国人の生徒と移民家庭の生徒の学力差が特に大きい」事実も浮かび上がったのである[6]。

　それはともあれ，このようなPISAショックを契機に学力低下を憂える声が高まる中で，リュトリ学校を筆頭に教育現場の惨状が明らかになったとすれば，その衝撃で世論が大きく揺れたのは当然だったろう。事実，ハンブルクやドルトムントなど各地で類似のケースが相次いで明るみに出て[7]，リュトリ学校が氷山の一角でしかない現実が白日のもとに晒される

（5）　古山順一「独の学校教育　目立つひずみ」2002年5月28日付『朝日新聞』。

（6）　これに加え，Der Spiegel vom 30. 5. 2006 も参照。学校教育の角度から見た移民問題に関しては，Cornelia Kristen, Ethnische Unterschiede im deutschen Schulsystem, in: Aus Politik und Zeitgschichte, B21-22, 2002 参照。リュトリ学校事件が表面化する直前の2月に国連人権委員会の調査責任者がドイツを訪れ，移民の教育問題に憂慮の念を表明した。Migration und Bevölkerung, Ausgabe 2, 2006. さらに事件から間もなく連邦と州の共同委託による教育報告書が公表されたが，担当した研究者たちはドイツの学力水準を「極めて憂慮すべき」，「恐るべき」などと形容すると同時に，移民の子供についてはギムナジウム進学と職業訓練で二重の困難を抱えていると警告している。Süddeutsche Zeitung vom 3. 6. 2006. また6月11日付『フランクフルター・アルゲマイネ』紙も「我々はそんなに愚かであってはならない」という見出しの記事で，様々な研究者の見解と基本的データを紹介して警鐘を鳴らしている。なお，報告書の要点は，Migration und Bevölkerung, Ausgabe 6, 2006 で整理されている。

と同時に，その一方で，当面の措置と中長期的な対策を巡って教育関係者を越えて激しいやりとりが繰り広げられたのは当然の成り行きだったといえよう。リュトリ学校に限れば，同校は結果的には閉鎖されず，警察官の監視下で1カ月後に授業が再開された。けれどもその衝撃は深甚で，当初は茫然自失していた政治家たちの強硬な発言が相次ぐに至った[8]。A. シャヴァン連邦教育相（CDU）は攻撃的な生徒を強制的に寄宿舎に収容すべきだと提案し，派手な振る舞いで知られるJ. シェーンボーム・ブランデンブルク州内相（CDU）は彼らを「職業訓練少年院」へ送り込めと主張した。また同盟90・緑の党のC. ロートは学校を一時的に閉鎖すべきだとの提言を行った。さらにE. シュトイバー・バイエルン州首相（CSU党首）はドイツ語の力が不足している生徒を特殊学校に入れるべきだと唱えた。これらの発言では必ずしも明言されなかったが，トルコ系移民が多く住むベルリンのノイケルンにある同校では，上記のように移民家庭の生徒が多数を占め，荒れた学校の問題は実は移民問題の一環として認識されていた点に注意する必要がある。

　もちろん，2005年10月にフランスでいわゆる「郊外問題」が爆発し，職のない移民の若者たちが路上の車や公共施設に放火したり，警官隊と衝突する光景は隣国ドイツをも震撼させた[9]。また2006年2月に突如として燃え上がったムハンマド風刺画事件ではイスラム諸国での抗議行動が一部で暴動化したうえ，大使館が襲われるなどして外交問題に発展し，国内にムスリムを抱える国々を驚愕させた[10]。これらの事件の記憶がまだ鮮明なな

（7）　Die Welt vom 1. 4. 2006. Süddeutsche Zeitung vom 25. 11. 2006. さらに基幹学校10年生を取り上げた次の詳細な報道も参照に値する。Thomas Fischermann und Kolja Rudzio, Entscheidung für Leben, in: Die Zeit, Nr. 49, 2006. 因みに，多数の学校で暴力が吹き荒れていたわけではないことは，アレンスバッハ研究所が2006年6月に実施した世論調査から明白になる。それによれば，市民の71％は住んでいる地域の学校で暴力が問題化しているとは思っていないという。Allensbacher Berichte, Nr. 10. 2006.

（8）　Ulrike Schuler, "Die Zeit des Wegschauens und der Gleichgültigkeit ist vorbei", in: Das Parlament vom 10/18. 4. 2006.

（9）　フランスでの騒乱に関しては，森千香子「2005年『フランス暴動』が提起する問い」『南山大学ヨーロッパ研究センター報』12号，2006年参照。

かでドイツでは荒れた学校の問題が浮上したのであり，しかもこれにはもう一つの出来事が続いた。それは，強制結婚に起因するトルコ人家庭での名誉殺人事件の判決であり，モラルや価値観が特異に感じられただけに脚光を浴びることになったのである[11]。

こうして移民問題に改めて不安の眼差しが向けられ，同時にその中心にトルコ人もしくはイスラムが明確に押し出されるようになった。『ツァイト』紙の元編集人T.ゾンマーは「不作為のイデオロギー」と題した4月12日付の同紙への寄稿で，「ドイツの移民政策の歴史は怠慢と空疎な言葉の連鎖である」として厳しく批判すると同時に，「今日『外国人問題』について語る者はとくに一つの問題を考える。それは『トルコ人問題』である」と明快に断じ，後者を特別扱いするのを避けるそれまでの不文律を破ってみせた。またこれよりやや遅れて7月17日付『フランクフルター・アルゲマイネ』紙では，W.G.レルヒが，「ドイツのような西洋の著しく世俗化した社会が移民の統合でぶつかる困難はとりわけイスラムに，そしてそれによって刻印された人々に結びついている」と断定し，イスラム問題に照準を合わせた。実際，トルコ系移民は単に最大の集団というにとどまらず，価値観や生活習慣が異なる点で，そして何よりも大多数がムスリムであるという点で社会統合の困難さが格段に重い存在だったのである[12]。

---

(10) ムハンマド風刺画事件については，青山弘之「ムハンマド風刺画反対デモの深層」『世界』2006年4月号参照。

(11) Yassin Musharbash, "Man lebte in Kreuzberg, aber wohl nicht in Deutschland", in: Der Spiegel vom 13. 4. 2006; Mark Siemons, Tatmotiv Kultur, in: Frankfurter Allgemeine Zeitung vom 2. 3. 2006.

(12) この点は連立与党SPDの院内会派のイスラム問題責任者L.アクギュンなども暗に認めており，7月12日の声明で次のように指摘している。「否定的な気分に晒されているのはとりわけイスラム移民である。イスラムと民主主義は全体として両立不可能だとますます広く考えられるようになっている。イスラム移民の多くは自分の宗教に還元されていると感じているのである。」Lale Akguen/Sebastian Edathy, Politik der Anerkennung, 12. 7. 2006. なお，イスラム問題がますます強く重圧と感じられるようになっている一例として，『シュピーゲル』誌に掲載されたH.M.ブローダーのエッセーが極めて示唆に富んでいる。Henryk M. Broder, "Wir kapitulieren", in: Der Spiegel, Nr. 33, 2006, S. 50f.

第4章　統合サミットの政治過程　177

　ところで，リュトリ学校の荒廃が社会問題化した直後に『ツァイト』紙上で「多文化主義に責任があるか」という論題で賛成派と反対派の論戦が行われた[13]。これが争点に押し出されたのは，多文化主義の失敗がマスメディアで問題にされたからだと忖度される。例えばCDUが主導するバーデン＝ヴュルテンベルク州やヘッセン州の政権が唱える帰化テストの厳格化に関連して『シュピーゲル』誌3月20日号は，「ドイツ人になりたい者に対してどの程度の適応を要求し，どれだけドイツ的であることを求めるかに関して政治家は不一致である」としながらも，確実なのは「素朴な多文化主義の希望の時代は過ぎ去った」ことであると書き，『フォークス』誌4月3日号も，リュトリ学校の崩壊との関連で「多文化主義の夢は最終的に破綻した」と確言している。『ツァイト』紙の論戦にはそうした背景があり，多文化主義を批判する立場から議論を展開したU.ポシャルトは，ドイツの多文化主義のイデオロギー的核心は「反資本主義と反ナショナリズム」にあるとし，この目的のために移民を利用し，現実を無視して「善意の人」として振る舞おうとしたことが移民の統合の失敗を招いたと論じた。一方，多文化主義を擁護する立場を代弁したのはF.ドリーシュナーだった。彼が指弾したのは，ドイツは移民国ではないというドグマに保守派が拘泥して現実を否認し続けたことだった。そればかりでなく，国内の移民に向かってことあるごとに「移民お断り」というメッセージを発し，社会的に排除したことが移民政策の貧困と不毛の原因だと彼は主張した。

　こうして多文化主義の失敗が問われている中で改めて旧態依然たる論争が展開され，責任の押し付け合いが行われた。問題が浮上するごとに多文化主義者は総合学校を造れ，ソーシャルワーカーを増やせと叫び，多文化主義の反対派は，流入の抑制を求め，国外退去の簡易化を唱えるのが常だったからである。けれども，論壇でのそうした争いを長く耳にしてきた一般の市民の間では，対立する二つのイデオロギーは信用を落とし，どちらか一方に与するというよりは，双方にまたがる世論が形成されてきたとい

---

　(13)　Zeit vom 12. 4. 2006. これに関連し，主要な政治家や言論人の寄稿を集成した次の書が参照に値する。Norbert Lammers, hrsg., Verfassung・Patriotismus・Leitkultur, Hamburg 2006.

ってよいように思われる。

　そのことは，例えば選挙研究グループの調査結果から看取できる。2006年4月4日から6日にかけてと統合サミット直前の7月11日から13日にかけて選挙研究グループが実施した世論調査によれば[14]，ドイツで生活する外国人には統合への意志が欠如しているという意見は4月に80％存在した。また7月にも移民は統合のために十分な努力をしていないとの意見が70％あり，外国人は努力不足と考える市民が多数を占めた。この意見はどちらかといえば保守的な見方に近い。けれども他方では，外国人を統合するためにドイツ社会の側で僅かなことしかなされていないとする回答もそれぞれ49％と34％あり，適度とする意見の20％と30％よりも多かった。この立場は多文化主義に近く，多文化主義も社会にある程度浸透していることが窺えよう。なお，統合のために外国人はよくやっているという点については，これを支持するのは13％と18％だった。このような結果は，意見が二極化しているとも解釈できなくないが，むしろ多くの市民はいずれかの単純な論理に肩入れするのではなく，全体的にバランス感覚が働いている証左と解するのが適切であると思われる。つまり，いささか強引に言うなら，左翼が唱えた多文化主義はあまりにもナイーブで，異なる文化的背景を有する集団の共生ではなく，ホスト社会から移民が自閉した平行社会を作り出して破綻したと見做され，他方で移民国の現実から目を背けた保守派はドイツ人のためのドイツという時代錯誤の幻影を振り撒いた末，修復困難な亀裂を招いて高い代償を支払わされる結果になり，信頼を失った，これが世論調査の上記の数字が意味するものだと考えられるのである[15]。

　上述のように，リュトリ学校の荒廃では知名度の高い政治家の口から強硬な発言が繰り出されて，さながら人気取りの競演の観を呈した。そのため，政治家の間ですら顰蹙を買い，例えば現職の連邦司法相であるB. ツィプリース（SPD）ですら，それらの発言を「熟考されていないだけではなく，完全なポピュリズム」だと痛罵を浴びせるほどだった[16]。しかしその傍

---

　(14)　Forschungsgruppe Wahlen, Politbarometer April I und Juli 2006.
　(15)　Die Zeit vom 12. 4. 2006.
　(16)　Yahoo-Nachrichten vom 9. 4. 2006.

第4章　統合サミットの政治過程　　179

らで，統合サミットの提案がなされると，与野党を問わず実務的な政治家が賛意を表明し，主義主張が飛び交う華々しい表舞台とは異なるもう一つの政治の一端を浮かび上がらせた。それは現実に即した思慮と計算で動く実務的な政治の世界と呼んでよい。そして統合サミットに関しては，この実務的な政治は，言説の衝突に彩られたイデオロギー政治に冷ややかな世論の状況を反映していたといえよう。

　たしかにSPDの内政専門家S.エダティが苦言を呈したように，サミットの計画がCDUの政府関係者によって一方的に公表され，SPD側に事前の打診がなかったことは不快感を生み出した[17]。そこには党利党略の匂いが漂っていたからである。SPD元党首で副首相兼労働社会相の要職にあるF.ミュンテフェリングが「問題を連邦レベルの天才的な計画で解決できると信じてはならない」と述べて牽制し，サミットに微妙な距離をとったのも，そうした警戒感が働いたからにほかならない[18]。それでもSPD連邦議会院内会派事務局長O.ショルツはサミットを「正しいし重要である」としてすぐに計画に賛成した[19]。また連邦レベルよりも統合問題の現場に近いSPD地方政治家の間からも，例えばシュレスヴィッヒ＝ホルシュタイン州内相R.シュテークナーのように，「持続的な統合のための真剣な努力と実務的解決を心掛ける」ならサミットを支持するという声が聞かれた[20]。

　一方，野党の同盟90・緑の党の院内総務R.キューナストも「原則的に正しい」と表明してサミット開催を支持する姿勢を示した[21]。また，トルコ系で同党の欧州議会議員であるC.エツデミルは野党の所属でありながら，「サミットが開かれること自体が既に成果である」とまで持ち上げた[22]。さらに野党の立場からFDP党首G.ヴェスターヴェレがサミットの問題点を指摘して失敗しないように警告したのも[23]，間接的な形ながら賛意の表明

---

(17)　Frankfurter Rundschau vom 7. 4. 2006.
(18)　Die Welt vom 10. 4. 2006.
(19)　Tagesschau vom 10. 4. 2006.
(20)　Der Tagesspiegel vom 16. 4. 2006.
(21)　Frankfurter Allgemeine Zeitung vom 12. 7. 2006.
(22)　Migration und Bevölkerung, Ausgabe 6, 2006.
(23)　Frankfurter Allgemeine Zeitung vom 12. 7. 2006.

だったと解しえよう。こうして，思惑に相違はあってもサミット開催について与野党の大勢は支持する方向でまとまった。その意味では例外になったのは左翼党だった。同党の院内会派内政責任者U. イェルプケは，「CDU・CSUもSPDも本当の政策転換を意図してはいない」とし，だからサミットは「アリバイのための催し」でしかないとこきおろしたのである[24]。

3 サミット開催まで：主要政党の接近

　サミット構想が提起されてから開催までの間，時間が経過するにつれて参加者の範囲や具体的な目的，さらには開催時期について疑問や異論が聞こえるようになった。例えばシュレスヴィッヒ＝ホルシュタイン州内相R. シュテークナー（SPD）は「統合のためのショウの催しであっては何の成果もない」と語り，ヘッセン州首相R. コッホ（CDU）は過剰な期待を戒めた。また同盟90・緑の党の院内会派事務局長V. ベックをはじめ，独自路線をとっているノルトライン＝ヴェストファーレン州統合相A. ラシェット（CDU）なども批判的な言葉を吐いた。とくにサミット直前の7月9日に『ツァイト』紙は「サミットへの批判」の見出しでそうした動きを伝え，「統合サミットはショーの催しに化す恐れがある。既に準備段階で激しい批判がある」と報じている[25]。これと同様に『シュピーゲル』誌も，「批判者の連合は大きなイスラム団体から，『排除のサミット』と呼んでいる緑の党代表C. ロートを超えて，会合を茶番だというトルコ研究センター所長ファルク・シェンにまで至っている」と批判的潮流が見過ごせないことを報じている[26]。けれども全体的に見れば，反対派はかなり少数であり，大きな流れはサミット開催を支持する方向にあったことを見誤ってはならない。つまり，多文化主義者と移民国否定論者の頑迷な一部を除き，硬直した対立を乗り越える動きがサミット開催問題を契機にして表面にあらわれたのである。

---

(24)　Informationsdienst für Politik vom 30. 6. 2006.
(25)　Die Zeit vom 9. 7. 2006.
(26)　Der Spiegel, Nr. 28, 2006, S. 45.

こうした気流の変化を二つの事例が象徴している。一つは，同盟90・緑の党で移民政策の責任者を長く務めたエツデミルの発言である。彼は5月末の『ツァイト』紙のインタビューで，「緑の党は外国人と移民に対する路線を変更したのか」との問いに，この間の同党の変化は「路線変更というよりは自分の立場の明確化」だと応じ，移民に対するドイツ語習得の義務づけなどで「緑の党はCDUの路線に乗るのか」との問いには「CDUとは動機が異なる」と答えて表面上は違いを強調する一方で，「もしCDUが少し動き，我々が少し動く」なら移民政策で協力できると述べ，「黒と緑のパースペクティブ」を否定しなかったのである[27]。もう一つは，所属政党の異なる7人のトルコ系議員が移民政策に関する共同提言をしたことである[28]。彼らは移民法が成立して間もない2004年11月から党派を超えて意見交換のために会合を重ねており，「政党所属の相違のために最小ではあるが共同の最大公約数」を提言にまとめて公表したのである。その内容についてはここでは立ち入らないが，注目に値するのは，「移民統合というテーマは政党政治の口論には適さない」というメンバーの発言の底に，所属政党を越えることが可能になったという認識が存在することであろう。政党間に厳しい対立がある限り，それを踏み越え，互いに手を結ぶことなど考えられなかったからである。これらの変化を踏まえるなら，統合サミットへの流れについてJ.ラウが，「現実否定の二つのバージョンは終わった」としながら，「クラウディア・ロートの興奮とエドムント・シュトイバーの威嚇の身振りとの間に移民・統合政策で重い荷物を支えうる大連立的なコンセンサスの大きな空間がある」ことが示されたとコメントしているのは正鵠を射ているといえよう[29]。

前述のように，統合サミットの準備を委ねられたのはベーマーだったが，彼女の主導でサミットの輪郭が固められる過程で，「大連立的なコンセンサス」の骨格が具体化していった。それが可能になったのは，一つには，CDU・CSUで「統合政策のパラダイム転換」が遂行されたからであり，今

(27) 因みに，このインタビューのリードには，エツデミルが「自分の党の移民統合政策の誤りを認める」と明記されている。
(28) Die Zeit vom 31. 5. 2006.
(29) Die Zeit vom 12. 4. 2006.

一つは,「SPDが決定的な点でCDU・CSUに大きく歩み寄った」からにほかならない[30]。これを証明する事例は,前者では前CDU党首で連邦内相の任にあるW. ショイブレの次の言葉であろう。「ムスリムがドイツ社会の一部であるという知らせをムスリムとマジョリティ社会に送り,ムスリムがそうした部分として自己を理解することを我々は望んでいる[31]。」ここには多年にわたって拒否してきた移民国としてのドイツの認知が明確に打ち出されているといえるが,CDUで進められている新綱領制定に絡めつつ,そうした「パラダイム転換」について『シュピーゲル』誌8月14日号は次のように書いている。「このところ綱領草案が提示されているが,そこにはCDUは外国人の導入によってドイツの人口学的問題を解決することに賛成であると記されている。2年前にはまだCDUではこのような提案は緑の党のイデオロギーの誤りだとして弾劾されたことであろう。」そしてこれを同誌は,「かつて結婚と企業家を大事にし,業績を出す者と有能な者を重んじた政党が同じ熱情で今ではシングル・マザー,同性愛カップル,ハルツⅣの受給者に心を配る政党になろうとしている」一環として位置付けつつ,そうした変化をメルケル首相が推進する「危険を伴う路線転換」の表れだと捉えたのである。

他方,後者のSPDの歩み寄りについては,言語能力の重要さを承認し,帰化に際してのテストをもはやタブー視しなくなったことが顕著な変化を物語っている。これを伝える7月10日付『シュピーゲル』誌の記事は,「SPDは多文化主義を望まない」という見出しをつけ,「SPDは右翼ポピュリズムの論拠からばかりでなく,緑の党の多文化主義のコンセプトとも一線を画した」と報じている。またCDU・CSU院内会派自治体政策責任者のP. ゲッツもこの変化に注目し,「SPDは長く大切にしてきた多文化主義の美辞麗句から離脱しはじめて」おり,「新しい現実感覚」が浸透していると指摘している[32]。もちろん,両党のそうした変化の背景として,数々の困難にぶつかるなかでイデオロギーの不毛さが共通の経験として蓄積され

---

(30) Die Zeit vom 8. 6. 2006 u. 12. 4. 2006.
(31) Die Zeit vom 8. 6. 2006.
(32) Peter Götz, SPD-Integrationspolitiker bewegen sich, 11. 7. 2006.

てきたことが重要であろう。しかしこれに加え，メルケル大連立政権の発足に伴い，それまでの硬直した姿勢を緩め，互いに譲歩する必要が大きくなった事実も見逃せない。ともあれ，「多文化主義対主導文化の無意味な対立」が終幕に近づき，「ドイツが事実上既にそうなっている多文化社会がうまくいくためには世界に開かれた主導文化が必要である」というコンセンサスが煮詰まってきたのである[33]。

　CDU・CSUとSPDの接近は，具体的な政策のレベルでは以下の諸点で一致に達したことから読み取れる。就学前の早い段階でのドイツ語学習の奨励，ドイツの憲法に対する明確な告白の要求，帰化のキャンペーンの推進，高い技能の職に移民が就きやすくする措置などがそれである[34]。サミットを前にして連邦政府は『よき共生，明確なルール』と銘打った文書をまとめたが，その中心テーゼは「成果の大きい統合は同一化，参加，責任を意味する」というものであり，努力を必要とするのは移民自身だけではなく，引き受ける社会の側でも受け入れる用意，寛容を必要とするというのが基本的立場だった[35]。ドイツ語重視や憲法忠誠などの点から，このような政策や基本線は多文化主義とは呼べないが，しかしドイツ文化の尊重を謳っていない点では主導文化の主張が反映しているともいいがたい。その意味では玉虫色と評することも可能であるが，しかしイデオロギー的二極対立で現実を無視して不毛な争いが続けられ，移民政策が長く「不作為」に陥っていた事実に照らせば，イデオロギーの呪縛が緩んだことは間違いないであろう。

　もとより多年にわたる対立が一挙に解消した訳ではないのは指摘するまでもない。7月14日付『ヴェルト』紙の「政党の争いが統合サミットを影で蔽う」という記事や7月16日付ドイツ通信社（DPA）の配信によれば，サミット開催前後にもイデオロギー的対立は止まなかった。CDU・CSU院

---

(33)　Die Zeit vom 12. 4. 2006. 例えば誤解を招きやすいとの理由でCDUの綱領草案に主導文化の語を入れるのを幹事長R. ポファラが阻止したのは，こうした文脈で理解されよう。Der Spiegel vom 14. 8. 2006.

(34)　Der Spiegel vom 2. 7. 2006.

(35)　Bundesregierung, Gutes Zusammenleben - klare Regeln, 14. 7. 2006. なお，Der Spiegel vom 12. 7. 2006 参照。

内総務V. カウダーは移民に対して「ドイツの運命共同体とドイツの歴史への告白」を求め，副院内総務W. ボスバッハはドイツ主導文化を受け入れることを要求した。これに対し，SPD側では副院内総務D. ヴィーフェルスピュッツが必要なのは「文化に対してではなく基本法に対する告白」だと主張し，副党首U. フォークトは「基本法の地盤に立つ者はCDUの主導文化のような指図を必要とはしない」と反撃した。またSPD事務局長H. ハイルも，「ドイツでともに生活するすべての人が告白すべき価値の基礎」として「基本法の価値秩序と法秩序」を挙げ，現代ドイツは運命共同体ではないと応酬した。そうした論争の激しさに照らすなら，到達した一致の基盤がなお堅固とはいえなかったのは明白であろう。

　それはともあれ，上記のような主要政党の接近は，当然のことながら，マスメディアの注目点になった。例えば7月12日に『シュピーゲル』誌はCDU・CSUのパラダイム転換について，「CDUが二重国籍反対のキャンペーンとノルトライン＝ヴェストファーレン州首相ユルゲン・リュトガースの『インド人のかわりに子供を』のスローガンで有権者を掴もうとした時代は忘れられたように見える」と皮肉りながら，「かつてCDU・CSUは外国人政策でSPDと鋭く対立したが，連邦政府の統合サミットを前にして大連立の政党を区別するものはせいぜいニュアンスの差でしかない」と述べている。というのは，CDU・CSUは「非イデオロギー的な統合政策」にスタンスを移したし，SPDは「多文化主義から離脱」して「自己欺瞞と夢想のないコース」を模索しているからである。そればかりではない。7月12日付『ターゲスシャウ』によると，同盟90・緑の党も「パラダイム転換」を行いつつあった。同党は「多文化主義の政党」として知られてきたが，社会的統合契約のための構想を公表し，そのなかでホスト社会に対してだけではなく，移民に対する要求も明記したからである。その結果，調査委員会の設置を要求しているFDPも含め，「大連立の政党は完全に一列に並んでいるが，野党も実際にはただ程度の差だけで異なる立場をとっている」状況が現出したというのが『ターゲスシャウ』の見方であり，統合サミットに関する報道の見出しを「諸政党の間の程度だけの相違」とした理由もそこにあった。「統合は努力を意味する，ドイツ人にとっても非ドイツ人にとっても。そして統合は長いプロセスであり，双方での理解と変化への

心構えを前提とする。」この言葉は同盟90・緑の党の院内総務キューナストのものだが，CDUの政治家で連邦政府の統合問題特別代表を務めるベーマーの言葉のようにも聞こえるとしつつ，『ターゲスシャウ』では移民問題を巡る政治的配置が一変したことを驚きを交えながら伝えたのである[36]。

4　サミット参加者を巡る論議

　ドイツで初めての統合サミットは大連立政権下での移民問題に関する主要政党の接近に支えられて可能になったが，それではその席にはいかなる団体の代表が招致されたのだろうか。

　サミットの予定日が近づくにつれて，取り上げるテーマ以上にこの問題で紛糾した。サミット開催の意義について批判や懐疑的な意見が広がったのもこの点が主要な原因になった[37]。というのは，表面上は移民一般の社会的統合がサミットのテーマとされてはいたが，実際に焦点に据えられていたのはイスラムを信奉する集団であり，その代表をどのようにして選ぶかが難航したからである。

　既に拙稿「ドイツの主要なイスラム組織」（『社会科学論集』44号2006年）でも紹介したように，ドイツには宗派や傾向が異なるばかりでなく，主たる出身国の違いにも基づいた多数のイスラム組織が存在する。またムスリムの多いトルコ系移民に限っても，やはり本書第5章で詳論しているように，「ミッリー・ギョルシュ」や「カリフ国家」のような過激なイスラム主義団体からトルコ政府に実質的に管理された穏健な「宗教施設トルコ・イスラム連盟（DITIB）」にまで至る多くのイスラム団体が活動している。またそれらのメンバーにも大きな開きがあり，13万人といわれるDITIBから

---

(36) Tagesschau vom 4. 7. 2006. この点で，同盟90・緑の党がサミット当日に院内会派の名で出した声明は特に興味深い。そこでは，サミットで「統合の議論はやっとスタートの位置につく」としながら，「もしサミットがエピソード以上のものであろうとするなら」，メルケルとベーマーは「自分の隊列のハードライナーとの戦いを恐れてはならない」と励ましているほどである。Bundestagsfraktion Bündnis 90/Die Grünen, Integration braucht Verbindlichkeit, 14. 7. 2006.

(37) Tagesschau vom 4. 7. 2006.

100人を割り込むものまで規模もさまざまである。

　このように今日のドイツのイスラム団体は性格や規模が違うだけでなく，互いに対立すら孕んでいるのが現実といってよい。それゆえにまた，多数のイスラム団体をまとめることは不可能であり，その結果，イスラムにはそれらを束ねる頂上組織が存在しない。逆に言えば，いくつもの団体がドイツのムスリムすべてを代表していると主張して反目しているのが実情なのである。

　統合サミットの準備を進めたベーマーが参加者の選定でぶつかったのはこの問題であり，それは統合サミットが計画された当初から指摘されていた難問だった。ある団体に参加を認め，他の団体には招待状を送らないのは差別と見做され，不信と反感を強める結果になりかねなかったからである。そのため，ベーマーは「緊張に満ちた混合」であり，「刺激的な集まり」になるとして関心を引き付けようとしたものの，肝心の参加者リストは直前まで国家機密として秘匿されるという異例の展開になった[38]。

　もっとも，秘密扱いにもかかわらず，どの団体が招致されたかは次第に明らかになった。招待状を受け取った一部の団体がそのことを洩らしたからである。そのために激しい対立が生じ，ベーマーは非難の矢面に立たされた。これを報じた7月11日の『シュテルン』誌が「排除の統合サミット」という見出しをつけて揶揄したのは，このような事情からだった。イスラム色のある団体でサミットに招かれたのは，ドイツ・アラブ協会全国連合，宗教施設トルコ・イスラム連盟，ドイツ・トルコ共同体の三つであり，招かれなかった代表例としてはイスラム評議会やムスリム中央評議会などがある[39]。

　イスラム団体についての選別が明るみに出ると，厳しい批判が巻き起こった。7月10日の『シュピーゲル』誌は「参加する団体とそのつもりだっ

---

(38) Frankfurter Allgemeine Zeitung vom 9. 7. 2006. 7月13日の『ツァイト』紙によると，マスメディアに参加者の全容が分かったのはサミット2日前の12日だった。その記事では秘密扱いについて，「参加者リスト自体が政治的争点になるのを首相府が恐れたから」だとし，そのことは「不当とはいえない」と理解を示している。

(39) それぞれにつき，とりあえず，本文中で前出の拙稿参照。

た団体との間で妬みと不興が募り，第一列の座の奪い合いが荒れ狂っている」と書いているが，怒りを爆発させたのが主に排除された団体の代表者だったのは当然だった。ムスリム中央評議会議長A.A.ケーラーは，「最も内面的な信仰を顧慮することなしに人を統合することはできない」と述べ，ムスリムが正しく代表されていないことを指弾した[40]。またCDU所属の連邦議会議員でトルコ系のY.ビルギンは，小さなトルコ人団体を招くのでは十分ではなく，トルコ人の多数がサミットで代表されなければ「擬似サミット」になってしまうと指摘した[41]。こうした批判の先頭に立ったのは，トルコ研究センター所長のF.シェンである。彼はサミットが開かれる時期と参加者の2点に照準を合わせた。前者に関してはドイツで開催されるサッカーのワールド・カップが終幕した直後で，夏休みに入る時点だから世論の関心を引くのに不適切であり，準備時間も不十分なので翌年に開くのが望ましいと主張した。一方，後者については，ドイツ・サッカー連盟とドイツ・オリンピックスポーツ連盟の会長が出席予定であることを取り上げ，国内に1,100あるトルコ系のサッカーとスポーツ団体を無視して二つの組織の代表と統合サミットを催すのは悪いジョークだと批判した。さらに焦点であるムスリムの問題では，キリスト教の二つの宗派の代表が参加するのは有意義だとしながら，ムスリムの側では本来なら多くのことをなしうるはずの最も重要な組織が無視され，恣意的に選ばれた小組織が招致されていると断じ，そのうえで，「700万人の移民の問題をこれらの小組織と話し合うべきだろうか」と疑問を呈しつつ，サミットは「見世物の催し」にしかならないと辛辣な批判を放ったのである[42]。

このようなシェンの批判には同調する意見も少なくなかったが[43]，これ

---

(40) Der Spiegel, Nr. 28, 2006, S. 45.
(41) Die Tageszeitung vom 10. 7. 2006.
(42) Westdeutscher Rundfunk vom 13. 7. 2006.
(43) Der Spiegel vom 28. 6. 2006. シェンが率いるトルコ研究センターは「イスラムのマージナル化」を憂慮して，その改善を要求するメモランダムを6月23日に発表した。これには賛同者として移民団体の幹部のほか，ケルン大学のC.ブターヴェゲやデュースブルク大学のS.イェーガーなど各地の研究者が名を連ねているが，その人々は，概ねシェンと立場を同じくし

に反論したのは，CDU・CSU の連邦議会副院内総務 W. ボスバッハだった。彼はサミットを「長期にわたるプロジェクトのスタートの合図」として位置づけ，その後も継続するから準備のための時間不足など時期に関する批判は的外れだと斥けた。しかしその彼も参加者の選考については自分は関知していないと逃げを打たざるをえなかった。けれどもその一方で，彼はショイブレ内相が計画しているイスラム会議と混同すべきでないと主張し，今回の統合サミットは「イスラム・サミット」ではないとして二つの会議の相違を強調した[44]。そして注目すべきことに，サミットの準備責任者であるベーマーもムスリムの扱いに関してはボスバッハと同じく，イスラム会議を理由にして正当化したのである[45]。

このように統合サミットの参加者に関してはとくにイスラム団体の選別に問題が残り，7月10日付『ターゲスツァイトゥンク』紙が「ムスリムなきサミット」と酷評したほどだったが，それでは会議にはどのような顔触れが招かれたのであろうか。

サミット当日の7月14日付で首相府は国家機密扱いにしてきた参加者リストを公表した。それによれば，公的機関や各種の団体を代表する86人が招待され，出席した。公式のリストでは弁護士，ジャーナリストなどと肩書が記されているだけで，所属が不明な人物が含まれているが，翌日のドイツ通信社の整理を参照しながら主要な顔触れをまとめると，内訳は表2のとおりになる。連邦政府，州政府，自治体，移民団体，教会，社会団体の代表でサミットが構成されており，一見する限りではいわば社会を満遍なく代表しているように映るであろう。けれども，すぐに目に付くのは，なによりも政府関係者が多く，社会の諸領域を反映するはずの社会団体が

ていたと考えてよいであろう。Stiftung Zentrum für Türkeistudien, Für einen verantwortlichen Umgang mit Zuwanderern gegen Fremdenfeindlichkeit und Rassismus, 23. 6. 2006.

(44) Westdeutscher Rundfunk vom 13. 7. 2006.

(45) Die Tageszeitung vom 10. 7. 2006. このような理由付けに対し，7月13日の『ツァイト』紙は，イスラム会議が予定されているとしても，サミットには「カトリックと福音派だけでなく，正統主義とユダヤ教の代表が参加するのだから，大きなイスラム団体が全く出席しないのは理解しがたい」と反論している。

表2　統合サミットの主要参加者リスト

連邦政府	メルケル首相	教会	ケーラー・ドイツ福音主義教会副監督
	ベーマー移民統合特別代表		ユステン・ベルリン・カトリック高位聖職者
	デメジエール首相府長官		マラモウシス・ドイツ・ギリシャ正教主席司祭
	グロース経済相	社会団体	シェヒター ZDF 会長
	フォン・ライエン家庭相		プライトゲン・西ドイツ放送会長
	ミュンテフェリング労働社会相		ネーアー・ドイツ・カリタス連盟総裁
	ショイブレ内相		ブリュッカース労働者福祉団事務局長
	ティーフェンゼー交通相		アルト連邦雇用エージェンシー理事
	ツィプリース司法相		ケンツラー・ドイツ手工業連盟会長
	シュミット連邦移民難民庁長官		ブンテンバッハ・ドイツ労働総同盟副議長
	ベルクナー・アオスジードラー問題特別代表		フント・ドイツ使用者連盟会長
州政府	エティンガー・バーデン＝ヴュルテンベルク州首相		ツヴァンツィガー・ドイツ・サッカー連盟会長
	シュトイバー・バイエルン州首相		バッハ・ドイツ・オリンピックスポーツ連盟会長
	ヴォヴェライト・ベルリン市長	政党	ファルク CDU・CSU 連邦議会院内総務
	レプケ・ブレーメン市社会局長		ケルパー SPD 連邦議会副院内総務
	コッホ・ヘッセン州首相		ピーパー SPD 副党首
	ベック・ラインラント＝ファルツ州首相		キューナスト同盟90・緑の党代表
	ラシェット・ノルトライン＝ヴェストファーレン州統合相		パウ左翼党連邦議会議員
自治体	シェーファー・ドイツ都市自治体連盟総裁	その他	サルマン（エスニック医療センター事務長）
	キューン・ドイツ郡会議幹事		アテス（弁護士）
	ウデ・ドイツ都市会議総裁		アタルバン（フリー・ジャーナリスト）
	レーカー・ゲルゼンキルヘン市社会局長		バーデ（オスナブリュック大学　移民史）
移民団体	エルファー・ドイツ＝アラブ協会全国連合議長		エベルトフスカ（ポーランド社会評議会）
	フェッチュ・ロシア出身ドイツ人同胞団会長		エンギン（ベルリン工科大学　教育学）
	コラート・ドイツ＝トルコ共同体会長		ヒバオウイ（イマーム　イスラム学）
	ザヒン・トルコ＝ドイツ商工会議所会頭		キュラチ（ドガン・メディアグループ事務長）
	グライナー・アフリカ系女性自助団体ミシャ代表		
	アルボガ（宗教施設トルコ・イスラム連盟イマーム）		

(出典) Bundeskanzleramt, Teilnehmerinnen/Teilnehmer am Integrationsgipfel Berlin, 14. Juli 2006 より作成。

少ないことである。しかも移民問題の重点が雇用と教育にあることを考慮すると，労使の代表があまりに少なく，教育関係者が見当たらない点が奇異に映るほどである。しかし，この点にもまして重大な注目点は，移民を統合するためのサミットと銘打ちながら，移民に数えられるのは僅か6人しか参加していないことであろう。これほど移民の代表が少ないのであれば，開催前のイスラム団体の選別を巡る反目や論争は無用だったといっても誇張ではないと思われるほどである。しかも移民の中で最大の集団であるトルコ系の代表は2名だけであり，これをイスラムから除くなら，イスラムを代表するのはイマームとして登録されている宗教施設トルコ・イス

ラム連盟所属のB.アルボガただ一人という有り様だった。ただこの点に関しては，大きなイスラム団体の代表ではないが，イスラム学者の資格でCDU系のコンラート・アデナウアー財団の関係者であるA.ヒバオウイがいま一人のイマームとして参加したことも付け加えた方がよいであろう。

　一方，サミットの進行については，4時間のサミットのうち移民の代表とメルケル首相の協議に充てられたのは最初の1時間だけであり，残りの3時間で全体会議が行われた。そのため，移民に関して移民自身と語るという当初の触れ込みや，首相が移民問題を所管事項にしたという最初の意義づけは著しく色あせる結果にならざるをえなかった。具体的にどのようなテーマが議論されたにせよ，このような進行では極めて不十分といわざるをえないからである。サミット直前の7月12日に『ツァイト』紙はサミットでは「多くの論争的テーマは取り上げられないだろう」と予測したが，仮に話題になったとしても上辺だけだったことは確実であろう。こうしてリュトリ学校の荒廃を契機に提起された移民のための統合サミットは，形のうえでは移民団体の代表が参加したとはいえその比重が極めて低く，実態はホスト社会の側の政治家と経済団体，社会団体などの代表による移民問題に関する顔合わせの場になったといってほぼ間違いない。サミット直前の7月11日と13日付の『フィナンシャル・タイムズ・ドイツ』紙が，これらのことを見越して「CDU・CSUとSPDの政治家は会合への期待をかなり弱めた」と報じ，見出しを「迫力を欠いたサミット」としたのは，理由のないことではなかった。実際，同紙が「本当に決定的なことは金曜日に首相府では話し合われないだろう」と予想しつつ，「たとえサミットが主要な点でショーになるとしても，それが開かれること自体が良いことだ」と述べ，「このサミットにあまり大きな期待を寄せるのは誤りである」と強調したのは傾聴すべき鋭い指摘だったといえよう。

5　サミットでの合意とその評価

　それではサミットの席では何が話し合われ，いかなる決定がなされたのであろうか。
　サミットでは名称のとおり，移民の社会的統合の方策について意見が交換された。その場合，サミット直前に連邦政府が閣議で決定した『よき共

生,明確なルール』と題した文書がたたき台として使われた。また移民としては外国籍の市民やドイツ国籍を取得した以前の外国人ばかりでなく,副首相のF. ミュンテフェリング (SPD) が語ったように,連邦統計庁が6月に初めて調査結果を発表した「移民の背景を有する人々」が考えられていた。移動の国としてのドイツの特性を反映してその数は一般に想像されていたよりも遥かに多く,1,500万人に達している[46]。一方,統合の目標は,社会の価値と基礎についての共通理解を得ることにあるとされ,移民だけではなく,ホスト社会の側での努力も必要であることが確認された。全体会議は3時間に限られていたため,発言の機会のない参加者があり,テーマの複雑さを考えれば議論が深まったとは想像しにくい。また誰がどのような方向に議論を主導したかについてもこれまでのところ情報がなく,会議の様子は不明のままである。ただ会議後にメルケル首相が語ったところでは,注目されていたイスラムのテーマは取り上げられず,ショイブレ内相が主催するイスラム会議に先送りされたという[47]。

　初めての統合サミットでは,参加者の意見対立のためにいかなる決定もできずに終わることも心配されていた。しかし,中心課題だった「国民的統合計画」の策定に協力することが参加者の間で合意された。もっとも,この決定がどのような手続きで行われたのかは明らかではない。いずれにしても,この決定によりサミットの所期の目的が達成されたのは確かであり,それがこの会議の成果でもあった。サミット終了後の記者会見でメルケル首相は満足感を湛えながら,「ほとんど歴史的と言える出来事」だと自画自賛し,移民との関係で「もはや上から下にではなく,対等に語り合えたのは大きな進歩」だとその意義を強調した。同時にこのサミットをこれから続く「密度の濃い対話への幕開け」として位置づけ,国民的統合計画が決定通り1年以内にまとまる「良好なチャンス」を信じていると期待を表明したのである[48]。

　同様にSPD党首K. ベック（ラインラント＝ファルツ州首相）も始まりと

---

(46)　本書第1章参照。
(47)　Der Stern vom 14. 7. 2006.
(48)　Pressemitteilung der Bundesregierung vom 14. 7. 2006.

しては満足できると述べた。会議では開かれた分析と明瞭な提案がなされたことがその理由だった。また副首相兼労働社会相を務めるミュンテフェリングもサミットは「わが国にとってのよいチャンス」になったと評価し，統合問題と失業との「ある種の平行関係」を指摘しつつ，失業の解消は実践的統合の一部であるから，統合計画でその対策がまとまれば大きな貢献になると語った[49]。同じくサミットに二つの教会を代表して参加したカトリック高位聖職者K. ユステンとプロテスタントのC. ケーラー福音主義教会副代表もすべての出席者が統合を国家と社会の共同の課題として認識し，推し進める意志に満ちていたので有意義だったと公言した[50]。出席した移民組織の代表たちの評価も概ねポジティブだった。ドイツ・トルコ共同体会長のK. コラートは，「我々がいわば同じ目線で我々の国の政治指導者たちと話し合えた」ことからこの日を「我々にとっての歴史的な日」だと呼び，「統合政策の新時代について語った[51]。また連邦外国人評議会は声明の中でサミットはシンボリックな行事だとしながらも，政治はシンボルで生きているとも指摘して積極的な評価を与えた[52]。

　もちろん，主要なイスラム団体の排除が問題になったことから容易に推察できるように，サミットの意義を否定し，あるいは消極的に見る声もなかった訳ではない。しかし，報道を追う限りでは，「ほとんど歴史的と言える出来事」というメルケルの自画自賛に等しい言辞が紙面を飾っても，批判的な発言は稀にしか表面に表れなかった。無論，ドイツ・ムスリム中央評議会のようにサミットから外された団体からは批判が浴びせられたが[53]，それらを別にすれば，SPDの青年組織（JUSO）の委員長B. ベーニングの発言として，「招待者の4分の1だけが移民である」にすぎないから，サミットは「純粋なショーの催し」だったという言葉を7月15日付『ジュートドイッチェ』紙が伝えたにすぎなかった。このことは，批判的な立場を崩

---

(49) Der Spiegel vom 14. 7. 2006.
(50) Die Welt vom 15. 7. 2006.
(51) Tagesschau vom 15. 7. 2006. Der Spiegel vom 14. 7. 2006. Süddeutsche Zeitung vom 14. 7. 2006.
(52) Süddeutsche Zeitung vom 14. 7. 2006.
(53) Die Welt vom 15. 7. 2006.

さなかったPDSを除くと与野党がサミットにおしなべて前向きの姿勢をとっていたことに対応している。さらにそのことは，サミットがリュトリ学校の荒廃という衝撃的事件をはじめとした移民問題の深刻化を背景にして開かれたところから，何らかの成果に対する期待が続いていたことや，サミットでの決定などがその期待にある程度まで応え，少なくとも失望を招くほどに空疎ではなかったことを示しているといえよう。

　サミットに関するそうした空気はマスメディアの論評にも表出している。例えば7月15日付『フランクフルター・アルゲマイネ』紙は「和らいだ論議」という見出しでコメントし，「少なくとも二つの国民政党がこのところ外国人政策の問題で以前よりもずっと接近して並ぶようになった」ことに注目するとともに，これが底流にあったからこそサミットが単なる「ショー」にはならなかったと述べている。一方，7月16日の『ターゲスシュピーゲル』紙は「ほとんど歴史的と言える」とのメルケルの表現が「特に当てはまるのはCDUにとってである」とし，ドイツが移民国だという明白な事実を「最初のガストアルバイターがこの国に来てから50年を経てCDU・CSUがついに認知した」帰結としてサミットを位置づけたうえで，それを新たな出発点として積極的に評価している。同様に7月16日の論評で『ヴェルト』紙も，サミットが「ほぼ4分の1世紀の遅れ」で開催されたとしながら，とにかくそれが実現したこと，そして移民問題という「テーマがついに前向きに論議された」ことは好ましいと評している。

　このように統合サミットは基本的にポジティブに受け止められたといえるが，ではその成果とはどのようなものだったのだろうか。

　この点を考えると，第1に，メルケル首相が言うように，サミットが「密度の濃い対話への幕開け」にすぎないとしても，幕が開いたこと自体がやはり重要であろう。参加者の中で移民の代表は少なかったものの，政府や経済界などの主要な人物と彼らが対等に話し合った事実は，特筆に値することだった。とくにメルケル首相が彼らとにこやかに語り合う場面がテレビや新聞で流された効果は軽視できないように思われる。移民問題に漠然とであれ不安を感じていた多数の市民にとって，その光景は政治が本腰を入れて取り組みはじめた証しのように映り，安心感を与えるものだったからである。

もちろん，単なるポーズだけだったなら，マスメディアからの批判は避けられなかったであろう。その意味では，第2に，サミットの場で協力が合意された「国民的統合計画」が一定の期待を抱かせる内容だったことに目を向ける必要がある。いいかえれば，幕開けとしての意義はポジティブでも，本格的な評価はその策定作業が始まってから定まるというスタンスがひとまずは批判が少なかった背景にあると考えられる。その意味では，多方面でみられたポジティブな反響は，いわば仮の評価だったといえよう。
　そうだとするなら，サミットで策定の協力が合意された「国民的統合計画」の概略を一瞥しておくことが不可欠であろう。
　そもそもサミット開催の主眼はこの計画の策定に向けてスタートすることにあった。とくに準備を主導したベーマーは，統合問題の責任者としての立場から一日も早く成案を得ることを期待し，半年で作成することを望んでいた。けれども，参加者の顔触れと彼らが代表する多数の機関と団体を見渡せば判明するように，しばしば相反する多様な利害が複雑に入り組んだ問題への解答を半年で用意するのは最初から無理があった。実際，トルコ研究センターのシェンがサミットに批判的だった理由の一つは，7月に開催することだけでも準備期間が足らず拙速だという点にあったのであり，まして利害や意見の対立を調整して具体的措置をまとめようとすれば，半年では時間不足になるのは誰の目にも明らかだった。こうして国民的統合計画の具体案の提出時期は翌年の夏とされ，1年の作業時間が合意された。
　計画の基本目標は，改めて指摘するまでもなく，移民の統合を推進することにあった。ここでいう統合とは，先に触れたように，移民側だけではなく，ホスト社会の努力をも必要とする共同の過程として理解されており，ベーマーの表現によれば，「我々の国とこの国での共同の生活に対して共同でヤーを言うこと」を意味した[54]。また，サミット当日に公表されたSPD連邦議会院内会派の文書では，移民には「君たちも属しているというシグナル」を，内国人には「彼らも我々に属しているというシグナル」を送り，それを通じて「新しい共属性の感情，我々感情」を作り出すことが重要だと

---

(54) Migration und Bevölkerung, Ausgabe 6, 2006.

強調されていた[55]。この目標に向け，サミットの場では具体的な措置が必要とされるテーマが確認された。それは次の六つである。
　(1)移民向けの統合講座をさらに発展させること。
　(2)最初からドイツ語習得を促進すること。
　(3)良質な教育と職業教育を確保し，労働市場でのチャンスを高めること。
　(4)女性・少女の生活状態を改善し，男女の同権を実現すること。
　(5)現場での統合を支援すること。
　(6)市民社会を強化すること。
　これらのテーマの確認に基づき，具体的な措置を策定するためにそれぞれに対応する六つの作業部会を設置することもサミットで決定された。また，各々の作業部会では関係する連邦政府の大臣が座長を務めることとされた。これらと並んで統合フォーラムを設けることも決定された。このフォーラムは，移民の代表のほかに社会団体，経済界，労働組合，教会，学界，文化人，メディアの代表が参加して対話を行う場として位置付けられ，設置のねらいは，そこでの意見や議論を作業部会での専門的な作業に反映させることにあると説明されている。サミットでの合意に基づいて設けられた作業部会とフォーラムが実際にどのような形で運営され，どのような案が練られているかについては現時点では情報はないが，本格的に始動すれば，多様な団体の代表が加わっているだけでなく，入り組んだ利害が絡んでいるだけに部会やフォーラムでは収まらない広範な議論が生じ，紛糾することもありうると予想される。さらにサミットに招致されなかったイスラム団体の動向も重要であり，移民問題の核心の一つがイスラム問題にあることを考えるならば，バランスのとれた国民的統合計画の策定が極めて困難な課題となるのは確実であろう。これらの点から，作業部会などで精力的に議論を重ねても，予定通り1年間で提言にこぎつけられるか否かは不透明といわざるをえないと思われるのである。

---

(55)　SPD-Bundestagsfraktion, Integrationspolitik: Positionen der SPD-Bundestagsfraktion, 14. 7. 2006.

6 サミットの政治過程の特徴と注目点

　以上で2006年4月にドイツで統合サミットが提唱されてから7月に実際に開催されるまでの経過を主として新聞情報に依拠しながら跡づけてきた。このサミットは近年では移民法の制定に次ぐ移民政策の主要なトピックといえるが，移民問題という観点からその政治過程に見出される特徴を整理してみよう。

　最初に注目すべきは，統合サミット構想が打ち出される過程である。

　サミットの開催を提起したのはCDU指導部がマスメディアなどを遮断して開くいわゆる秘密会議だったが，これを社会に向けて打ち上げたのは党首であり首相でもあるメルケルだった。彼女は大連立を組んでいるSPDに事前に諮ることなくサミット開催を提唱したのである。また自らの責任で提起したことは，移民問題を首相所管事項に格上げしたことを意味していた。

　移民問題はイデオロギーや利害対立の絡む複雑な問題であり，効果的な解決策の見当たらない難問だが，そうだとすればメルケル首相はなぜ担当大臣に任せず，あえて陣頭に立つ姿勢を見せたのだろうか。

　その理由は二つあると考えられる。一つは，移民問題が国民の間に不安を広げ，放置できなくなってきたことである。ここ1年程を振り返っても，移民に関係した出来事として，2005年7月の多数の犠牲者を出したロンドンのテロ事件，10月末からフランス社会を揺るがした移民の若者を中心とする騒乱，2006年1月末からは激しい抗議行動がイスラム諸国で一気に噴出し外交問題に発展したムハンマド風刺画事件などが思い出される。これらはドイツを舞台にしてはいなかったが，しかし国民を動揺させるのに十分なインパクトを及ぼした。そしてドイツでは3月末にリュトリ学校問題が浮上して国民に強い衝撃を与えたのである。いずれも即効性のある解決策は見当たらず，多数の市民は狼狽し，不安を募らせたが，そうした状況で抜本的な打開策を模索することなく拱手傍観していたなら，政権に対する信頼が急落するのは避けられなかった。その意味で，ポーズではあっても首相が先頭に立って取り組んでいる姿を国民の前に示す必要があったのである。

第 4 章 統合サミットの政治過程　　197

　もう一つは，行動する姿を示すためには，問題を首相所管事項に格上げする必要があったことである。従来通り対策を担当大臣に任せていたなら，連邦，州，自治体ばかりでなく，雇用や教育など多方面の関係する社会団体との絡みあいが強いドイツの場合，その縛りから抜け出せず，新機軸を打ち出すことは極めて難しい[56]。換言すれば，国民の目に抜本的と映るような政策を提示するためには，それまでの政策形成の仕組みから多少なりとも離脱することが必要とされる。首相の座にあるものとして政権に対する信頼を維持しようとするメルケルが，CDU前党首であるショイブレ内相の面目を失わせることをも恐れず，移民問題をあえて首相所管事項にしたのは，既成の絡みあいを少しでも突き破らなければ国民にアピールできないと判断したからだと思われる。

　もっとも，首相が主導する姿は実際にほとんどポーズにすぎなかったことは検討したとおりである。メルケル首相がサミットの場で移民代表とにこやかに会話を交わす姿がマスメディアで流され，あたかも首相がサミットを率いているかのような印象が振り撒かれたが，実際にはメルケル首相はサミットに関する事項を統合問題特別代表のベーマーに一任し，サミットのテーマや参加者の選考など中心になる課題をほぼ丸投げしたのである。政府はサミット直前に指針をまとめたが，報道を見る限り，その過程でもメルケル首相が指導力を発揮した形跡は見当たらない。その意味で，移民問題を格上げし，首相が先頭に立つ姿はあくまで国民向けのポーズであり，効果的な対策が見つからない場合，拙速を避け，しばらく先に開かれるサミットに対策を先送りするのは政治的にみて賢明な手法であったといえよう。メルケルとはタイプが異なるものの，シュレーダー前首相が「メディア宰相」の異名を奉られるほど派手なポーズを好んだことと重ね合わせると，ドイツも政治的パフォーマンスが重要性を増す時代に到達したことがこの点から察知できるのである[57]。

---

(56)　この側面は，ドイツに典型的な「政治の絡み合い」として知られており，その所産がM.G.シュミットのいう「中道の政治」にほかならない。Manfred G. Schmidt, Immer noch auf dem "mittleren Weg"? in: Roland Czada und Hellmut Wollmann, hrsg., Von der Bonner zur Berliner Republik, Wiesbaden 2000.

これと関連して第2に関心を引くのは、サミットに至る過程で連立与党SPDにはほとんど脚光が当たらなかったことである。

　上記のように形だけでも首相自らが乗り出すからには、何らかの成算があったのは当然であろう。成功の見通しのないところで大きなリスクを引き受けることは一般的に考えにくいからである。そうした観点から見ると、この場合では、メルケル政権が大連立政権であることが重要になる。シュレーダー前政権の軌跡に照らせば明らかなように、議会で与党と野党の勢力が拮抗している場合、政権が政策面で新機軸を打ち出そうとしても、通常は政権奪取を狙う野党に妨害される。野党はより国民受けする対案を出したり、立法過程を攪乱して政権を苦境に追い込もうとするからである[58]。この点から見れば、大連立政権では与党は共同責任を取らざるをえず、競争や対立を抑制し、顕在化するのを避けねばならなくなる。つまり、メルケル首相はSPDの公然たる抵抗を心配する必要がないばかりか、たとえ積極的ではなくてもSPDの協力を取り付けることが期待できたといえよう。

　一方、SPDの側では、大連立によるこのような縛りに加え、不安の高まりを前にして国民に訴えるべき新たな政策を用意できなかったことも見逃せない。仮にそうしたものがあったなら、連続する衝撃的事件で国民が動揺し、政治の役割を注視しているとき、メルケルにほとんど抵抗もせずに追随するようなことはなかったであろう。サミットの方針が固まった段階でSPD元党首のミュンテフェリング副首相が「統合の論議を政党政治に利用してはならない」と述べて牽制し、また、「サミットへの期待はSPDよりもCDU・CSUで遥かに大きいように見え」たのは[59]、主導権を奪われた

---

(57) これは大統領退任直前のインタビューでJ.ラウが近年の特徴として指摘した「息の荒い政治」の一面と言える。ラウはそこで、「我々はすべてが"イベント"にされるトークショウ社会にあまりにもはまりすぎて」おり、「集中力が欠けている」ことに苦言を呈したのである。Johannes Rau, "Kurzatmige Politik", in: Die Zeit, Nr. 27, 2004. 因みに、ドイツではメディアクラシーないしメディア政治の重要性が増しているにもかかわらず、その研究は立ち遅れているように感じられるが、わが国でも緒に就いたばかりといってよい。高瀬淳一『武器としての〈言葉政治〉』講談社、2005年参照。

(58) この点につき、近藤正基「大連立国家の変容（1）・（2）」『法学論叢』159巻3号・160巻2号、2006年参照。

ことの裏返しでしかなかった。実際，CDUの動きはそれだけ素早く，しかも移民問題を首相所管事項にする手法は意表を突いたものだったといえよう。つまり，SPDが出遅れ，CDUに先手を取られたためにメルケルの主導権を許すことになり，大連立の拘束のゆえに伴走者の役割に甘んじる結果になったといってよい。これらの点には大連立の力学が浮き彫りになっているのであり，この力学に基づいてメルケルはアジェンダ・セッターとして振る舞うことに成功したのである。

　注目に値する第3点は，統合サミットの開催までに移民政策の領域でCDU・CSUとSPDの立場が接近していったことである。

　この点がマスメディアの注意を引いていたことは上述したが，コール政権からシュレーダー政権に代わったのを受け，1999年に国籍法が改正され，2000年にグリーン・カード政令が施行されてから，それまでの国是というべき「ドイツは移民国ではない」というドグマの縛りは大幅に弛緩した。また，難航の末，2004年7月に移民法が成立したことにより，ドイツは移民国へと大きく面目を塗り替えた。こうして従来は「非公式の移民国」，「事実上の移民国」あるいは「統計上の移民国」などと呼ばれたドイツは正式に移民を受け入れることになり，移民関係の行政を一括して所管する連邦移民難民庁の設置や全国での統合講座の開設など移民国に相応しい制度や機関を整備したのである[60]。

　このように現実が変化していくなかでは，現実を無視して旧来のイデオロギー的立場を固守することが困難になったのは当然であろう。従来は多文化主義の立場と非移民国のそれとが激しく衝突し，硬直した対立が続いてきた。そして長く続いたコール政権下では，移民国ではないために統一的で効果的な移民政策が打ち出せず，労働移民問題が庇護権問題として現れたように，バラバラの政策の束が移民政策の代用品として機能していたのが実態だった。ところが，今では現実に追い越されて非移民国のイデオロギーは説得力を失い，移民にドイツの文化や生活様式の尊重を要求する主導文化の主張にその座を譲った。他方，移民がホスト社会と交わらない

---

(59)　Die Welt vom 10. 4. 2006.
(60)　これらの点については，本書第3章参照。

平行社会を形成しているだけでなく、その多くが社会の下層に滞留している現実を前にして「統合の破綻」の論議が高まると[61]、多文化主義のイデオロギーも次第に色あせた。一例として多文化主義が重視する母語学習に即して言えば、ドイツ語の能力が足りなければ学業で好成績を上げられないし、就職でも極めて不利になるのは避けられず、学校の中退や失業の原因になるからである。

　こうして不毛な対立を招いたイデオロギーの呪縛が緩み、現実を直視しそこから出発する傾向が近年では高まっているが、連立与党が互いに歩み寄ったのは、そうした背景があったから可能になったといえよう。加えて政党内で要職を占めるイデオロギーに染まった世代が高齢化し、実働的な世代で脱イデオロギー化が進行しているが、著名な政治家が主義主張で論争する陰では、政治課題を実務的に処理する中堅の政治家が活躍するようになっているのも見逃せない。ゲッティンゲン大学のF. ヴァルターが、「大連立では純粋なプラグマティズムが支配する」としながら、他方で、「近年のドイツ政治における管理的傾向」の高まりを指摘し、なかでも調整者、危機管理者などとして目立たないのに実権のある「灰色の実力者」である首相府長官の役割に光を当てているのは、こうした関連で注目に値しよう[62]。同様に、CDUを率いるようになってからメルケルが進めてきた家族政策や労働政策などでの路線転換を報じた『シュピーゲル』誌8月14日号が、その底流として、政権獲得以前から始まっていた「CDUのプラグマティズム化」を重視しているのも、これと同じ文脈で理解できよう。いずれせよ、イデオロギーの弛緩と脱色は現実に即した政策協議の余地を広げると同時に、実務的政治家の進出を促し、そうした展開が統合サミットのプロセスで看取されるのである。

　注意すべき第4の特徴は、移民問題の解決に向けてサミットという方式がとられたことである。

　重要な政策課題を解決するためにその政策領域の主要なアクターを協議

---

(61)　拙著『統一ドイツの外国人問題』木鐸社、2002年、250頁以下参照。

(62)　Franz Walter, Die Spiegelstrich-Partei, in: Frankfurter Rundschau vom 21. 8. 2006; ders., Sherpas im Schatten der Macht, in: Der Spiegel vom 8. 6. 2006.

の場に引き込み，交渉を通じて合意を形成するのは，ドイツでしばしば見られる政策決定の型である。ドイツ統一以後では東ドイツ地域の経済再建のためにコール首相の下に使用者団体，労働組合などのいくつかの組織の代表が集まり，「首相の円卓」と呼ばれる会議を繰り返した。またシュレーダー政権では「雇用のための同盟」が設置され，ドイツ産業の国際競争力の回復と失業対策などの政策を政労使の三者で協議したのは記憶に新しい[63]。これらはそれぞれの領域を包括的に代表できるだけの組織をもち，下部に対する統制力を有する団体によって構成され，一般にコーポラティズムと呼ばれている。もっとも，「首相の円卓」が成果を収められず，「雇用のための同盟」が労使の利害対立で破綻したことに見られるように，そうした政策形成の方式が常に成功した訳ではない。しかしここで重要なのは，移民政策のような難題に直面したとき，メルケル政権もその方式を踏襲しようとしたことである。

統合サミットには多様な団体の代表が招致された。参加したのは，移民団体の代表のほか，連邦政府と州政府の主要な政治家，自治体組織の代表，教会，経済団体と労働団体の代表などだった。この顔触れの多様さと数の多さは，それ自体が移民問題の複雑さを反映している。しかし，そのことはまた，限られた数の代表者による政策協議という方式が移民問題には適さないことを意味している。

たしかに主要なアクターを集め，政策立案を委ねる点では統合サミットは「雇用のための同盟」などと共通する面がある。また構成の点でも，「雇用のための同盟」では「操縦グループ」の下に年金改革や租税政策などの個別テーマを担当する七つの作業部会を設けていたことも統合サミットと類似している[64]。けれども，前者の前提になっていたのは，それぞれの領

---

(63) Roland Czada, Die neue deutsche Wohlfahrtswelt: Sozialpolitik und Arbeitsmarkt im Wandel, in: ders. und Susanne Lütz, hrsg., Wohlfahrtsstaat: Transformation und Perspektiven, Wiesbaden 2004, S. 136, 138f.; Christine Trampusch, Sozialpolitik in Post-Hartz Germany, 2005, S. 6, 9f.

(64) Presse- und Informationsamt der Bundesregierung, Das Bündnis: Zwischenergebnisse, Berlin 2000, S. 36f. なお，網谷龍介「『ヨーロッパの顔をしたグローバル化』に向けて」日本比較政治学会編『グローバル化の政治学』

域をカバーする頂上団体が存在することであり，移民の場合にはそうした団体は見当たらない。既述のように，統合サミットからイスラム団体が事実上排除されたことは，開催の意義を疑問視する声を生んだが，そうした事態に立ち至った主因は，一体としてのイスラムを代表する頂上組織が存在しない点にあった。さらに一口に移民といっても，労働移民とアオスジードラーでは性格が大きく違うし，前者ではEU加盟国出身者とトルコ系移民では法的地位に大きな開きが存在していることも見逃せない。また，代表を送った団体は，シェンが批判したように，比較的規模の小さいものが多かったことや，たとえ大きな団体であっても内部での統制力がどこまで強いのかという点で疑問が残る。これらの相違点を踏まえるなら，統合サミットはコーポラティズム的政策形成に表面上は類似しているものの，基本的に構造が異なるというべきであろう。その意味で，この方式は団体に依拠した政策形成を重視するドイツの伝統を受け継いでいる面があるとしても，やはり移民問題に特有のものであり，その複雑な性格によって規定されていることを見落としてはならないのである。

　以上のように，統合サミットの政治過程には四つの特徴が見出される。重大な政治課題に直面したときに首相所管事項に格上げして対応したこと，連立パートナーを伴走者にする大連立の力学が作用したこと，主要政党の政策的な接近が見られたこと，一見するとコーポラティズム的な手法が使われたことがそれである。これらのうち，統合サミットが取り組んだ移民問題という観点から見ると，第4の特徴が移民政策の領域に特有であるのに対し，第1，第2，第3のそれは移民政策に限られず，ほかの政策領域でも認められる現象だといえよう。第1の特徴は種々の政治的アクターが絡み合う制度的構造と団体社会というドイツ固有の二つの背景のもとに現れる一種の危機管理の手法として位置付けられ，第2のそれは連立政権に一般的に現れる特徴といえるからである。それゆえそれらの特徴が移民政策に限定されないのは明白だから，ここでは第3の政策的接近に関してのみ触れておこう。

　この場合，接近の格好の事例になるのは，シュレーダー政権が推し進め

所収，早稲田大学出版部，2000年参照。

たハルツ改革やアジェンダ2010の政策であろう[65]。というのは，それらは実質的に SPD と CDU・CSU の合作といえるからである。グローバル化や財政の逼迫など所与の主要な条件のもとでは，どの政党が政権を握っていても取りうる政策的選択肢は狭まっているが，この点を考慮すれば，「雇用のための同盟」による合意形成が挫折した後では二つの国民政党が歩み寄ったのは少しも不思議ではなかった。2005年9月の連邦議会選挙からほぼ1年が経過した2006年8月にメルケルが「アジェンダ2010でシュレーダーはドイツのために功績を残した」とシュレーダーを称揚したのも[66]，そうした流れを裏づけるものであろう。実際，SPD がラフォンテーヌ元党首をはじめとする離党グループや党内の抵抗勢力をひきずりながらも社会国家の縮小路線に転換し，メルケルが党内の伝統主義者を強引に押さえ込む CDU の改革を推進している事実は[67]，経済・社会構造改革での両党の接近が一時的なものではなく，「ウェルフェアからワークフェアへ」という共通項が成立していることを示しているといえよう。また連立与党間の激しい対立を招くことなく，これまでの旧ユーゴやアフガニスタンなどへの連邦軍の派遣に加え，国連と EU の枠組みでコンゴやレバノンなどにも新たに連邦軍を派遣していることや，イランの核疑惑問題での交渉でイギリスなど国連安保理常任理事国とともにドイツが重大な国際的責任を引き受けていることは，シュレーダー政権が固めた「普通の国」の路線で連立与党が基本的に一致しており，安全保障や外交政策の分野でも歩み寄りが生じていることを示しているといえよう。こうして移民政策に限らず，その他の主要な政策領域でも国民政党の接近が見出されるのであり，移民政策だけが例外ではないのである。

---

(65) これについては，横井正信「第2次シュレーダー政権と『アジェンダ2010』（1）・（2）」『福井大学教育地域科学部紀要』60・61号，2004・2005年が詳しい。

(66) Süddeutsche Zeitung vom 21. 8. 2006.; Die Welt vom 21. 8. 2006.

(67) SPD からの離党の動きなどに関しては，拙稿「ドイツの「月曜デモ」（2004年）に関する一考察」『社会科学論集』44号，2006年参照。また CDU・CSU の変容については，メルケルの改革路線に焦点を当てた次の論説が刺激的な分析をしている。Matthias Geis, Kursverlust, in: Die Zeit vom 17. 8. 2006.

もちろん，それぞれの政策領域で過去から引きずる対立の構造やその強度が異なっている点を見落としてはならない。さらにその対立が緩やかな形でイデオロギー化され，各々の政党の一種のアイデンティティをかたちづくっていたことも忘れてはならない。これを示す事例が，社会的公正の重視か市場と競争の重視かの対立や，国益優先か人権優先かの対立にほかならない。その意味では，長く続いた対立が薄らぎ，政策的接近が生じていることは，イデオロギーが希薄化し，アイデンティティ自体が曖昧化しつつあることを物語っている[68]。実務的な政治家に重心が移りつつあるのは，政策協調が必要とされる連立政権だからというだけではなく，より根本的な変化のコロラリーとして捉えるべきなのである。

　翻って，第4の特徴に目を向けると，それが移民政策に特有だと考えられる原因はどこにあるのだろうか。

　「雇用のための同盟」が破綻し，アジェンダ2010の政策が決定された過程を踏まえ，ドイツではコーポラティズム的なシステムが解体したという指摘がこのところ聞かれるようになっている[69]。その場合，これまでのコーポラティズム的システムを労働・社会政策面での政策形成の方式としてだけではなく，それを越える広い範囲に及ぶ体制として捉え，包括的な意味でのそれが変形したのか，それとも崩壊したのかがしばしば論じられている。たしかにそれがドイツの政治システムの特色の一つだったことは否定できないし，とりわけ労働・社会政策の領域でそれが極めて重要な役割を演じてきたのも事実である。そのことは，移民問題の深刻化に直面してメルケルがサミットという方式を提起したことにも現れているといえよう。

---

(68) この問題については，F. ヴァルターの次の寄稿をはじめとする一連の論考が示唆的である。Franz Walter, Auf der Suche nach der Seele der Partei, in: Der Spiegel vom 24. 4. 2006.

(69) この見解を代表するのは，W. シュトレークであろう。彼によれば，コーポラティズムの解体は「雇用のための同盟」の設置から間もない1999年に既に始まっていた。Wolfgang Streeck, No Longer the Century of Corporatism, MPIfG Working Paper, Nr. 4, 2003; ders., Nach dem Korporatismus, 2005. C. トランプッシュは「ポスト・コーポラティズム」という表現を最近の論文のタイトルに使っているほどである。Christine Trampusch, Postkorporatismus in der Sozialpolitik, in: WSZ-Mitteilungen, 56. Jg., H. 6, 2006.

けれども，それだけに一層留意が必要とされるのは，移民問題のための統合サミットが，政策形成の方式という限定的な意味でもコーポラティズムとは似て非なる点である。既に指摘したように，コーポラティズム的な合意形成のためには特定の領域を包括的に代表する組織が存在し，それらが内部での統制力をもつだけでなく，他の領域の組織と協調する用意がなければならない。しかし，そうした頂上組織は移民の間には存在しない。この基本的前提が欠如している限り，団体の代表が参加していてもサミットはコーポラティズム的な性格をもつことはありえない。むしろ，代表を送った団体すなわちアクターの数の多さこそがコーポラティズム的合意形成を不可能にしているというべきであろう。実際，一口に移民といってもそのなかには多種多様な集団が含まれているのであり，利害の一致点を見出すのは著しく困難であろう。また仮にそれに成功しても，ホスト社会の側が受け入れるか否かも未知数といわねばならない。無論，成果の大きい移民政策を見出すのにサミット以外のどのような方式があるのかと問うならば，それ自体が答えに窮する難問であるのは間違いない。この点を踏まえれば，サミットは一つの実験であり，コーポラティズム的な伝統のあるドイツではそれを範型にして取り組みの方式が考案されたともいえよう。このように考えるなら，統合サミットが表面的にはコーポラティズムに類似していながら，実際には合意作りに向けた独特の方式にならざるをえなかったところに移民問題の特性が反映しているといって間違いないのである。

7　結　び

　今日，西ヨーロッパの多くの国々では移民問題が主要な政治争点になっているが，ドイツも例外ではない。たしかにドイツでは経済の低迷のために失業問題が一向に改善されず，シュレーダー政権期のハルツ改革やアジェンダ2010が激しい対立を招いたことに見られるように，社会国家の縮小を基調とする経済・社会構造改革に社会の関心が集中する状態が続いている。しかしドイツでも移民問題が政治の熱いテーマであることに変わりはない。そのことは，公式の移民国への転換を意味する移民法の制定が経済・社会改革と並ぶ政治の焦点になり，近隣国でのテロや騒乱が大きな衝

撃を与え不安を募らせたことが示している。こうしたなかで2005年11月に誕生したメルケル大連立政権は発足から半年あまりでこの問題に本格的に取り組む姿勢を打ち出したのである。

　メルケル首相の行動する姿がポーズにすぎず，政治的エネルギーを十分には傾注しなかったとしても，移民問題でサミットを開催するという構想はドイツで初めてのものであり，その意義までもが低下する訳ではない。サミットに移民代表は実際には少数しか参加しておらず，また招致される団体の選別にも批判が生じるなど問題が多々あったのは事実である。さらにコーポラティズム的な方式を真似て団体の代表による協議のための作業部会などが設置され，国民的統合計画の策定が委ねられたが，この方式が複雑な移民問題の改善に適合しているか否かも未知数といわねばならない。けれども忘れてはならないのは，首相をはじめ社会の指導的立場の人々が移民代表と一堂に会したという事実の重要性である。外国人の住居や難民施設の襲撃事件などが起こると首相ばかりでなく，大統領や大臣がその地を訪れ，関係者や移民組織の人々と会話する光景はこれまでにも見られた。けれども移民代表が首相府に招かれて首相と会談し，さらに社会の主要人物と対等な立場で協議することは従来では考えられなかった。その意味で，移民問題が首相所管事項に格上げされたことの意義は大きく，またサミットという形で移民代表がドイツ側の要人と席を同じくすることの意義も銘記されなければならない。政界や経済界などドイツの指導的立場の人々が移民問題をテーマにしてテーブルに着くだけでも画期的と呼べるが，それにとどまらず，その場に移民団体の代表が対等な立場で参加したことは，二重に画期的だったといえる。サミット閉幕直後に移民団体の代表が「歴史的な日」や「統合政策の新時代」について語ったが，移民の目から見れば，そうした表現は決して誇張ではなかったであろう。実際，東西分断下の西ドイツがガストアルバイターを受け入れてからの半世紀の歴史を想起するなら，統合サミットのおりに移民が抱いた感無量の思いの一端が理解されるのである。

　同時に，統合サミットを主催したのがメルケル首相が率いる大連立政権であることにも注意を払う必要がある。移民史研究の第一人者で移民政策に積極的に発言しているオスナブリュック大学教授K.バーデもまた，開

催前に既にサミットを「ホスト社会と移民の双方にとって大きなシグナル効果をもつ歴史的な事柄」だとその意義を高く評価した[70]。本来SPDに近い彼の立場を考えると，この称賛はいささか奇異に聞こえるであろう。また，移民法を提言した移民委員会の実質的な後継組織であり，移民政策の助言機関である移民専門家会議（Sachverständigenrat für Zuwanderung und Migration）をシュレーダー政権が廃止した時の彼の怒りを想起すると[71]，シュレーダーよりメルケルの方が彼には好ましく映っていたようにも感じられる。この点には，移民政策の流れの上でCDUのメルケル首相の主導で実現したサミットが一種のねじれ現象だったことが表れており，同時にそこにメルケル大連立政権の性格の一端が現出しているといえよう[72]。既に触れたように，『ツァイト』紙でゾンマーは歴代政権の移民政策での「不作為」を痛烈に批判したが，その際，彼が主たる標的にしたのは，移民の定住化が進んでいたのに「移民国」の現実を否認し，その場しのぎの政策しかとらなかったCDU主導のコール政権だった。そうしたCDUの従来の姿勢と対比するなら，「コールの娘」とも評されるメルケル首相が移民政策の舵を大きくきったことは明瞭であろう。

　もちろん，サミットは終点ではなく，移民問題に対する政治からの本格的アプローチの始まりを告げるにすぎない。メルケル首相自身，「密度の濃い対話への幕開け」としてサミットを位置づけたが，事実，その場で決

---

(70) ZDF-Heute vom 12. 7. 2006.
(71) これは2005年9月にオスナブリュック大学を訪れた際に聞いたことであるが，その後も彼は専門誌や新聞への寄稿でこの点を問題にしている。Klaus J. Bade, Nachholende Integrationspolitik, in: Zeitschrift für Ausländerrecht und Ausländerpolitik, H. 7, 2005, S. 221; ders., Wie das Zuwanderungsgesetz reformiert werden muss, in: Die Welt vom 7. 9. 2006.
(72) このねじれはショイブレ内相が主催したイスラム会議にも見出せる。例えばJ. ラウがイスラム会議につき，「赤緑政権が7年間にやれなかったことをショイブレ内相はやり遂げた。ドイツのイスラムの公的承認である」と指摘しているのはこのねじれを指しており，同盟90・緑の党の院内総務R. キューナストがショイブレに賛辞を送ったことなどがそれを裏付けている。Jörg Lau, Wolfgang der Weise, in: Die Zeit vom 5. 10. 2006. Frankfurter Allgemeine Zeitung vom 26. 9. 2006.

まったのは，国民的統合計画の策定に向けて参加者が協力することだけだった。その面から眺めれば，具体的成果は何もなかったということも不可能ではない。また「雇用のための同盟」の破綻を想起すれば，予定通り1年後に計画がまとまり，具体的措置の提言がなされるかどうかも，利害が錯綜しているだけに楽観を許さない。さらにサミットから排除された団体や集団をどのように扱い，その主張や利益をどのように反映させるのかも難題として残されている。このように考えれば，目下のところサミットの成果として確実に言えるのは，移民問題について移民抜きで政治が語る時代は過ぎ去りつつあり，移民とともに語る時代が到来したということであろう。

第 3 部

イスラムに直面するドイツ

第5章

現代ドイツのイスラム組織とイスラム主義問題

——トルコ系移民社会を例にして——

1 はじめに

　ドイツが高度経済成長に伴う労働力不足を解消するために外国人の本格的な導入に踏み切ってから今日までに半世紀に及ぶ歳月を閲した。この間に「ガストアルバイター」と呼ばれた外国人労働者はいくつもの国から受け入れられたが，その後の政策転換を背景にした家族の呼び寄せで定住化が進み，今日ではトルコ人が最大集団となっているのは周知のとおりである。

　ところで，2000年年頭からドイツでは帰化の要件が緩和されるとともに一定の範囲で二重国籍が認められるようになった。けれども，かつての外国人労働者とその家族の多数は，長い滞在期間にもかかわらず依然として法的には外国人のままである。そればかりか，外国人労働者の新規募集が停止されたのを受けて既に国内に定住化しつつあった外国人に対する社会的統合政策がとられたが，ドイツ統一と冷戦体制の崩壊を境とする内外の環境の激変の中で排外主義的気運が高まったのを契機にして統合の失敗や破綻が語られるようになり，その例証として，とりわけ最大集団であるトルコ人の間でのイスラムの覚醒が注目されるようになった。統合の失敗に関しては，『シュピーゲル』誌をはじめとするマスメディアの報道や論調を見れば明瞭になるし，連邦政府外国人問題特別代表の苦渋に満ちた発言などからも事態の深刻さは読み取れるが，その際，視線が注がれるのはドイツ生まれの外国人，特にトルコ系青少年グループの非行や犯罪などの社会

的逸脱行動であることが多い。しかし同時にトルコ系青少年の間でのイスラム意識の高まりも，彼らがドイツ社会に背を向け，独自のアイデンティティを強めつつある証拠として重視され，なかでも過激なイスラム主義への傾倒が治安面からも憂慮されるに至っている。ハンブルクにあるドイツ・オリエント研究所の所長を務めるU. シュタインバッハは1998年に著した冊子の冒頭で，「『ドイツのイスラム』もしくは『ヨーロッパのイスラム』が主題化されたのはそれほど以前からのことではない。少なくともドイツについてはこれが当てはまるのはここ 3 年から 4 年のことである1」と述べているが，この指摘はジャーナリズムについては妥当しても，専門家のレベルについては区別して考える必要があるように感じられる。実際，一般の関心の高まりは，2000年11月に連邦政府が『ドイツのイスラム』と題した報告書を連邦議会に提出し，同じく翌2001年 7 月にはノルトライン＝ヴェストファーレン州政府が州議会からの要請に応えて『ノルトライン＝ヴェストファーレン州のムスリムの状況』という表題の報告書を公表したことに象徴されているが2，その半面で，詳細な文書が作成されえたこと自体，調査・研究面で一定の蓄積があったことを証明しているといえよう。

また，シュタインバッハの指摘がなされた頃から，とりわけイスラム主義の動向に関心が注がれるようになっている。その動きは連邦憲法擁護庁が1999年に『ドイツ連邦共和国における過激イスラム勢力』という冊子をまとめたことからも看取できる3。しかし決定的な転機になったのは，2001年 9 月にアメリカで発生した同時多発テロである。この事件はドイツ社会にも大きな衝撃を与え，これを契機にして注目は一気にイスラム主義に向けられるようになった。そうした変化を示す事例はいくつも存在して

（1） Udo Steinbach, Muslime in Deutschland, Erfurt 1998, S. 5.
（2） Antwort der Bundesregierung auf die Große Anfrage der Fraktion der CDU/CSU: Islam in Deutschland, Bundestagsdrucksache 14/4530, 2000; Antwort der Landesregierung auf die Große Anfrage der Fraktion FDP: Die Situation der Muslime in NRW, Drucksache 13/1397, 2001.
（3） Bundesamt für Verfassungsschutz, Extremistisch-islamische Bestrebungen in der Bundesrepublik Deutschland, Köln 1999. 連邦憲法擁護庁は早くも1995年に同種の冊子を作成している。Dass., Islamischer Extremismus und seine Auswirkungen auf die Bundesrepublik Deutschland, Köln 1995.

いる。なかでも連邦刑事庁が2002年初頭に『イスラム主義テロリズム』と題する会議の報告集を公にし，翌2003年暮れに連邦内務省が専門家の論考を集めた『イスラム主義』を同省のシリーズの一冊として公刊したのはその代表例に数えられよう[4]。

このようにドイツでは国内のイスラムおよびイスラム主義に関する論議が活発化しているが，以下では対策論に傾きがちな議論から距離を置き，主に研究機関や官庁などの報告書を利用しつつ，ドイツに在住しているトルコ系移民を中心にしてイスラムとイスラム主義を巡る問題状況を一瞥することにしたい。今から10年以上も前にW.G.レルヒは『フランクフルター・アルゲマイネ』紙に寄稿した論説で，「ドイツではムスリムの総数の90％という高い割合のゆえにイスラムはトルコのイスラムである」と指摘したが[5]，この事情に今日まで変わりがないのが，本章でトルコ人を中心に据える理由である。しかし同時に，イスラム主義を中心的主題とするのに本章では内在的な考察が試みられないことも予め断っておかねばならない。その主たる理由は，著者がトルコ語を解さないことにある。当然のことながら，トルコ系移民のイスラム団体やイスラム主義組織の活動を十全に把握するにはパンフレットや新聞をはじめとするトルコ語文書の読解が不可欠であり，それにはトルコ語の知識が必要とされる。それゆえ，トルコ語の文書を利用できないことは大きな制約にならざるをえない。けれども他方では，ドイツ語による著作も今では増えてきており，そのなかにはトルコ研究センターなどが実施しドイツ語で公表された貴重な調査なども含まれている。したがって，言語上の限界はあるにせよ，各種の報告や研究に依拠しつつ外側から一通りの輪郭を描くことは可能であり，そこまでがここでの課題であって，それを超えた検討を加えることは意図するところではない。既存の研究を踏まえつつ，本格的な取り組みに向けた助走ができれば，差し当たりは十分なのである。

（4） Bundeskriminalamt, hrsg., Islamischer Terrorismus, Neuwied 2002. Bundesministerium des Innern, hrsg., Islamismus, Berlin 2003.

（5） Wolfgang Günter Lerch, Es begann mit Maulana Sadruddin, in: Frankfurter Allgemeine Zeitung vom 18. 6. 1993.

2 トルコ系移民社会の形成とドイツ社会

(1) トルコ系移民社会の形成とイスラムの公然化

　最初に今日のドイツでどれだけのイスラムの信徒すなわちムスリムが暮らしているかについて触れておこう。

　従来，ドイツにはどれだけのムスリムが居住しているかは明らかになっていなかった。そのことは，連邦統計庁が毎年編集している統計年鑑に福音主義，カトリック，ユダヤ教の信徒の数は掲げられていても，イスラムについてはその他の項に括られ，正確な数字が欠落していたのを見れば明瞭になる。それだけに，連邦議会でCDU・CSUの質問書に答えて2000年11月に答弁書のかたちで連邦政府が提出した報告書のデータは貴重といえる。それによれば，ドイツで生活しているムスリムの数は1999年末の時点で280万人から320万人と推定される。その内訳は，外国人が250万人から270万人，ドイツに帰化した人々を含むドイツ国籍の市民が37万人から45万人程度と見られる[6]。一方，連邦統計庁が編集した『データ・レポート2004』に示された推定では，2002年にドイツには総数で330万人のイスラム教徒が暮らしており，2,647万人のカトリックと2,645万人の福音主義が拮抗しているなかでイスラムが第3位の集団を形成しているとしている[7]。

　これにはやや異なる数字もある。例えば2001年1月20日付『ジュートドイッチェ』紙がゾェーストにあるドイツ・イスラム・アルヒーフ中央研究所の調査結果として伝えたところでは，1997年に280万人だったムスリムの数は2000年には304万人に増大し，初めて300万人の大台にのったとされる。この数は，ドイツの総人口の3.1％にあたり，フランスの8.6％，イギリスの4.4％を下回っている。一方，エッセンのトルコ研究センターで所長を務めるF. シェンたちの研究では若干相違し，2002年の時点でドイツに在住するムスリムは340万人と推定される。また人口比率は3.9％であり，

　（6）　Antwort der Bundesregierung, op. cit., S. 5. Vgl. Das Parlament vom 2/9. 2. 2001.

　（7）　Statistisches Bundesamt, hrsg., Datenreport 2004, Bonn 2004, S. 185.

オランダの4.6％，オーストリアの4.2％よりは低いが，ベルギーの3.7％，スウェーデンの3.4％を上回っており，10カ国が新規加盟する前のEUではドイツは上から4番目の高率を記録している[8]。大都市に聳える壮麗なモスク，公立学校でスカーフを着用して教壇に立とうとするムスリムの女性，教会の鐘の音と競うかのようなアザーンの声などキリスト教社会の側からは問題視されるイスラムの公然化は，イスラムの規模をもっと大きいものとして映し出し，同時にドイツ市民が抱く違和感や不安感を強めてもいた。そのことを考えると，実際には多くの市民が想像していたほどにはムスリムの数が大きくはなく，また比率ではフランスの半分程度にとどまる事実が明らかになったことの意義は小さくない。

　上記の連邦政府の答弁書によれば，300万人前後と推定されるムスリムのうちで最大の集団はトルコ国籍の外国人もしくはトルコ系の市民であり，その数は合わせて237万人である。一方，連邦政府外国人問題特別代表部のまとめでは，トルコ国籍保有者の数は漸減傾向にあり，表1に見られるように，1998年の211万人をピークにして2002年には191万人まで緩やかに減少している[9]。この現象はトルコ人の出国者がこの時期に俄に増大した結果として解釈するのではなく，ドイツに帰化する者が増えた結果と解す

（8）　Faruk Sen, Martina Sauer und Dirk Halm, Euro-Islam : Eine Religion etabliert sich in Europa, Essen 2004, S. 44.
（9）　内藤正典『ヨーロッパとイスラーム』岩波新書，2004年，10頁および24頁では2003年時点のトルコ国籍保有者数はドイツ全国でおよそ260万人，またベルリン市で44万人と記されているが，正確とはいえない。44万人というのは，ベルリン在住の外国人総数の間違いであろう。拙著『統一ドイツの外国人問題—外来民問題の文脈で』木鐸社，2002年，207頁およびStatistisches Landesamt Berlin, Die kleine Berlin-Statistik 1999, Berlin 1999, Tab. 02. 1参照。統計数字以外にも，ドイツに関する限り，同書には主要な点も含め不正確ないし誤った記述がいくつも見られるほか，イタリア移民，旧ユーゴ移民などトルコ系以外の様々な集団や難民をはじめとする法的地位の多様さへの視点が欠落しており，アプローチの面でも問題がある。さらにトルコ研究センターを筆頭とする主要な研究機関や研究者の成果もほとんど反映されていない。これらの点は，同『アッラーのヨーロッパ』東京大学出版会，1996年も同様であり，インタビューなどによる調査の成果が減殺される結果になっている。

表1 ドイツ在住の外国人とトルコ人

年度	外国人	トルコ人	%
1997	7,365,833	2,107,426	28.6
1998	7,319,693	2,110,223	28.8
1999	7,343,591	2,053,564	28.0
2000	7,296,817	1,998,534	27.4
2001	7,318,628	1,947,938	26.6
2002	7,335,592	1,912,169	26.1

(出典) Beauftragte der Bundesregierung für Migration, Flüchtlinge und Integration, Daten-Fakten-Trernds, Berlin 2004, S. 19.

べきであろう。上述のように，シュレーダー政権下で1999年5月に国籍法の改正が行われ，2000年1月から施行されたが，この年に8万2,861人のトルコ国籍保有者がドイツに帰化し，2003年には6万4,631人がドイツ国籍を取得したのである[10]。もっとも，ドイツに帰化したトルコ人の数は，国籍法改正の効果で2000年以降に急増したように想像されやすいが，事実は幾分異なっていた。改正を約束するSPDと同盟90・緑の党の連立政権が1998年に発足したが，これに伴い，その数は1999年に一気にピークに達し，10万3,900人を数えたからである。このような動きを踏まえてトルコ研究センターは2001年2月の発表で，ドイツで育ったトルコ人の3分の1がドイツに帰化する勢いであると指摘した。また2003年8月のそれでは，ドイツ在住のトルコ系住民の28%がドイツ国籍を保有していると述べている[11]。なお，トルコ人を含む帰化した外国人の総数も1999年には前年の10万6千人から14万3千人に急上昇し，翌年になるとこれをさらに上回ったことも注目すべき事実であろう。

このような変化をムスリムに即してみると，連邦政府報告書の記述によれば，国籍法改正以前にイスラムの支配的な国々の出身者でドイツ国籍を取得する者の数が増大している。すなわち，1998年にはドイツに帰化したムスリムと見られる外国人は7万8,064人だったが，1999年になると11万3,988人に増加している。その結果，1999年までにドイツ国籍を取得したムスリムは総数で40万人前後に上ると推定されている。他方，ドイツ・イスラム・アルヒーフ中央研究所の調査ではやや異なり，ドイツ国籍を有し

---

(10) Beauftragte der Bundesregierung für Migration, Flüchtlinge und Integration, Migrationsbericht der Integrationsbeauftragten im Auftrag der Bundesregierung, Berlin 2004, S. 34. Bundesamt für Migration und Flüchtlinge, Migration und Asyl in Zahlen, Nürnberg 2004, S. 81.

(11) Zentrum für Türkeistudien, Pressemitteilungen vom 26. 2. 2001 und 12. 8. 2003.

ているムスリムの数は約31万人と見られ,そのうちで1万1,000人がイスラムに改宗したドイツ人であるという。さらにトルコ研究センターが1998年に作成した報告書によると,ドイツ人の血統を引くムスリムは約10万人を数えるとされ,2004年のバーデン゠ヴュルテンベルク州憲法擁護局の文書ではその数は4万人と推定されるという[12]。

ともあれ,ムスリムが,そしてその大部分を占めるトルコ人がこのように大きな集団を形成するまでにはかなりの歳月が経過したのは当然だった。ドイツにトルコ人がまとまって住み着くようになったのは20世紀初頭からであり,例えばベルリンでは1906年に662人,1910年に1,162人が確認されている[13]。第1次世界大戦後は経済的混乱の影響でその数は減少したから,再び増大するようになったのは,第2次世界大戦による荒廃を経て高度経済成長期を迎えてからだった。周知のように,経済の奇跡を背景とする労働力不足のため,西ドイツ政府はトルコとの間で1961年に政府間協定を結んだが,これに基づいて1960年代に多数のトルコ人が安価な労働力として西ドイツに導入された。それ以来,既に40年以上が経過したが,この間に彼らがドイツで家族を形成し,事実上の移民として定住化しているのはよく知られている。

けれども,法的には彼らの大多数は依然としてトルコ国籍をもつ外国人のままである。2000年現在でドイツで生活している外国人の数は729万7千人であり,199万9千人であるトルコ人が最大の集団である[14]。その規模を見れば容易に推察できるように,今日のドイツの大都市では,トルコ商店をはじめ,トルコ人労働者やトルコ人生徒の姿はありふれた日常的光景の一齣であり,ソーセージには匹敵しないまでもケバブは既に食生活の一角を占めているといっても誇張ではない。にもかかわらず,各種の世論調

---

(12) Zentrum für Türkeistudien, Islam in Deutschland, Essen 1998, S. 2. Landesamt für Verfassungsschutz Baden-Württemberg, Islamismus, Stuttgart 2004, S. 43. 改宗者数の推定値にこのような開きが生じるのは,改宗が2人の証人の立ち会いで済み,公式に登録されないケースが多いからである。

(13) Martin Greve und Tülay Cinar, Das türkische Berlin, Berlin 1998, S. 9.

(14) Beauftragte der Bundesregierung für Ausländerfragen, hrsg., Daten und Fakten zur Ausländersituation, 20. Aufl., Berlin 2002, S. 21f.

査では，好感度のリストにおけるトルコ人のランクは決して高いとはいえず，ドイツ社会への統合が難しい集団と見做されているのは否定できない。そうした結果になっていることについては，イスラムという彼らの宗教が異郷における彼らのアイデンティティ保持の中核となり，彼らの独特な思考や行動様式の土台になっているという見方が有力である事実がある。ドイツというキリスト教を中心とするホスト社会の側から見ると，ムスリムであるトルコ人は依然として異質な集団に映るからである。また，ドイツ社会におけるトルコ人のイメージがガストアルバイターの姿によって強く刻印されてきた影響も見落とせない。それは，窮屈な社宅で密集して共同生活を営む貧しい人々の集団であり，豊かな社会にとっては強い違和感を抱かせる存在であった[15]。しかし，これらの点に加え，さらにメディアの責任が大きいことも指摘しておく必要がある。主要な新聞・雑誌とテレビ番組を調べたS.クヴァントによれば，ドイツにおけるトルコ関連の報道ではトルコの経済や文化は稀にしか取り上げられないなどの視角の偏りがあるだけでなく，西洋的なものをポジティブに，それ以外をネガティブに描く傾向が認められたからである[16]。

ところで，1990年代前半には庇護申請者が統一したばかりのドイツに殺到したのを背景にして外国人問題がかまびすしく論じられる一方，排外暴力事件が旧東ドイツ地域ばかりでなく，旧西ドイツ地域でも相次いだ。しかし，その標的になったのは，庇護申請者とその収容施設だけではなく，ドイツ在住のトルコ人家族やトルコ商店などが含まれていたのが注目される。その代表的事例が1992年11月のメルン事件と翌93年5月のゾーリンゲン事件である。そうした暴力にまで至らなくても，モスクの建設やアザーンに対して周辺住民が各地で行っている抗議は，イスラムとその信徒であるトルコ人に対する嫌悪感が根強いことを証明している[17]。さらに近年で

---

(15) Ahmet Bayaz, Das Türkei-Bild der Deutschen und das Deutschland-Bild der Türken, in: Der Bürger im Staat, H. 1, 2000, S. 56.

(16) Siegfried Quandt, Die Darstellung der Türkei, der Türken und Kurden in deutschen Massenmedien, Gießen 1995, S. 25f.

(17) Zentrum für Türkeistudien, Medienkonsum der türkischen Bevölkerung in Deutschland, Essen 1997; GöfaK Medienforschung, Mediennutzung und In-

はイスラム過激派の浸透に関する懸念が広がっているのも見逃せない。イラン革命以降，イスラム世界ではイスラムの原点への回帰とそれに直接に依拠した神政政治の復活を呼号する勢力が台頭し，西欧に挑戦する原理主義的傾向が高まりつつあるという見方がドイツ社会に広がっているが，ドイツで活動しているイスラム組織のいくつかはそうした勢力の尖兵と見做され，不安を掻き立てているのが現実である。しかもマスメディアはもちろん，治安機関である連邦憲法擁護庁と各州の憲法擁護局が年次報告書をはじめ，イスラム主義に関する文書でこの問題をかなり大きく取り上げていることが，かえって不安感を強める役割を果たしている面があるのも否定できないように思われる。

ところで，一枚岩の単一のイスラムが存在しないのと同様に，均質な集団としてのトルコ人も現実には存在しない。トルコ人の中に50万人に上るといわれるクルド人が含まれている民族構成上の問題や，肉体労働者ばかりでなく高等教育を受けてエリートへの道を歩んでいる若者が輩出しているという階層面の事実をみただけでそのことは明瞭になる。けれども他面では，トルコ人がドイツ社会からある程度仕切られた社会空間を作り，その中で独自の集団的特性を帯びた生活を営んでいることも否定しがたい。例えば様々な場でのトルコ人とドイツ人との交流に関する調査結果は表2のようになった。掲げられているデータはトルコ人の側についての数字であり，接触なしでは済まない職場や学校などではトルコ人と同程度の交わりがドイツ人との間でも存在していることが分かる。けれども，友人関係やスポーツ団体などでは交流の密度は一変し，トルコ人との交わりがドイ

表2　トルコ人の交流関係（％）

交流相手	職場	学校・職業訓練	友人	団体・スポーツ	家族
ドイツ人	72	76	38	34	19
トルコ人	71	72	93	70	90
他の外国人	51	48	36	34	21

注：「あなたはドイツ人，トルコ人，その他の外国人とどの程度交流がありますか」の回答のうち，「多く」と「非常に多く」の合計。対象はトルコ国籍を有するトルコ人。

(出典)　Ulrich von Wilamowitz-Moellendorff, Türken in Deutschland II, Sankt Augustin 2002, S. 11.

tegration der türkischen Bevölkerung in Deutschland, Potsdam 2001. これらの興味深い成果については，残念ながら紹介・詳論する余裕がない。

ツ人とのそれの倍以上に達している。その原因は，こうした場では自由意思による選別が働くことにあると考えられ，この点から見ると，職場などで見出される交わりは積極的姿勢のうえに成り立っているとはいえないことが推し量れる。家族のレベルではドイツ人との接触が極めて希薄であることに見られるように，トルコ人は主としてトルコ人の世界の中で生活しているといってよいであろう。

　一方，トルコ人とイタリア人とを比べたU.マメイたちの調査によれば，家庭で用いる言語，日常的に接する新聞・雑誌や視聴するテレビなどは，青年層の場合，表3の通りであった。特にメディアに関してはトルコ研究センターのほか連邦新聞情報庁の委託でベルリン自由大学のグループが詳細な調査を実施しており，類似した結果が得られている。それらの成果に照らすなら，一口に外国人といってもトルコ人とイタリア人では顕著な差があり，なかでも前者がかなり閉じられた世界を形成していることが読み取れよう[18]。ドイツの中で暮らしていながら，言語面で文字通り半身がトルコの世界に浸っていることが明らかだからである。表に示されているの

表3-1　家庭での言語（親の場合）

	18～20歳	21～25歳	26～30歳
トルコ人	83.8	91.7	89.9
イタリア人	52.2	48.2	59.9

注：「家庭で親と話す場合，大抵どの言語で会話しますか」について「トルコ語」または「イタリア語」と回答した比率。

表3-2　家庭での言語（兄弟姉妹の場合）

	18～20歳	21～25歳	26～30歳
トルコ人	70.7	61.0	48.6
イタリア人	74.1	74.9	63.2

注：「家庭で兄弟姉妹と話す場合，大抵どの言語で会話しますか」について「トルコ語」または「イタリア語」と回答した比率。

表3-3　新聞などの言語

	18～20歳	21～25歳	26～30歳
トルコ人	65.5	58.1	50.4
イタリア人	85.3	85.2	75.2

注：「新聞，雑誌，コミックを読む場合，どの言語のものを読みますか」について「主にドイツ語」と回答した比率。

表3-4　テレビ番組の言語

	18～20歳	21～25歳	26～30歳
トルコ人	54.4	53.3	44.1
イタリア人	69.8	73.1	70.3

注：「どの言語のテレビ番組をあなたは視ますか」について「どちらかというとドイツ語」と回答した比率。

（出典）　Ulrich Mammey und Jörg Sattig, Determinanten und Indikatoren der Integration und Segregation der ausländischen Bevölkerung, Wiesbaden 2002, S. 283.

---

(18)　前掲拙著239頁。

は18歳から30歳までの青年であるが，年齢が高くなるほどトルコ社会への帰属意識が強まるのは各種の調査でこれまでに実証されているから，閉鎖性がより強く表れるのは当然といえよう。他方，ドイツ人の側から見たトルコ人とイタリア人についてはこれまでにいくつかの調査が行われているが，なかでも貴重なのは，外国人を細分した社会科学用総合調査（略称ALLBUS）のデータである。そこではトルコ人とイタリア人について，隣人として，あるいは家族の一員として「好ましい」と思うか，それとも「好ましくない」と感じるかが問われているが，結果は表4のようになった。ドイツ人の側からする両者の好感度に著しい落差が存在することは，一見しただけで浮き彫りになってくるであろう。

これらのデータを踏まえれば，トルコ系移民の価値観や生活様式とドイツ社会との間に溝が存在しており，これを架橋するのは容易ではないことが推察できよう。これは一般にセグリゲーションとして知られている問題である。確かに移民社会とドイツ社会との交わりが広がり，職場の同僚，隣人，友人などとして接触面が多様な形で拡大してきているのは間違いない。そしてこれに並行して外国人に対して拒否的な姿勢をとるドイツ人は縮小しているのも事実である[19]。しかし他面で，ホスト社会との間に横たわる溝や宗教的マイノリティとしての彼らの脆弱な地位が，排外暴力事件

表4　トルコ人とイタリア人の好感度

		トルコ人			イタリア人		
		好ましい	どちらでもない	好ましくない	好ましい	どちらでもない	好ましくない
隣人	18〜29歳	31.4	46.0	22.6	53.8	42.0	4.2
	30〜44歳	31.7	40.9	27.4	54.6	39.6	5.8
	45〜59歳	31.2	36.7	32.1	57.0	37.8	5.2
	60歳以上	19.3	35.9	44.8	46.9	44.6	8.5
	全体	28.7	39.7	31.6	53.3	40.8	5.9
家族	18〜29歳	23.2	40.0	36.8	44.2	44.8	11.0
	30〜44歳	20.7	37.6	41.7	41.4	45.4	13.2
	45〜59歳	14.4	27.7	57.9	41.3	40.7	18.0
	60歳以上	7.6	19.1	73.2	30.1	41.8	28.1
	全体	16.6	31.3	52.1	39.4	43.2	17.3

注：「もし次の人が隣人になったら/結婚して家族の一員になったら，あなたはどんな感じをもちますか」への1996年の旧西ドイツ地域での回答。
（出典）　U. メーワルト「ドイツ人と在ドイツ移民との関係について」『国際研究』16号，2000年，101頁。

や嫌悪感,警戒感の高まりなどの社会的条件の変化に連動して,ムスリムとしての自己意識を強め,イスラムの目覚めを引き起こしているのも否定しがたい現実である。かつて林瑞枝は彼らのイスラムを「象徴的アイデンティティ」と規定し,それは「蔑視される自己の尊厳を輝かしい過去をもつイスラムとの絆によって象徴的に取り戻そうとする」ところに成り立つものであると説明したが,そうした心理的メカニズムが特に強く働くのは,丹念なインタビュー調査をもとに野中恵子が「喪失世代」と呼んだトルコ系移民の二世・三世に当たる青年層である。なぜなら,彼らは第一世代と違ってトルコという故郷を持たず,かつまたドイツ社会にも確固たる居場所を持たないまま,二つの社会の狭間に生きる以外にないからである[20]。近年,トルコ人のモスク協会は毎年ますます多くの新規加入者を獲得しているといわれるが,こうした動きは,セグリゲーションを引き起こす社会的力学を踏まえ,トルコ人社会の内部の要因によってよりも,むしろホスト社会との関係が孕む問題と関わらせて説明されるべきであろう。トルコ研究センターのF.シェンとA.ゴルトベルクはドイツのトルコ系移民の現状を多角的に描いているが,そこではモスク団体が果たす役割が多様化し,単に宗教面でメンバーを援助するにとどまらない実情が照らし出されている[21]。言い換えれば,モスク団体を中心にして生活上のネットワークが形成され,トルコ人の銀行,保険会社,女性団体,幼稚園,労働組合などがトルコ人の生活世界を構成しているのである。

こうした状況で顕著になってきたのが,イスラムの可視化もしくは公然化と呼ばれる現象であり,ドイツ社会とは異質なイスラムの生活習慣や行

---

(19) Peter Schmidt und Stefan Weick, Starke Zunahme von Kontakten und Ehen zwischen Deutschen und Ausländern, in: Informationsdienst Soziale Indikatoren, Ausgabe 19, 1998, S. 5. ウルリヒ・メーワルト「ドイツ人と在ドイツ移民との関係について」『国際研究』(中部大学) 16号, 2000年, 98頁以下参照。

(20) 林瑞枝「移民第2世代とイスラム」,梶田孝道編『ヨーロッパとイスラム』所収,有信堂,1993年,145頁。野中恵子『ドイツの中のトルコ』柘植書房,1993年,121頁以下。

(21) Faruk Sen und Andreas Goldberg, Türken in Deutschland, München 1994, S. 78f.

動様式が時に紛争を引き起こすようにもなった[22]。

改めて指摘するまでもなく、トルコ人を中心とするドイツ在住のムスリムがおかれた社会的状況や自己意識は外国人労働者の受け入れが始まってから大きく変化してきた。初期には「ガストアルバイターのイスラム」と呼ばれたように、1960年代、70年代には工場の片隅や裏庭、あるいは宿舎の一室で礼拝は行われ、そのためにイスラムが周囲の社会の目につくことは少なかった。しかし今日ではムスリムたちはもはや日陰の存在であることに満足せず、社会的な承認、参加、同権を要求するようになっている。教会の塔に高さで並ぶミナレットは文字通りドイツ社会の中でイスラムが可視化していることを示しているが、そうした公然化のより端的な例がモスクの増加である。実際、2004年の時点ではドイツ全国でモスクやマスジッドの数は2,300に達し、ベルリン市内だけでも150余りに上るといわれている[23]。

他方、同権の要求を示すのが、公立学校における宗教の授業に新旧のキリスト教と並んでイスラムの授業を設けるべきという主張であろう。連邦主義の国ドイツでは教育を含む文化高権は州に属しており、各州の対応は様々だが、ベルリンなどいくつかの州ではムスリムの子供の多い学校に限って一部でイスラムが正規の教科として教えられるに至っている。また正規の扱いを受けていない場合でも、母語学習の枠内で事実上イスラムが教

---

(22) この問題に関しては、さしあたり、梶田孝道「イスラムに直面するヨーロッパ」、同編、前掲書所収、10頁以下参照。なお、紛争を招きやすいイスラムの生活習慣については、Ekkehart Schmidt-Fink, S wie Schächten: ein kleines ABC der Alltagsprobleme, in: Ausländer in Deutschland, H. 4, 2001, S. 4 に簡潔に整理されており、詳細に関しては、Thomas Lemmen und Melanie Miehl, Islamisches Alltagsleben in Deutschland, Bonn 2001 が有益である。

(23) 内藤、前掲『ヨーロッパとイスラーム』10頁。これに対し、1999年に公刊されたG. ヨンカーたちの著作では、ベルリンのモスクの数は70、ベルリン在住のムスリムは推定で20万人とされている。Gerdien Jonker und Andreas Kapphan, Moscheen und islamisches Leben in Berlin, Berlin 1999, S. 7. 因みに、2004年7月の『フォークス』誌の報道によれば、ベルリン市内に70あるモスクに加え10のモスクの建設が予定されており、CDUから制限すべきだとの反対論が出て紛争が生じている。Focus, Nr. 28, 2004, S. 54f.

えられている州も少なくない[24]。さらに，アフガニスタン出身でドイツに帰化した女性がスカーフを着用したまま実習を終え，教員としての採用を申請したのに拒否された事件はかなりの波紋を呼んだ。この事件は，教員のスカーフ着用は生徒を特定の宗教に誘導するものだとする連邦行政裁判所の判決で2002年6月に採用拒否が認められ，翌年9月に連邦憲法裁判所が州の立法者に最終解決を委ねる形で暫定的に原告を勝訴と判決するなど波瀾が多かったが[25]，他方，育児休暇中にイスラムに改宗したデパート店員の女性がスカーフを被って職場に復帰しようとして解雇された事件では，2002年に解雇権の乱用という裁判所の判決が下されたのは特筆に値しよう[26]。

　イスラムの公然化と要約できるこうした発展は，ドイツ社会に複雑な反応を生み出している。イスラムを移民たちの文化の主要な構成要素と見做し，異なる文化との交わりに積極的な意義を認める立場からは，このような発展は文化を豊かにする契機として受け入れられる。しかし他方には，裏庭にとどまる限りでイスラムを容認しても，それがキリスト教との同格を要求するようになると，自己の拠って立つ文化的基盤に対する挑戦と受け止め，嫌悪と反感を抱く人々が多数存在している。そこでは，しばしばイスラムについての無知が大きな役割を演じている。例えばスンナ派やシーア派が存在することを考えただけでもイスラムが決して一枚岩ではないのは明白なのに，往々にして単一のイスラムについて語られるし，イスラム原理主義という語で信仰上の原理主義ではなく，過激な政治運動を展開する政治集団やそのイデオロギーが思い浮かべられたりしている。それにとどまらず，イスラムというとき，宗教としてのイスラムと政治運動とし

---

(24) Havva Engin, Islamischer Religionsunterricht an deutschen Schulen?, in: Der Bürger im Staat, H. 4, 2001 のほか，前掲拙著243頁参照。

(25) この事件に関しては，『シュピーゲル』誌の特集が詳しい。Der Spiegel, Nr. 40, 2003. またその法的な論点については，渡辺康行「文化的多様性の時代における『公教育の中立性』の意味」樋口陽一他編『国家と自由』日本評論社，2004年，79頁以下参照。なお，連邦憲法裁判所の判決後，事件の震源となったバーデン＝ヴュルテンベルク州ではスカーフ着用を禁止する法令が2004年4月に定められた。

(26) Vgl. taz vom 11. 10. 2002.

てのそれとが混同され，後者に感じる脅威をイスラムそのものの脅威と捉えているのが現実といえよう[27]。イスラムについてのこうした混乱した観念はドイツ社会に広く見出されるといえるが，それはドイツで生活するムスリムの人々との対話の障害となり，ドイツ社会に対する彼らの不信感を強める原因にもなっているのである。

(2)　ドイツ社会のイスラムに対する**姿勢**

　それではここで，以上で略述した事情を勘案し，2003年に公表されたU.ヴィラモーヴィッツ=メレンドルフの調査を主として参照しながら，ドイツ社会でイスラムがどのように捉えられているかを一瞥しておこう。

　イスラムに関する一般的な見方に接近する場合，最初に注意しなければならないのは，2001年9月のアメリカでのテロを境にして関心の濃度や方向が大きく変わったことである。テロ後に行われたU.ヴィラモーヴィッツ=メレンドルフの調査研究もこの文脈の中でその意義を評価することが必要であり，現に彼自身，「メディアではイスラムはとりわけ9月11日以降極めて頻繁に取り上げられるようになったので，今日，関心のある市民には多くの資料から比較的包括的にイスラムに関して情報を得る可能性がある[28]」と記しているように，関心はそれまでに比べてかなり高くなっている。しかし同時にこの高まりは，何よりもテロないし暴力との関連という角度からイスラムにアプローチする傾向を伴っていることも見逃すことはできない。テロから間もない2001年12月にJ.ヒプラーは，テロの後，「イスラムもしくはイスラム主義に政治的暴力に対するポジティブな関係を言い立てる多数の声が上がった」とし，「イスラムを吹き込まれたテロリズムの全体や，2001年9月11日のテロ行為をイスラムという宗教の枢要の構成部分と見做す」論調が強まり，「イスラムとは，詰まるところ，その中心を聖戦が占める不寛容と征服の宗教である」とする見方が広がったことを確認している[29]。その上，この傾向が容易に沈静しなかったことは，次の事例が

---

(27) Renate Kreile, Der politische Islam in Deutschland, in: Gegenwartskunde, H. 2, 1999, S. 179f.

(28) Ulrich Wilamowitz-Moellendorff, Was halten die Deutschen vom Islam?, Sankt Augustin 2003, S. 1.

示唆している。2004年半ばにH. ベーアはイスラム・テロリズムを主題とする論考を発表したが，その冒頭で，「テロリズムは専ら，また本質的にイスラムの現象であるということはない」と指摘し，「イスラムの信徒が他の宗教の信徒に比べてより強くテロリズムに傾くというような，イスラムそのものとテロリズムそのものとの特別な親近性などは存在しない」と強調しなければならなかったことがそれである[30]。同時多発テロの衝撃の中で，実行犯の一部がドイツに居住していたことが明るみに出[31]，その後の捜査で例えば2002年4月に13人のパレスチナ系過激組織のメンバーがテロ関与の容疑でドイツ国内で逮捕されたが，それらの事実はテロの脅威感を増幅し，イラン革命以降広がっていたテロとイスラムを短絡させる思考の回路を一層強固なものにしたのである。

テロを契機にして社会の関心にはこのような変化が生じたが，それ以前にイスラムがどのように捉えられていたかについては，実は調査が見当たらず，判然としない。ただその一端を窺いうる研究があるので，まずその要点を摘記しておこう。

T. クリッヘは，1993年から95年にかけて『シュピーゲル』誌や『ツァイト』紙のような代表的な活字メディアに掲載された約60の記事を分析している。対象として選び出されたのは，アルジェリア，イスラム，イスラム主義に関する記事である。それによれば，これらについて頻繁に見出される属性は次のようなものであった。(1)暴力，自己破壊，(2)信仰に支えられた暴力，(3)全体主義，(4)腐敗と非効率，(5)非合理性，(6)大衆性，(7)エグゾティズムである。また説明の範型としては二つが確認されたという。一つは経済的解釈であり，イスラムまたはイスラム主義は経済的貧困とそれについての絶望，したがって絶対的，相対的な価値剥奪に対する盲目的な反応であるというものである。もう一つは心理的解釈で，近代化が集団的な志向性の喪失を引き起こし，イスラム主義はこの根無し草化と深刻なア

---

(29) Jochen Hippler, Terrorismus und Islam, in: Gewerkschaftliche Monatshefte, H. 12, 2001, S. 710.

(30) Hartmut Behr, Islamischer Terrorismus: Gruppen und ihre regionale und globale Vernetzung, in: Gesellschaft・Wirtschaft・Politik, H. 2, 2004, S. 213.

(31) 朝日新聞アタ取材班『テロリストの軌跡』草思社，2002年参照。

イデンティティ危機を補償するというものである[32]。メディアに見られるこのような特色づけや解釈が普通の市民のイスラムについての見方をどこまで反映しているかは確認できないが，主要な属性の面では親近感はほとんど見出せず，むしろ強い違和感ないし嫌悪感が前面に出ているのは注目すべきであろう。そうだとすれば，少なくともメディアのレベルではテロの衝撃によってこうしたネガティブなイメージが一層強まり，同時にそれが社会に影響を与えたことは推測に難くないといえよう。

　メディアに見出されるテロ以前のこうした見方を念頭に置いたうえで，ヴィラモーヴィッツ＝メレンドルフの調査結果の要点を瞥見しよう[33]。

　調査は2000人のドイツ市民を対象に2002年12月に実施されたが，キリスト教と対比する形でいくつかの設問がなされている。まず，「すべての人間は宗教，信仰とは関係なく神の前で平等である」という命題に関し，83％がこれを肯定し，否定したのは10％にとどまった。また「キリスト教はイスラムよりも優れている」と思うかどうかとの設問では，「その通り」が16％であるのに対し，「そう思わない」は61％であり，信仰とそれによる人間の価値序列を否定する立場が優勢だった。しかしその反面で，「キリスト教は寛容だが，イスラムは不寛容である」という点については，「その通り」が39％，「そう思わない」が37％で，イスラムに対する違和感がかなり根強いことも浮き彫りになっている。因みにヴィラモーヴィッツ＝メレンドルフが2001年12月に公表した『ドイツにおけるトルコ人―国家と社会に対する態度』と題した調査では，同じ設問に対するトルコ国籍保持者の回答は，「すべての人間は宗教，信仰とは関係なく神の前で平等である」に同意するのは79％でドイツ人とほぼ等しかったが，「イスラムはキリスト教

（32）　Thomas Kliche, Vom Feindbild zum Fluktuat: Islam als mediales Feld flexibler diskursiver Ausgrenzung, in: Ronald Hitzler und Helge Peters, hrsg., Inszenierung: Innere Sicherheit, Opladen 1998, S. 26f.

（33）　以下のデータの出所は，特に断らない限りいずれも注(28)の文献からであり，個々のページを掲げるのは繁雑になるので省略する。なお，2006年にD. ドラーゼたちの厳密な方法による調査結果が公表され，イスラムに対する「社会的距離」が深刻な実情が浮き彫りにされたが，ここでは論及できない。Rainer Dollase und Kai-Christian Koch, Die Integration der Muslime, in: Aus Politik und Zeitgeschichte, 40-41/2006, S. 25f.

よりも優れている」では「その通り」が71％に達し，優劣の否定が多数を占めるドイツ人の場合と逆転する結果になっているのが興味深い[34]。

　他方，信仰の実践については，「ドイツはキリスト教国だから，イスラムの習慣をドイツで実行しようとしてはならない」という意見に賛成するのは26％であり，67％はこれに反対の立場だった。けれどもこの数字はドイツ社会の寛大さを意味するとは必ずしもいえないことに留意する必要がある。そのことは，「ドイツで暮らすムスリムはその宗教を制限なしに実践してはならない」という意見に対する賛成が59％に上り，反対は35％にとどまることや，「ムスリムはその信仰の実践に当たりドイツ人住民にもっと配慮すべきである」に賛成が72％にもなり，反対するのは20％しかないことが示している。この点は，別の調査で，「ドイツで生活する外国人は生活様式をもう少しドイツ人のそれに適応させるべきである」に69％の賛成が集まったことに照応している[35]。もっとも，この数字から『データ・レポート2002』の著者たちがドイツ市民の多数は多文化社会モデルを拒否しているという判定を下したのをヴィラモーヴィッツ゠メレンドルフは批判し，ドイツ人の側からの配慮の要求は，ドイツで暮らす外国人に固有の文化の放棄を求める同化までをも意味するものではないことを強調している[36]。その際，論拠の一つになっているのは，「近隣にモスクが建設されたら不快に感じますか」という問いに対し，「不快に思う」のは34％，「不快に思わない」がほぼ2倍の63％になったことである。また「近隣にムスリムが住んでいたら不快に思いますか」との設問でも，「不快に思わない」が95％に達していることも，ドイツ人が同化までは求めていないと判断する根拠になっている。

　そのほかにムスリムとの交流についても調査が行われている。まず友人・知人の中に外国人が含まれているか否かについては，外国人の密度が異なることなどを背景にして東西ドイツで差が開いているが，全体として見れば71％のドイツ人に外国人との交流がある。これをトルコ人に限定す

---

(34)　Ulrich von Wilamowitz-Moellendorff, Türken in Deutschland: Einstellungen zu Staat und Gesellschaft, Sankt Augustin 2001, S. 15.
(35)　Statistisches Bundesamt, hrsg., Datenreport 2002, Bonn 2002, S. 585.
(36)　Wilamowitz-Moellendorff, Was halten die Deutschen vom Islam?, S. 6f.

ると，西ドイツ地域では52％に交流があるのに対し，東ドイツでは16％にとどまっている。一方，トルコ人との交流を深めたいかとの質問に対しては，「はい」と答えるのは西ドイツで26％，東ドイツで16％にすぎず，「いいえ」が前者で61％，後者で69％で上っている。イスラムとの関係が直接に訊ねられている訳ではないものの，この数字にはドイツ人がイスラムに対して有する違和感が反映しているというのは間違いないであろう。平行社会という表現が使われるように，ドイツ人のホスト社会とトルコ系移民社会との溝は大きく，セグリゲーションという形で深刻な問題になっているが，交流はあっても積極的ではないという調査データはこの事実を裏付けているといえよう。

　それはさておき，これらのデータに基づき，ヴィラモーヴィッツ゠メレンドルフは，「全体としてドイツ人はイスラムに対し明白な寛容という点で際立っている」と結論づけている[37]。ムスリムに信仰を実践する権利を認めるだけでなく，近隣にモスクがあってもさほど不快とは感じないし，配慮は求めても同化は要求しないからである。こうした認識からヴィラモーヴィッツ゠メレンドルフは，「ムスリムに対する留保は主として無知と偏見から生じている」とし，その証拠として，「高学歴の人に比べ低学歴の人々でムスリムに対する留保が明らかに大きい」ことを挙げている。けれども，啓蒙活動を強めれば溝が埋まるかのようなこうした議論はいささか楽観的すぎるように感じられる。確かに学歴による差異は歴然としているものの，宗教の優劣を認めなくても「キリスト教社会」というドイツ人の側の社会意識が強固であることや，キリスト教は寛容なのにイスラムは不寛容という見方が広く共有されていることなどは，要求されるドイツ社会への配慮の程度とも絡んでイスラムとの対話に大きな困難を予想させるからである。

　問題はこれにとどまらない。2002年に公表されたW. ハイトマイヤーを中心とするグループによる調査では2,700人の調査対象者の71％が，ドイツで暮らしているムスリムは自己の信仰の定めに従って生活してはならないという立場であり，53％はモスクはイスラムが勢力を拡大しようとしている印だと受けとめていることが明らかにされている。また同調査では，

---

(37) Ibid., S. 15.

63％がイスラムは優れた文化をもたらしたという見方を支持するものの、イスラムの文化は我々の西洋世界に合致するかどうかという点に関しては、「全く合致しない」19.6％、「どちらかというと合致しない」46.3％、「どちらかといえば合致する」23.9％、「完全に合致する」10.1％という結果になり、3分の2以上の回答者がイスラム文化の不合致を懸念していることも明らかになっている[38]。同様に、『データ・レポート2004』に掲げられた調査では、公立学校でのイスラムの授業を容認する意見が広がりを増し、西ドイツ地域ではほぼ半数がこれを支持するまでに変化していることが確認された反面、イスラムの信徒が結婚して家族の一員になることをどう思うかという設問で、「好ましい」は11％にすぎないのに対し、「好ましくない」は43％に上り、「どちらでもない」は46％という結果になった。ユダヤ教徒の場合にはそれぞれ15％、27％、58％だから、ムスリムではユダヤ教徒以上に強い抵抗感があり、社会的な交わりが容易ではないことが確かめられている[39]。これらの調査結果はヴィラモーヴィッツ＝メレンドルフのそれとは多かれ少なかれ齟齬があり、整合的な解釈を見つけるのは難しい。こうした点も含め、ドイツ市民がイスラムについてどのように理解し、いかなる姿勢を有しているかについては、幅広い調査を継続的に積み重ねることが必要とされよう。ヴィラモーヴィッツ＝メレンドルフ自身が指摘するように、メディアでイスラムが度々取り上げられるのとは逆に、イスラムに対する一般のドイツ市民の姿勢についての知見は大幅に欠落しているのが実情であり、この点に照らせば、以上で紹介を試みた調査が貴重な意義を有しているのは確かなのである。

3　イスラムの組織化

(1)　トルコ本国のイスラム

　ところで、既述のように、今日のドイツには300万人前後のムスリムが暮

---

(38) Jürgen Leibold und Steffen Kühnel, Islamphobie, in: Wilhelm Heitmeyer, hrsg., Deutsche Zustände, Folge 2, Frankfurt a. M. 2003, S. 103.

(39) Statistisches Bundesamt, Datenreport 2004, op. cit., S. 590f.

第5章　現代ドイツのイスラム組織とイスラム主義問題　231

らしている。そのうちの4分の3はトルコ国籍を有する人々である。ドイツ・イスラム・アルヒーフ中央研究所が1995年に実施したアンケート調査では、そのうちのほぼ半数が自己を「信仰心の篤いムスリム」であるとしている。しかし、このことは日常の信仰実践に関してあまり多くを語ってはいないと考えるべきであろう。なぜなら、トルコ研究センター所長のF. シェンたちが2004年に実施した調査によれば、スンナ派の場合、モスク協会として知られるイスラムの団体にはドイツ在住のスンナ派ムスリムの15％しか組織されていないからである[40]。また同じ調査からは、世代差が無視できないことが明らかになっている。例えば食事に関するイスラムの習慣は世代の相違に関わりなく90％近いムスリムが守っていると答えているが、これに反し、モスクを定期的に訪れるのは、60歳以上では50％であるのに、18歳から25歳の年齢層では13％にすぎないという。ムスリムの多数はイスラムのもっぱら重要な祝祭日にモスク団体と関係をもつにとどまっているのが実情にほかならない。したがってドイツで生活しているムスリムの声を代弁しているという、競合している種々のイスラムの頂上組織の主張は、この点を考慮に入れ、額面どおりにではなく割り引いて聞く必要がある[41]。

　協会の設立によるイスラムの制度化は、ドイツでは家族の呼び寄せが行われるようになったのに伴い、1970年代に進行した。それと同時にドイツでも中近東諸国と同じくイスラム主義的潮流の影響力が強まった。この現象はドイツの国内事情によってばかりでなく、ムスリムたちが出身国との絆を維持していることを土台とする、国境を越えた影響力の作用として説明されるべきであろう。その一つとして、直接的な形では、サウディアラビアが主導するイスラム世界連盟の側からの多額の財政的支援が挙げられよう。しかしまたトルコと中近東諸国における政治情勢の推移が及ぼした影響も忘れてはならない。この点についてN. ファイント=リガースたちは次のように述べている。「トルコを揺り動かすものはこの国（ドイツを指す…筆者）にも降りかかり、おそらくはすべてのイスラム団体を揺さぶるだ

---

(40)　Sen u. a., Euro-Islam, op. cit., S. 14.
(41)　Kreile, op. cit., S. 180.

ろう。⁴²」もちろん，ドイツ国内の事情も軽視されてはならない。すなわち，オイル・ショックがもたらした不況によってそれまでの経済成長の夢に冷水が浴びせられたが，そうした気流の転換が生んだ種々の問題が外国人労働者にしわ寄せされたために高まった疎外感がイスラム主義的潮流を強める結果になったのである。

　それではドイツで暮らすトルコ人の間でイスラムはどのように組織化されているのであろうか。これを見るには，最初にトルコにおける政教分離の問題を一瞥しておくことが必要であろう。ドイツ在住トルコ人の多くは，意識の面でトルコと深く結び付いているからである。

　ドイツで暮らすトルコ人のイスラム理解にはトルコ本国における政治とイスラムの関係が重要な意味をもっている。オスマン帝国の崩壊の中で，トルコの独立保持と近代化を目指した建国の父ケマル・アタチュルクはイスラムにおける宗教と国家との結合にオスマン帝国の没落の原因を見出した。彼の見るところでは，予言者ムハンマドの後継者の王朝であったがために，オスマン帝国は近代的な文物を導入することができなかったからである。そこから彼は近代西洋文明を積極的に受け入れ，国家の世俗化を推進した。アルファベットの文字への切り替えはその所産の一つである。アタチュルクのモットーとされるのは次のものである。「多くの文化が存在するが，文明はただ一つである。ヨーロッパ文明がそれである。」神政政治の近東の国をヨーロッパ風の民主的な国家に改造することに彼は努力を傾注したのである⁴³。

　アタチュルクの改革の決定的な点は，イスラムを国家に関わる領域から排除したことにある。1923年に彼は国家権力を議会に移すことによって共和制を樹立すると同時に，イスラムの神政政治を廃止したのである。これ

---

(42) Nils Feindt-Riggers und Udo Steinbach, Islamische Organisationen in Deutschland, Hamburg 1997, S. 7. この関連で，B. アンダーソン「遠隔地ナショナリズムの出現」『世界』1993年9月号参照。

(43) オスマン帝国崩壊後のトルコ現代史に関しては，新井政美『トルコ近現代史』みすず書房，2001年参照。トルコ社会の複雑な構成については，主に言語の面から，小島剛一『トルコのもう一つの顔』中公新書，1991年が興味深く描いている。

によりイスラムは個々の市民の私事になった。その後の多くの改革はこの転換を補強するものであった。上述したアルファベットをはじめ，ヨーロッパ的な法体系を導入したこと，女性の参政権を確立したこと，新たな服装を定めたことなどはいずれもこの文脈に属している。さらに1946年以降トルコには複数政党制が形成されるに至っている。

　アタチュルクはまたトルコ人のアイデンティティとトルコという国家の基礎を巡る議論に終止符を打った。彼はトルコ性とはトルコ国家の領域で生活している人間たちの国民性であると宣言した。「自分はトルコ人であると語れるのは何と崇高なことだろうか」というのが彼の信条だった。トルコ文化の掘り起こしとトルコ語の純化とが彼の文化政策の中心的要素だった。トルコ人であることとは，この関連ではムスリムでもあることを意味していた。アタチュルクは古い体制に対する抵抗を引き出すためにイスラムを利用したが，しかしイスラムはもはや新しい国家における市民のアイデンティティの前面には押し出されなかった。以前はイスラムが国家イデオロギーそのものだったが，アタチュルクの下でトルコ・ナショナリズムによって取って代わられたのである。

　ところでトルコでは1960年代初期から二つの急進的勢力が登場するようになった。一つは急進左派であり，もう一つは宗教勢力である。

　1961年の憲法は極めて自由主義的な内容を有していたが，しかし共産党の存在を認めていなかった点ではそれまでと同様だった。それにもかかわらずトルコには左派が組織化され，1961年にトルコ労働党が結成された。その綱領はアタチュルクの改革事業の支持を表明していたものの，仔細に眺めれば，アタチュルクの功績をマルクス主義的に解釈したものだったことが見逃せない。60年代に同党は選挙を通じて国会に議席を占めるとともに，しばらくはクルド人の自治運動を支持したが，そのために1971年に禁止され，解体していくつもの小グループに分かれた。

　一方，労働組合もトルコ社会における左派的な思潮の拡大に貢献した。労働組合のメンバーは当初はトルコ労働党と密接に協力した。しかし労働組合のイデオロギー化が強まるに及んで，1966年に組織は分裂し，新たに革命的労働者労働組合連合（DISK）が誕生した。この左派グループは，西洋による束縛からの解放，自力の包括的な工業化，外国資本からの自立な

どを主唱した。

　政治的スペクトルの反対の極ではイスラム勢力の影響力が増大した。アタチュルクは宗教と国家の分離を目指したものの，イスラムの近代化や国家に対するその関係の問題は実際にはなお未解決だった。とりわけ農村部ではアタチュルクの近代化の考えは浸透せず，むしろ50年代には既に宗教勢力が徐々に台頭しつつあった。もっともイスラム主義者たちのイデオロギーはアタチュルクのトルコ・ナショナリズムと溶け合っていたことを見過ごしてはならない。

　1970年には初めてイスラムを標榜する政党が設立された。しかし1年後には憲法違反として禁止された。1971年3月12日の軍事クーデタとイスラム的傾向の国民救済党の結成の後，トルコではイスラム原理主義が最初の頂点を迎えた。信仰心の篤い人々は国民救済党に組織され，1973年の選挙で総数450議席のうち48議席を獲得したのである。1970年代には国民救済党はいくつかの連立政権に参加し，その目標の一部を実現するのに成功した。しかしより保守的でナショナルな反対勢力は劣悪な経済状況に対する農村部の人々の不満を利用して選挙で成功を収めた。その際，これらの勢力は自らをイスラムの守り手として演出したのであった。

　トルコにおけるイスラムの第2の頂点は，1980年12月12日の3回目の軍事クーデタの後に訪れた。トルコの軍部は全体としてライクリッキと呼ばれる世俗主義と政教分離の擁護者と見做されてきたが，にもかかわらず，軍部支配の下でイスラム勢力が次第に地歩を固めていったのは注目に値する。イスラム勢力から見れば，イスラムはトルコ人のアイデンティティの基礎にほかならない。彼らはイスラムを「国民的宗教」と位置づけ，政治的目的のために手段化する。その端的な例が，かつての国民救済党の指導者で1990年代には福祉党の党首として政権に就いた，後でも触れるN．エルバカンである。彼は反西洋の基本姿勢からトルコのEU加盟に反対してきた。そしてEUとの結合ではなく，イスラム重視の立場からアラブ諸国との関係の緊密化に努め，共同市場を創出しようと試みた。しかし，こうした形での西洋に依存しないトルコの工業化は，イデオロギー的には正当化できても，現実には成功の見通しの乏しい構想だったといわねばならない。もっとも，彼の政権は軍部の圧力により短期間で倒壊したから，この

時点では構想は実験段階にすら至らなかったというべきであろう。

　ともあれ，アタチュルク以来の世俗主義の原則にもかかわらず，トルコには再イスラム化の動きが度々表面化している。その代表的事例と目されるのは，1970年に正規の宗教教育を受けてモスクで活動するイスラム教職者が官吏として任用されるようになり，宗務省とも呼びうる行政機関が設置されたことである。これによってトルコでイスラムは事実上一種の国教の地位を得たとも評されるが，学校教育で必修化されていないことなどを考慮すれば，国教とまでいうのは誇張の感を免れない。またトルコは1976年にイスラム会議に正式な一員として加盟した。同会議はイスラムを国教とする諸国の政治・経済面の組織であり，これにオブザーバーの資格ではなく，正規に加盟することはイスラム国家としての立場の表明と受け取ることも可能である。

　ドイツで生活しているトルコ系移民の間でのイスラムの組織化は，トルコ本国におけるこうした発展と連動している。彼らの関心は現に生活しているドイツにも向けられてはいるが，出生した祖国ないし国籍上の祖国であるトルコへの関心が強い。特に移民の初期の段階では故郷への帰還が自明の前提になっていたから，トルコ人の間ではドイツの政治や社会に対する関心が希薄で，故国での動きに対する敏感な反応が顕著だった。そのため，トルコでの動きは様々な経路でドイツ在住のトルコ人に反映される構造が存在したのである。実際，ドイツで暮らすトルコ人の社会には，政治的にはナショナリストから極左まで多岐にわたる組織が存在するし，イスラムについても伝統主義的な団体からいわゆる原理主義の過激なそれまで幅広いスペクトルが見られるが，そうした多様さはトルコ本国との結び付きなくしては考えられないであろう。

(2) 移民社会におけるイスラムの組織化

　それではドイツで暮らすトルコ人の間でイスラムはどのように組織されてきたのであろうか。以上のトルコでの発展を念頭に置きつつ，簡単にスケッチしてみよう[44]。

---

　(44)　以下については，Sevket Kücükhüseyin, Türkische politische Organisa-

労働移民としてドイツに来たトルコ人たちは，1970年代初期まで宗教問題で重大な困難に直面した。当時のドイツにはほとんどモスクは存在せず，彼らは異郷の地で宗教問題に関していわば孤立無援の状態に陥ったからである。当時，彼らを処遇する労働者政策やその延長上の外国人政策はあっても，彼らは労働力ないし外国人としてだけ把握され，彼らをそれ以上の人間として，しかも信仰を持つムスリムとして処遇する発想がドイツ側にはなかった。他方，祖国トルコでも政府にはガストアルバイターとして外国で働き貴重な外貨を送金する自国民の宗教的社会的必要を考慮し，それに応える用意が存在しなかった。その主要な原因は，労働移民の初期にはトルコ人の定住とともに宗教面でイスラムがドイツ社会の無視できない構成要素になるとは予期せず，むしろドイツのイスラムは時間的に限定された労働移民に伴う一過性の現象にすぎないと考えられていたことにあった。その結果，ドイツで暮らすようになったトルコ人ムスリムたちは彼らの生活の社会的宗教的な面での空白を自力で解消しなければならない状況に立たされたのである。

ドイツに移住したトルコ人の多くは農村部の出身であり，旧来の生活習慣とともに伝統主義的な価値観と宗教理解を身につけていた。そのため，「最初の移民にとってはドイツ到着は月面着陸に等しかった」とさえいわれる[45]。そのような移民たちは，外部からの援助を当てにすることなく，自分たちの価値規準や社会規範が通用せず，信仰の実践も難しい異郷の地で自己自身を維持するという苦しい課題に突き当たった。こうして1970年代初期にドイツのトルコ人たちはドイツ国内に散らばるトルコ人居住地域でイスラムの組織を作り出していったが，それは宗教的な儀礼や習慣を実践すると同時に，次の世代のためにドイツ社会とは異質なイスラムの信仰と価値観を維持し引き渡すことを目的とするものであった。

組織形成が本格化したのは，1973年に外国人労働者の新規募集が停止され，家族呼び寄せが開始されたのを契機としていた。それ以前にはトルコ

---

tionen in Deutschland, Sankt Augustin 2002, S. 12ff. など参照。

(45) Bozkurt Güvenc, Türke sein in der Türkei und in Deutschland, in: Körber-Stiftung, hrsg., Was ist ein Deutscher? Was ist ein Türke?, Hamburg 1998, S. 75.

人ムスリムたちは一時的なドイツ滞在に合わせたいわば間に合わせの宗教的実践で済ませていた。イマームの役割を果たしたのが大抵は労働者自身だったことがそのことを物語っている[46]。彼らは工場や宿舎の管理部門に願い出て礼拝や儀礼を行う場所を確保することで基本的には満足していたが，それが可能だったのは数年のうちに帰国することが前提となっていたからであった。しかし，家族の呼び寄せに伴い，ドイツで子供の教育を行わねばならなくなったのに加え，当初の計画よりもドイツ滞在が長期化するようになったために，事情は根本的に変化した。ムスリムとして子供を育て，世代を超えて信仰と文化を伝えることを可能にする組織化の必要性が生じたのであり，工場の片隅や裏庭に局限された一時しのぎのイスラムにとどまっていることは不可能になったのである。

こうして1970年代になると，間に合わせの礼拝の場所の提供を求めるのではなく，礼拝を超えて同胞と交わり，さらに子供にムスリムとしての教育を行える施設の確保を目指す動きが高まった。そしてトルコ人の居住地域を中心に各地でモスクの形成が見られるようになったのである。ただその場合のモスクとは，熱心な信徒が共同してモスクとして使用する場所を借り，特別の修練を積んでいない仲間の中から朗唱の先唱者を選んで運営する最低限度のものだった点に注意すべきであろう。しかし時間の経過とともにモスクを訪れる人が増え，互いを結ぶ絆も次第に弛緩した。そのためモスクの維持と活動の継続に責任を負うのは片手間では難しくなり，専業の管理者を有するモスク協会が設立されるようになった。モスク協会は会員から徴収する会費で運営されているが，もちろん，協会の規模も会費の額も様々である。また，モスクを訪れる者すべてが会員であるわけではなく，家族の一員，通例は家長が協会の会員として登録しているのが一般的である。

ガストアルバイターとしてトルコ人がドイツに来た頃はモスクはほとんど皆無だったが，1995年の時点でみると，ドイツ全国で約1200のモスクがあると推定されるまでになっている。もっとも，そのうちで円屋根をもち

---

(46) Claudia Utermann, Türkischer Islam in Deutschland, Hamburg 1995, S. 10.

ミナレットを備えた本格的なモスクは1997年で約30とされているから、必ずしも多くはなく、裏庭のモスクの痕跡がなお濃厚といえよう[47]。これらのモスクはドイツ在住のトルコ人にとって単なる宗教施設ではなく、遠慮なく母語で会話し社交を楽しめる、文字通りの異郷の中の故郷となっている。そこは生活情報の交換はもとより、一緒にお茶を飲み、故国の食品を購入し、母語の本や雑誌を買うことのできる場でもある。同時にそれは、自己の望みどおりに故郷の文化で子供を包み育てるための教育施設でもある。その意味で、モスクの形成という「この自己自身のイニシアティブの傑出した意義は、出身地のアイデンティティの文化的宗教的価値観を維持するとともに、これを次の世代に引き渡すことにあった」のである[48]。

もっとも、モスクが形成されたとしても、特に初期にはそこで神学的に見て正しく、また教育的観点からも適切に配慮された子供のムスリムとしての教育を期待するのは無理だった。そこでは当初は移民たち自身が自分たちの工夫によって子供の指導に当たらざるをえなかったからである。彼らになしえたのは、コーランを読み、それを暗誦させることと、礼拝の儀礼を伝授することまでで、限界が顕在化するまでに時間はかからなかった。

移民社会という条件下で生じたこうした空白状態に浸透してきたのは、トルコ本国ではマージナルなイスラム主義グループである[49]。それらは異郷の地で移民たちがおかれた一種のディアスポラの状況下で醸成された不安の心理を利用し、宗教面の指導を引き受ける形をとりつつ、モスク団体にメンバーやシンパを送り込むことによってドイツのトルコ系移民の間で次第に勢力を広げていくようになった。イスラム主義グループは、トルコ本国の組織と密接な連携を保ちつつ、トルコでは禁止されている宗教的・政治的立場をドイツでは自由に宣伝することができたし、トルコでの活動を支える上でドイツは根拠地として大きな利用価値があった。このグループはドイツで確立された民主主義や政治的寛容には理解も共感ももたず、むしろ敵対する姿勢をとっていたが、内部ではこれらを否定していても、

---

(47) Zentrum für Türkeistudien, Türkische Muslime in Nordrhein-Westfalen, 3. Aufl., Düsseldorf 1997, S. 111.

(48) Ibid., S. 104f. Feindt-Riggers u. a., op. cit., S. 15.

(49) Kücükhüseyin, op. cit., S. 14.

ドイツ社会で保障された政治的・宗教的な自由を最大限に利用して勢力を拡大していったのである。もちろんその場合，一方で，トルコ系移民の宗教的必要に配慮し，指導を引き受けることをトルコ本国が忽せにし，他方で，多数のトルコ人を受け入れたにもかかわらず，その宗教生活にドイツ社会も無関心ないしは無理解だったことが，イスラム主義が根を張りやすい条件を作り出したことを見落としてはならないであろう。

　1970年代，80年代にはほとんどすべてのトルコ人の宗教組織はトルコ本国に対する，特にそこでの政治情勢の展開に対する強い関心を特色としていた。ドイツで暮らすトルコ人のイスラム・アイデンティティの維持は無論重要な課題だったが，同時に，祖国に存在する母体組織に有利となるように影響力を行使することに活動の重心が置かれていたことをそのことは意味している。トルコ人青少年がイスラムの基礎への手引きを受けるコーラン講座はモスク協会によって運営されたが，それは協会に浸透したイスラム主義グループにとってイデオロギー教育の中心に位置していた。また，ドイツ社会への青少年の統合はイスラム・アイデンティティの放棄に等しいと見做されたから，徹底的に阻害された。コーラン講座ではコーランと礼拝への手引きが教えられたが，それには青少年に対するドイツ文化の影響を遮断することに主たる役割が与えられていたのである。

　このような現実がある一方で，近年ではトルコへの関心よりもドイツでの生活の改善を優先させる傾向が強まってきているのも見過ごせない。トルコ系移民の政治組織に着目しながら，かつてC.アティルガンは，「当初は純粋に故国志向的な政策を推し進めていた政治組織は，ドイツにおけるトルコ系住民の継続的な滞在を視野に入れて移民に特有な政治を展開するようになった。その政治では，故国とのアイデンティティを維持し守るのか，それともドイツ社会への移民の統合を容易にしドイツにおける移民の利害すなわち社会的，法的，政治的同権の実現に努めるのかが重要になる」と問題の所在を確認した[50]。これに即していえば，2004年に公表されたシェンたちの調査は後者に重心が移っていることを証明するものとなった。

---

　(50)　Canan Atilgan, Türkische politische Organisationen in der Bundesrepublik Deutschland, Sankt Augustin 1999, S. 5.

それによれば，トルコ系のモスク協会の43％は主たる関心はトルコに向けられているのではなく，ドイツでの暮らしにあると答え，トルコ優先とする22％の2倍に上っている。またトルコとドイツが等しく重要とするのは16％という結果になっている[51]。ここには1980年代まで立場は違ってもほぼ共通して認められたトルコ重視の姿勢が緩んできていることが明瞭に浮かび上がっている。これには高齢者の増加に見られる在住期間の長期化や第2・第3世代の成長と増大という基本的事実が反映されているのはいうまでもない。このような変化を踏まえ，シェンたちはドイツ在住のトルコ系移民が宗教的・文化的な変動過程にあるとし，それは伝統的な宗教理解の固定化にもイスラムからの離反にも行き着かないところに特徴があると指摘している。その上で彼らは，「ユーロ・イスラム」とも呼ぶべき新たな形態のイスラムが移民社会の内部で発酵しつつあることに注意を促している。

　それはさておき，ガストアルバイターの時代が過去へと遠のき，家族呼び寄せなどを通じて移民社会が形成された今日では，トルコ系移民あるいはイスラムに限らず，多様な出身国を母体とする多数の移民組織が各地で活動するようになっている。その実態に関しては全国レベルの調査は行われていないが，トルコ研究センターとミュンスター大学政治学研究所がノルトライン゠ヴェストファーレン州について共同で実施した調査報告書が1999年に作成されている。移民組織側からの回答は住所や電話番号以外の質問項目には無答であるケースなどが多々見られ，ばらつきが目立つが，そのことは把握されていない組織がかなり存在しており，報告書が決して網羅的な性質を有していないことを推測させる。しかし他面で，この点に留意しつつ報告書を一瞥しただけでも，異郷に住み着いた移民が数十年のうちに多種多様な組織を構築し，公式の移民受け入れ国ではないドイツ社会に強固なネットワークを張り巡らせていることが看取できる。例えばトルコ系移民の本拠地と呼べるケルンにはトルコ系だけで大小52もの団体が活動しており，最小のケルン・ドイツ・トルコ保健センター促進協会は構成員はわずか7名，他方，最大のケルン地域アレヴィ゠ベカタシ文化協会は

---

　　(51)　Sen u. a., Euro-Islam, op. cit., S. 16.

560名の構成員を擁していることが報告されている。また，トルコ系以外ではイタリア系で9，ギリシャ系で8の組織が数えられるという[52]。

ところで，トルコ系移民はドイツ各地の都市に散らばって生活しているが，これに対応してドイツ国内には多数の地域的なイスラムの団体が存在している。しかし，それらは相互に合流して八つの規模も性格も異なる組織を形成しているのが現実である。この点を考慮し，ドイツで活動するイスラム主義組織に目を向ける前に，これらの組織の輪郭を以下でスケッチしておこう。

その際，留意を要する点が二つある。一つは，これらの組織の政治的志向や影響力を見る場合，相互間に内容的な対立や食い違いがあるということ，もう一つは，それぞれの組織の大衆的基盤は組織自体の政治的傾向を必ずしも共有している訳ではないことである。

前者については，トルコ本国での国内対立を反映した結果であることは容易く推察できるが，注目されるのは，どの組織もイスラムの伝統に従い社会的サービスをメンバーに限らず誰にでも提供しており，同時にメンバー以外も含むムスリムを代表していると主張していることである[53]。一方，後者の点に関しては，プラグマティックな考慮が組織への加入の促進要因になっていることが頻繁に見られるのであり，例えば団体が提供するサービスが主要な吸引力になっていることは珍しい現象ではない。これについては，フランスのケースに関するJ. セザリの指摘が参考になる。文化の接触によってとりわけ若い世代でイスラム自体の多様性が強まっていることに注目しつつ，彼女はこう述べている。ムスリムの間においても「変動のもっとも重要な側面は増大する個人主義化と私化である[54]。」つまり，移民たちが，とりわけ若年世代がホスト社会の影響を受けるのは避けられず，

---

(52) Zentrum für Türkeistudien und Institut für Politikwissenschaft der Westfälischen Wilhelms-Universität Münster, Selbstorganisationen von Migrantinnen und Migranten in NRW, Düsseldorf 1999, S. 50f.

(53) Zentrum für Türkeistudien, Türkische Muslime, op. cit., S. 107f.

(54) Jocelyne Cesari, Ausbildung und Wandel islamischer Identitäten in Frankreich, in: Heiner Bielefeld und Wilhelm Heitmeyer, hrsg., Politisierte Religion, Frankfurt a. M. 1998, S. 285.

イスラムの組織的活動を考える場合にも，その文脈で生じる個人主義化のような主要な変化が底流に存在することを忘れてはならないのである。

これらの点を踏まえたうえで，T.レンメンに従い，基本的性格から見たトルコ系のイスラム組織の分類を示すと，次のようになる[55]。まず大別されるのは，スンナ派イスラムの系列の組織とアレヴィ派のそれである。しかし後者にはヨーロッパ・アレヴィ共同体連合（AABF）のような組織があるものの，スンナ派の諸組織に比べて組織形成が立ち遅れ，また数と影響力のうえでも小さいのでここでは度外視することにする。スンナ派の系列の組織はさらに，(1)国家的に管理されたイスラム，(2)政治化したイスラム，(3)神秘主義的イスラム，(4)ナショナルなイスラムの四つに分類される。それぞれに属すのは，(1)が宗教施設トルコ・イスラム連盟（DITIB）で，740団体が加盟していて，傘下の団体数では最大である。(2)に当たるのは，加盟団体数でDITIBに次ぐイスラム共同体ミッリー・ギョルシュ（IGMG）とカプランの支持者が作っているイスラム協会・団体連盟（ICCB）である。(3)がスュレイマンジュ同胞団のドイツにおける組織で250団体を擁するイスラム文化センター連盟（VIKZ）とヌルジュである。最後の(4)として挙げられるのが，灰色の狼の通称で知られるドイツ・トルコ理想主義協会連合（ADÜTDF），その分派で122の団体を抱えるヨーロッパ・トルコ・イスラム同盟（ATIB）およびヨーロッパ世界秩序連合（ANF）である。

もっとも，このような分類が通説的というわけではなく，ほかの分類が可能であることにも留意すべきであろう。そのいくつかを紹介すると，例えば政治面からの分類としてキュチュクフセインは，宗教的に動機づけられた組織，トルコ・ナショナリズムの組織，政治的中道の組織，左翼志向の組織という分類をしている[56]。またノルトライン＝ヴェストファーレン州に関するトルコ研究センターの著作では，ネオ伝統主義，世俗主義，イスラム主義という三つの類型が提起されており，さらにファイント＝リガースたちの研究では，神秘主義，政治的イスラム主義，トルコ・ナショナ

---

(55) Thomas Lemmen, Islamische Vereine und Verbände in Deutschland, Bonn 2002, S. 34ff.

(56) Kücükhüseyin, op. cit., S. 16ff.

リズムという分類がなされている[57]。

(3) 主要なイスラム組織
I トルコ・イスラム連盟（DITIB）

ところで、既述のように、数の面から見るとドイツで暮らすムスリムの主力はトルコ人であるが、彼らが属するイスラム団体の多くは上記の国家的に管理されたイスラムの代表例である宗教施設トルコ・イスラム連盟（DITIB）に加盟している。この組織はトルコ政府の宗務庁の下に置かれており、同庁からイマームの派遣を受けている[58]。同庁は1924年にトルコ近代化の父ケマル・アタチュルクによって創設されたが、よく知られている通り、アタチュルクは宗教施設に対する国家管理を確保し、世俗主義的な原則を貫徹しようとしたのであった[59]。トルコ・イスラム連盟の説明では、連盟はドイツで最大のムスリムの組織であり、ヨーロッパ全域では740の団体を束ねている。またドイツで11万人のメンバーを数えるという。もっとも、事実上のメンバーはこの数字を大幅に上回ることに留意する必要がある。というのは、シェンたちが指摘するように、「一つの家族からは一人の家族構成員、大抵は戸主がメンバーとして登録されるのが通例」だからである[60]。そしてこの点は、以下で取り上げる組織すべて共通するので注意を要する。

---

(57) Zentrum für Türkeistudien, Türkische Muslime, op. cit., S. 116ff. Feindt-Riggers u. a., op. cit., S. 17ff. なお、以下で概観する組織の地域レベルでの実態に関しては、エッセン、マンハイム、ミュンヘンについての報告書が有益である。Der Ausländerbeirat der Stadt Essen, Moscheevereine in Essen, Essen 1995; Beauftragter für ausländische Einwohner, Islamische Vereinigungen in Mannheim, Mannheim 1996; Ausländerbeauftragte der Landeshauptstadt München, Muslime in München, München 1997.
(58) DITIB については、主に Lemmen, op. cit., S. 34ff.; Zentrum für Türkeistudien, Türkische Muslime, op. cit. S. 116ff.; 内藤、前掲『アッラーのヨーロッパ』253頁以下を参照した。
(59) 宗務庁に関しては、佐島隆「トルコ・イスラームの一形態としての宗務庁」『イスラム世界』39・40号、1993年参照。
(60) Sen u. a., Türken in Deutschland, op. cit., S. 92.

DITIBはベルリンで15の登録されたモスクの地域的な頂上組織として1982年に設立された。それが他の頂上組織と異なるのは，トルコ政府によって創設された点である。その意図は，トルコの急進的グループの影響下にあるドイツの既存のイスラム組織に対抗することにあった。DITIBはトルコの宗務庁の国外組織と見做すことができ，事実，トルコ大使館と領事館がモスクと協会の調整を行っている。例えば1992年と93年に発生したメルンとゾーリンゲンでのトルコ人家族焼殺事件の犠牲者の追悼式典をDITIBが主催したのは，こうした関係を表している。DITIBには500の協会が組織されており，それ以外にもドイツ各地の多くの団体がそれぞれの地域でトルコ・イスラム連盟の名前を使って活動している。大抵はトルコ大使館の宗教問題担当アタッシェがDITIBの議長を務めている。総領事館のアタッシェはモスクとDITIB加盟の団体の宗教担当者の調整に当たり，ドイツ国内各地に配置されている14人のコーディネーターは毎年会合を開くとともに，本国に報告を行っている。

　DITIBはドイツで死亡したトルコ人の埋葬などを執り行い，メッカへの大巡礼を組織している。その活動は主として寄付によって支えられ，それはモスク建設にも充てられている。モスクが建設されるとトルコ宗務庁が所有者として登録され，国家官吏であるイマームがトルコから派遣される。また彼らはDITIBではなく，トルコ政府から給料の支払いを受け，最長でも5年程度勤務した後，ドイツを立ち去る。そのため，ドイツで暮らすトルコ系移民の生活の現実に彼らが精通していないことが重大な問題になっているといわれる。

　イデオロギー面ではDITIBは国家と宗教の関係について世俗主義的な姿勢をとっている。ドイツでもこの枠組みで活動しているが，いうまでもなく，これはトルコ政府の公式の国策に対応するものである。DITIBの目的は，ドイツのトルコ系移民を宗教面で指導・管理し，トルコ人ムスリムの団体を網羅的に把握することにある。したがって地域で自立している団体を結び付け，他の頂上組織に属しているそれを引き寄せることに努力が傾注されている。そのため，トルコ本国の宗教政策から自立性を保とうとする団体との間に緊張関係が生じている。

　その自己理解ではDITIBはドイツのトルコ人ムスリムをドイツ側に代表

する公式の窓口である。ここからDITIBは一方でトルコ人ムスリムが信仰から離れるのを防止するとともに，他方でドイツの政府機関と協力することが必要になる。トルコ人生徒に対する宗教の授業の担当や，ムスリム向けの幼稚園，学校の開設を認めるように働きかけているのはその代表例である。しかし公式の窓口というDITIBの自己主張に対しては根強い反対論がある。なによりも，DITIBはトルコの世俗主義的政策に基づく組織であり，国家から自立していないから，イスラムを代表しえないと見做されるからである。また単一のイスラムが存在しないことも反対論の有力な論拠である。けれども，他方には擁護論も存在している。それは主に政治的考慮から出たものであり，例えば，DITIBはイスラムを柔軟に解釈する姿勢をとっているから協力が可能であるというものや，後述するイスラム主義的な傾向に対する防波堤になりうるという議論などである。ドイツ政府はDITIBを公式の窓口とは認めていないが，DITIBがトルコ政府の方針を反映して世俗主義的で穏健な立場をとっているところから，イマームの派遣に当たっての優遇措置などを含め，他の頂上組織に比べてこれを重視しているといわれている。

II　イスラム文化センター連盟（VIKZ）

次にイスラム文化センター連盟（VIKZ）に目を向けよう[61]。

VIKZはドイツのイスラム団体の中でもかつては最も重要な頂上組織と見られていた。1960年代以降に形成された様々なモスク協会のうちで，VIKZは全国レベルでの結合を目指した最初の組織だからである。1973年にそれは「トルコ連盟」という名称でケルンで団体登録し，1979年に公法人としての認可を申請した。今日では250の団体を束ね，加盟している人員は推定で2万人を数える。

VIKZのメンバーはドイツ在住のトルコ人の間ではスュレンマンジュ（スュレイマン運動支持者の意味）と呼ばれている。スュレイマン運動を担っているのは神秘主義的なデルヴィッシュ修道団であるが，トルコでは1924

---

(61)　VIKZについては，主としてZentrum für Türkeistudien, Türkische Muslime, op. cit., S. 131ff.; Kücükhüseyin, op. cit., S. 24ff.; Lemmen, op. cit., S. 49ff. を参照した。なお，内藤，前掲『アッラーのヨーロッパ』195頁以下に次のヌルジュと併せて簡単に触れられている。

年にすべての修道団が禁止されたのに伴って表面からは姿を消した。しかし，その支持者が私的にコーラン講座を開くことによって運動は継続してきた。修道団は元来はケマル主義的な世俗主義に反対するコーラン講座の運動として位置づけられており，トルコ政府がイスラムに対する開放政策をとって以来，特にオザル政権以降，著名な政治家の一部がこのグループへの所属を公言するようになっている。また「公式には禁止されているにもかかわらず，トルコの政治，経済，軍部で運動はかなりの影響力をもっている」という指摘もある[62]。

VIKZ は中央集権的に組織されているが，そこには二つの構造が見出せる。内部サークルすなわちデルヴィッシュ修道団のメンバーと外部サークルである。後者は修道団の政治的目標に理解を示すが，秘教的な教義を共有しない VIKZ の一般のメンバーから成っている。

機関紙としては週刊新聞の『アナドル』があり，これはドイツの主要都市なら入手可能である。モスクはメンバーの寄付で運営されているが，VIKZ は自前の商店や講座を有しており，その収入で活動を財政的に支えている。地域組織は特に青少年を精神的に支え，社会的支援を提供することで彼らを引き付けることに主眼を置いている。

VIKZ はこれまでしばしばナショナリスト党のようなトルコ本国の極右勢力と近い関係にあると見られてきた。VIKZ はファイント=リガースたちの観察によれば，イスラム主義的傾向と神秘主義的なそれとを混合し，超保守的で権威主義的な性格をもっている[63]。事実，スュレイマン運動の創始者ナクシュバンディ・シャイフもその後継者もトルコにおける世俗主義の廃止と法の唯一の基礎としてコーランとシャリーアの再導入を唱えてきた。しかし，極度に保守的な姿勢は1982年にハルン・レジト・トュイログルが主任イマームの職を解かれてからは緩み，ナショナリスト色の薄いイスラム組織との論争にも穏健さが見られるようになるとともに，対決から対話に方向を転じている。もっとも，その活動の中心には，青少年を中心とするイスラム・アイデンティティの維持が据えられている点に変わりは

---

(62)　Kreile, op. cit., S. 185.

(63)　Feindt-Riggers u. a., op. cit., S. 17.

ない。また1980年代半ばからは他の組織と共同してドイツで暮らすトルコ人ムスリムの利益を代弁することに重点を置くようになっている。

これに比べると VIKZ と同じ神秘主義的イスラムに分類されるヌルジュ運動のメンバーは5千人から6千人程度と推定され，規模は小さい[64]。そのことはこの運動がセクト的性格を有していることの反映でもある。その組織はドイツでは1967年以降存在し，傘下には約30の地域組織がある。神学的立場の基礎はコーラン以外に創始者セイディ・ヌルスィの遺した『光明の書』である。ヌルジュ運動は自己を宗教的改革運動と位置づけ，近代テクノロジーとイスラムを結合することを目指している。同時にキリスト教との共通性を強調し，とりわけ神秘主義との親近性を訴えている。この対話志向的な姿勢の点でヌルジュ運動は他の頂上組織とは区別され，事実，カトリック内部の神秘主義的グループと協力関係があるといわれる。

III　ドイツ・トルコ理想主義協会連合（ADÜTDF）

最後に，以上で瞥見した「国家的に管理されたイスラム」とも，「神秘主義的イスラム」とも異なる「ナショナルなイスラム」に視線を転じ，まず灰色の狼の略称をもつドイツ・トルコ理想主義協会連合（ADÜTDF）を眺めよう[65]。

ADÜTDFはドイツ最大のトルコ系ナショナリスト組織であり，1978年にフランクフルトで多数のトルコ人団体が合流する形で創設された。1996年に組織改革が行われ，ブリュッセルに本拠をもつヨーロッパ連合（Europäische Konföderation）に改組された。これに伴い，ドイツの組織はドイツ・トルコ連合と名乗るようになった。

組織は連邦主義的に編成されていて，文化協会や理想主義協会と呼ばれている。およそ200の加盟団体は推定で1万人の会員を擁している。組織には月刊の機関誌があり，財政は会員が負担する会費で賄われている。ADÜTDFの主要課題はメンバーに対する社会的，文化的，経済的支援であり，連帯の促進が重視されている。ドイツ側にはトルコ系移民の自治体選

---

(64)　ヌルジュについては，Sen u. a., Türken in Deutschland, op. cit., S. 101f.; Lemmen, op. cit., S. 53ff. 参照。

(65)　ADÜTDF については，Kücükhüseyin, op. cit., S. 31ff.; Zentrum für Türkeistudien, Türkische Muslime, op. cit., S. 150ff. 参照。

挙権や二重国籍の保証を要求し，メンバーに対してはドイツ国籍の取得や自治体行政，外国人評議会への参加を呼びかけている。上述した VIKZ や後述するミッリー・ギョルシュなどと違い，ADÜTDF はトルコのケマル主義的原則を支持している。

ADÜTDF はトルコのナショナリスト政党 MHP の在外組織と見做されている。MHP はトルコ・アイデンティティに基づくすべてのトルコ系民族の民族的統一というイデオロギーを掲げている。1980年代以前には ADÜTDF はイスラムをトルコ性に対する異質物だとしていたが，今日ではトルコとイスラムの総合を唱えており，そこではイスラム的な要素とエスニックでナショナルな要素とが混合されている。もちろん，ナショナルな要素がメンバーの自己認識では濃厚だが，しかし，イスラムが民族の構成要素として組み込まれている訳である。この点に関し，運動の指導者で1997年に死去したアルパルスラン・トゥルケシュは次のように述べている。「トルコ性は我々の肉体であり，イスラムは我々の魂である。魂なき肉体は単なる死体である。」この方針に従って各地の理想主義協会はメンバーに対し，モスクを訪れ，金曜の礼拝を行い，コーラン講座に参加し，メッカに巡礼するように働きかけている。

高揚したナショナルな感情は，組織に付随するスポーツ協会とともに，日常的に差別に晒されている青年層にとって魅力がある。メルンとゾーリンゲンの事件後，ADÜTDF のメンバーが増加したのはその点から説明される。ADÜTDF はトルコ本国の民族的再編を目指しているが，その一方で，ヨーロッパでトルコ人が定住している現実を受け入れている。そのことは外国人評議会でメンバーが活動している事実が証明している。けれども同時に ADÜTDF はあらゆる西欧化の傾向に反対している。人道主義や共産主義は文化を破壊するコスモポリタンな力であるとし，またドイツの教育システムから生じる潜在的なキリスト教化の傾向に対しても，トルコ人としてのアイデンティティを守ることが重要だとしているのはその表れにほかならない。

ADÜTDF はドイツの法秩序を順守し，世論で政治的中道の民主主義的団体として受け取られるように努めている。また現時点では憲法擁護機関も ADÜTDF を監視対象にはしていない。けれども，そうした姿勢はあくまで

もトルコ本国における MHP の立場によって決定づけられていることを忘れてはならない。民主主義重視という覆いの下でエスノ・ナショナリズムのエネルギーがたぎっており，トルコでの情勢の展開次第では ADÜTDF の活動がドイツの憲法秩序を逸脱する可能性を排除できないからである。

Ⅳ　ヨーロッパ・トルコ・イスラム文化協会連盟（ATIB）

　ADÜTDF が分裂し，多くの協会が脱退したのは1987年のことである。これらが1988年に合流してトルコ・イスラム文化協会連盟が結成され，1993年以降その名称にヨーロッパが追加された。この組織は一般に ATIB の略称で知られている[66]。ADÜTDF と同じく，組織は連邦主義的に構成され，本拠はケルンにある。自称では傘下に126の団体を擁し，2万5千人が組織されているという。会費のほか，寄付，催し物の収益で活動資金は賄われている。ATIB にはベルギー，スイス，オランダ，フランスなどに姉妹組織があり，またドイツ・ムスリム中央評議会（ZMD）とドイツ・トルコ国民評議会（RTS）に加盟している。

　ATIB もまたトルコとイスラムの総合を唱えているが，重点がイスラム的要素にあるところが ADÜTDF と違っている。政党政治面ではこの相違は，MHP からの離反と保守リベラルとされるトルコ本国の政党 ANAP への接近を生んでいる。

　ATIB は自己を「ドイツで生活するトルコ人のイスラム組織」と見做しており，文化，社会，教育，宗教の諸領域に関与している。このために礼拝所のほか，女性団体，青年団体，青少年の教育センターなどを運営している。特に力を入れているのは，青少年向けのトルコと他のイスラム諸国の訪問プログラムであるとされる。また青少年向けの著作を作成し，職業教育にも携わっている。一方，女性向けの活動では，家政教育が中心であり，育児や衛生に関する知識を教えている。さらに労働者の相談窓口なども開設している。

(4)　多宗教社会の現実

---

(66)　ATIB については，主に Zentrum für Türkeistudien, Türkische Muslime, op. cit., S. 154ff. 参照。

以上で一瞥したところから明らかなように，ガストアルバイターとしての導入以来，定住化したトルコ系移民の間でイスラムの組織化が進められてきた。そして今日ではいくつものタイプの組織に分かれながら，トルコ系移民によって移植されたイスラムは，ホスト国ドイツの中に強固に根を張るに至っている。また同時に，意識調査から看取されるように，そうした形でイスラムはドイツ社会の側に次第に受け入れられるようになってきている。

　とはいえ，ドイツ社会との間に存在する溝が依然として深いのは否定しがたく，平行社会の危険が指摘される通り，二つの社会の交わりは乏しいのが現実といってよい。地域社会や学校など両者の接点となる社会的空間でしばしば軋轢が生じているのは，その例証になっている。

　ところで，トルコ系移民のイスラムから視線を転じ，より広い視座から，エスニックな背景をもつ宗教に焦点を合わせると，ドイツには既にイスラム以外にも多数の集団が形成されている事実が浮かんでくる。プロテスタント，カトリックに次いで今ではイスラムが第3の規模になっているが，そのほかにユダヤ教，仏教，ヒンズー教，シーク教などの集団が存在するからである。この点から見れば，ドイツは今や多宗教が共存する社会に変貌したといっても決して誇張ではない。事実，最近では多文化社会になぞらえて多宗教社会という表現も用いられるようになっている。これがいつ頃から使われるようになったのかは定かではないが，「多宗教的（multireligiös）」については，管見の限りでは，1997年に出版された異文化間協議会の冊子に「ヨーロッパの新しい魂は多宗教的である」という表題の論説が収録されているから[67]，1990年代半ばあたりからであるように思われる。それはともかく，仮にこの語を使うとしても，以上で行った検討を踏まえるなら，その内実として，多文化社会論の場合のように異なる文化の共生が相互に他を豊かにする展開を思い浮かべるのは適切とは思われない。むしろ，差し当たりは，多様な宗教集団が平和的に共存する関係を含意す

---

(67) Nadeem Elyas, Die neue Seele Europas ist multireligiös, in: Interkultureller Rat, hrsg., Religionen für ein Europa ohne Rassismus, Frankfurt a. M. 1997.

るものとすべきであろう。

　この点に留意して研究の現状を眺めた場合，多宗教社会としてのドイツの実情については正面から取り組んだ調査は存在しないように思われる。ただ大都市のうちでも首都ベルリンと外国人の人口比率が突出して高いフランクフルトについては，「多宗教都市」という視点から若干の研究が行われている。例えばG. ヨナンは『ベルリンの世界宗教』と題する著作で，ベルリンで活動している主要な宗教の概観を試みているが[68]，そこではキリスト教ではギリシャ正教やロシア正教をはじめとして，コプト派，セルビア正教，アルメニア使徒教会など，イスラムでは小勢力のドルーズ派，アレヴィ派などを含む教義の特色と歴史の概略と並べ，ベルリンでの活動が紹介されているほか，仏教，シーク教，ジャイナ教，バハイ教などベルリンでの存在が確かめられている宗教についても触れられている。

　一方，S. レッヒは人口60万人のフランクフルトで6万人のムスリムが生活しており，その数は外国人の35％に相当すること，ユダヤ教のゲマインデのほかに，50の福音派と自由教会，20のカトリック，14の正教，32のイスラム，8つの仏教，5つのヒンズー教，1つのシーク教のゲマインデが市内に存在することを明らかにしている[69]。レッヒはそれらが移民の増大に伴って形成されたことを歴史的に跡づけているが，ここではその詳細は省略し，代わりに「多宗教都市」と題した論文でM. ヤンセンとS. ケヴァルが強調している事柄に注意を払っておきたい。彼女たちは異なる宗教集団の接点で生まれる対立を念頭に置きつつ，「文化創造的であろうとするなら，宗教は時代の要求と取り組まねばならないし，現に宗教的慣習と現代の要求がもはや合致しなくなったときにはそうしてきた」と指摘して，

---

(68) Gabriele Yonan, Weltreligion in Berlin, Berlin 1993. ベルリンにおける多様な宗教の詳細については，今では便利なハンドブックがある。Nils Grübel und Stefan Rademacher, Religion in Berlin, Berlin 2003.

(69) Stefan Rech, Frankfurt am Main als Beispiel für eine multireligiöse Stadt, in: Mechtild M. Jansen und Susanna Keval, hrsg., Religion und Migration: Die Bedeutung vom Glauben in der Migration, Wiesbaden 2003, S. 12f. なお，Ausländer in Deutschland, H. 2, 1999所載の地図と「ドイツにおける宗教センター」と題した補足には，多数の都市に所在する多種多様な宗教の主要な施設が示されていて有益である。

宗教の適応力を重視している。その上で，宗教を含む社会秩序を規制し維持する国家や政府の役割を前面に押し出しながら，次のように記している。「世俗的世界の中の宗教は，人生の意味を充実し，統合を促進する場合に，そして人を熱狂させず，原理主義的でない場合に存在資格を有する。宗教性と世俗性の矛盾は解消しがたいものである。これを解消しようとする試みは原理主義的になるであろう。なぜなら，分業に基づいて機能し，人権に立脚する国家の世俗的世界と，人類の生存問題をとらえ，伝統に基づいて存在に意味を付与する宗教的世界という二つの領域がその試みに映し出されるからである[70]。」こう述べて彼女たちは，「多宗教都市」を存続させるには伝統や慣習の修正を含む宗教自身の脱皮が必要であるとし，「宗教性と世俗性の解消しがたい矛盾」を解消しようとする原理主義的傾向は「多宗教都市」を危殆に晒すとして強い警告を発している。もちろん，その際に彼女たちが何よりも重視しているのが，イスラム原理主義，つまり本章でいうイスラム主義にほかならないことは容易に推察できよう。彼女たちの目から見て，イスラム主義は多宗教都市を解体させかねない危険を孕んだ潮流なのである。

4　イスラム主義の輪郭と組織

(1)　イスラム主義の輪郭

それではしばしば語られるイスラム主義とは何を指すのであろうか。

ドイツではイスラム主義と並び，イスラム原理主義，政治的イスラムもしくは政治化したイスラム，イスラム過激主義などの表現がほぼ同義語として使われている。こうした用法については当然批判があり，とりわけイスラム主義と原理主義との異同を問題とする指摘がなされている。ここではその詳細には立ち入らず，実務面から憲法擁護機関が用いているイスラム主義の定義を中心に簡単な考察を行うことにしたい。

---

(70)　Mechtild M. Jansen und Susanna Keval, Die multireligiöse Stadt: Religion, Migration und urbane Identität, in: dies., hrsg., Die multireligiöse Stadt, Wiesbaden 2004, S. 14.

第5章　現代ドイツのイスラム組織とイスラム主義問題　253

　周知のように，連邦と各州の憲法擁護機関は基本法に定められた自由で民主的な基本秩序に対する脅威を監視することを主たる任務としているが，この立場から連邦憲法擁護庁のイスラム過激主義に関する文書では，「原理主義の内容的な定義では，個人が行う宗教的世界観的な態度決定が含まれるので憲法擁護機関の目的からみて不正確である」としている。そして，組織や運動の政治的な貫徹意思を重視する治安機関としての立場からは，イスラム主義という表現が運動の政治的志向を明確にするのに適しているとしている[71]。こうした観点からの連邦と州の憲法擁護機関によるイスラム主義の定義は概ね一致している。ベルリン市憲法擁護局の『政治的イデオロギーとしてのイスラム主義』と題した文書の冒頭近くにある，イスラム主義とは「現代の世俗的な秩序に代えて神の国を樹立するという目的のための宗教の政治化に基づくイデオロギー[72]」という定義がその代表的なものであろう。しかし，イスラム主義の捉え方は必ずしも一枚岩ではない。ノルトライン=ヴェストファーレン州内務省の文書『ノルトライン=ヴェストファーレンのイスラム過激主義』では「政治的目的のための宗教の道具化」というイスラム主義の定義に続けて，スンナ派イスラム主義とシーア派イスラム主義とに区別してイスラム主義が説明されているが[73]，他方，ラインラント=ファルツ州のそれでは，伝統主義，原理主義から区別する形でイスラム主義の説明が行われている[74]。これに対し，ハンブルク市の憲法擁護報告書では「政治的に解釈されたイスラムの三つの基本姿勢」として，イスラム主義自体が伝統主義，原理主義，改良主義に分類されている[75]。

　このような差異はあるものの，イスラム主義の主要な構成要素と見做さ

(71) Bundesamt für Verfassungsschutz, op. cit., S. 10f.
(72) Landesamt für Verfassungsschutz Berlin, Islamismus als politische Ideologie, Berlin 1997, S. 3.
(73) Innenministerium des Landes Nordrhein-Westfalen, Islamischer Extremismus in Nordrhein-Westfalen, Düsseldorf 1998, S. 16.
(74) Ministerium des Innern und für Sport Rheinland-Pfalz, Islamistische Extremisten: Vom Gebet zum Gottesstaat, Mainz 1996, S. 12ff.
(75) Landesamt für Verfassungsschutz Hamburg, Verfassungsschutzbericht 2003, Hamburg 2004, S. 25.

れているのは次の諸点である[76]。

(1)イスラムは万人を拘束する，唯一の啓示された真理であること。
(2)シャリーアに基づくイスラムの神の国の社会的実現は義務であること。
(3)不信仰に対する闘争という課題は確固たる命令であること。
(4)この闘争は政治的社会的革命という手段をもってジハードとして遂行すべきこと。
(5)イスラムの信仰と法の観念に屈しない限り，西洋的価値観の原理的拒絶は議論の余地がないこと。

イスラム主義がこのようなものだとすれば，その下では民主的社会の土台をなす個人主義と価値観の多元性が否定されるのは明白であろう。そればかりか，コーランの絶対性の名の下に市民の人権も尊重されないし，国家は神の意思を表すとされるから，西欧で歴史的に確立された国家の宗教的世界観的中立性は存立の余地がなくなる。さらに宗教的指導者の権威が絶対化されるため，民主主義的な意思形成やそのために必要となる多党制が否定されるのは当然の帰結といわねばならないであろう。その上，イスラムの聖地エルサレムを侵略者であるイスラエルの手からから奪還することが闘争目標の一つとされるところから，イスラム主義には反ユダヤ主義ないし反シオニズムの主張が内包されている点も見過ごすことはできない。つまり，イスラム主義には総じて反西洋，反近代，反ユダヤの基調が貫か

---

(76) Landesamt für Verfassungsschutz Berlin, op. cit., S. 35. Vgl. Bundesamt für Verfassungsschutz, op. cit., S. 14. この把握は当然ながらイスラム研究者のそれとは微妙に異なる。その事例の一つとして，テュービンゲン大学オリエント学教授のH. ハルムの見解が参考になる。Heinz Halm, Islam und Islamismus: Eine notwendige Begriffsklärung, in: Christ und Sozialist, H. 3, 1998. またイスラム主義についての立花亨の定義とそれを巡る議論やイスラム主義の分類も，ドイツにおけるそれとは異なるものの，参照に値する。立花亨『イスラム主義の真実』勁草書房，1996年，14頁。一方，大塚和夫はイスラム復興を「社会的・文化的な現象」とし，イスラム主義を「社会のイスラーム的変革を求める政治的イデオロギーや運動」を指すとしてこれと区別しているが，その構成要素には論及していない。大塚和夫『イスラーム主義とは何か』岩波新書，2004年，15頁。

れているのであり，こうしたイデオロギーとしてのイスラム主義が組織的な形をとって活動するとき，それは西洋近代に確立した政治と社会の基本原則に敵対し，脅威を及ぼすものとなるのである。

ところで，以上のような内容を有するイスラム主義について考える場合，いくつかの点に留意する必要がある。上記のように，イスラム主義はしばしば原理主義と同一視されている。しかし，真の教義に立ち返ること，そしてその教義の普遍妥当性を主張するという点に原理主義の特徴を見出すとすれば，まずもって確認すべきは次の事実である。それは，イスラムに限らず，キリスト教をはじめとする他の宗教にもイスラム主義に類似したイデオロギーや運動が存在していることである[77]。これについては，キリスト教のセクトで原理主義という語が使われはじめたことを想起すれば十分であろう。その意味では，イスラム主義は宗教一般に随伴する現象の一つというべきであって，決してイスラムに特有なものではないのである。

第2に注目すべきは，イスラム主義は過去のある時期の社会的システムや制度を理想化するものではないことである。この点に正統主義や伝統主義とイスラム主義との相違が存在する。イスラム主義はコーランに基づきイスラム法が社会秩序の土台となる国家を建設するという理想を掲げているが，それは麗しい過去に回帰することを意味するのではない。むしろ，個人主義，民主主義，市場経済などで汚濁し堕落した現存する社会を転覆しようとする意思の表れであり，正統なイスラムではなく真のイスラムを唱える点に表出しているように，復古の外観の下に隠された未来志向がなによりもイスラム主義を特徴づけるものなのである。

第3の注目点は，イスラム主義が意識的に宗教的教義の政治的解釈を企図していることである。イスラム主義では，最初に存在するのは真のイスラムではない。反対に，はじめに否定さるべき対象が存在するのであり，その否定の論理として真のイスラムが援用されるところにイスラム主義の特色がある。その際，否定の対象となるのが，イスラム世界をかつて支配・

---

(77) この点に関しては，Hans-Gerd Jaschke, Fundamentalismus in Deutschland: Gottesstreiter und politische Extremisten bedrohen die Gesellschaft, Hamburg 1998, S. 32ff. の整理を参照。

抑圧し，現在まで腐敗させている西洋化，物質主義，個人主義，民主主義，資本主義などである。そしてこれらに対する聖なる戦いに自己を動かし，人々を動員するために宗教としてのイスラムが手段化され，この目的を正当化するために構築されたのが思想としてのイスラム主義である。このような思想の成り立ちは，イデオロギー一般に共通する特性であるといえよう。したがって，イスラム主義は宗教上の潮流というよりは一つのイデオロギーであって，宗教としてのイスラムと同一視されてはならないのである。

この点を踏まえれば，イスラム世界の大抵の国々でも，またヨーロッパ各国で暮らしているムスリムの間でもイスラム主義勢力が少数派である理由の一端が理解できよう。攻撃を加えるべき標的を明確に押し出しえても，真正な宗教が有する内心から人を動かす内容が欠如している限り，イスラム主義は政治運動もしくはイデオロギーという次元を超えることができないからである。ヒューマンなメッセージを発信し，ポジティブな共感を生み出しながら人心に浸透していくのが宗教だとすれば，イスラム主義のようになによりも憎悪や怨嗟を組織化するだけでは，運動としての広がりに限界があるといわねばならないのである。

しかしながら，他方では，少数派としてではあれイスラム主義が無視しがたい勢力に成長している事実にも考慮を払う必要がある。イスラム圏の諸国が長らく欧米諸国の植民地とされ，苛酷な抑圧と収奪に苦しめられた過去をもつだけでなく，今日までその強い影響を受けてきていることは周知のところであろう。また経済面でも自立化は程遠く，依然として発展途上にあることは否みがたい事実といえよう。こうした現実を前にして，イスラム主義の擁護者たちは，自分たちの祖国の停滞や貧困，従属を問題にし，その原因を真の信仰に背を向け，神の意思を偽造もしくは曲解したことにあるとする。そして堕落と腐敗から生じたこのような窮状からの脱却の道は，それをもたらした資本主義，物質主義，個人主義にあるのではなく，イスラムの原点すなわち真のイスラムに立ち返ることにあるとするのである。その意味ではイスラム主義がイスラム圏の諸国の歴史的現実を正面から問題にしていることは確かであり，欧米による支配が残した負の遺産との因果連関があることを見逃してはならない。この角度から見れば，

イスラム主義は，負の遺産の解決のために欧米モデルとは異なる方途を模索するイデオロギーといえるのであり，また同時に，イスラムの覚醒を訴え，問題解決のためにそれを政治的に利用しようとする運動とも呼ぶことができよう。ただその場合にも，イスラム主義については，宗教的実践の拡大ではなくて，アッラーの名による政治権力の獲得が第一義的に目指されており，しかも革命の名目で暴力の行使が原則的には否認されていない点に留意することが必要であろう[78]。つまり，それは宗教運動の外観をとりながらも，実態としては政治運動というべきなのである。

(2) 主要なイスラム主義組織

I イスラム共同体ミッリー・ギョルシュ（IGMG）

イスラム主義の以上のような把握に基づき，次にトルコ人を主体とする主要なイスラム主義組織について概観することにしよう。

ドイツのトルコ系移民の間では滞在が長期化し数が増えてくるのに伴い，様々な種類の組織が形成されたが，政治面では，「1970年代，80年代には特に左翼系，右翼系の組織が前面に立っていたのに対し，今日では，社会の議論で中心に据えられているのは宗教的政治的団体である」といわれる。そして，「なかでも過激なイスラム主義の主唱者としてイスラム共同体ミッリー・ギョルシュとカリフ国家（ICCB）が社会の意識の中に侵入してきた」といわれている[79]。事実，現代ドイツのイスラム主義組織を問題にするとき，これら二つに焦点が当てられることが多いように見受けられる。このことは，種々の調査での扱いや，憲法擁護機関の報告書を一見しただけでも明白になる。こうした事情を勘案し，また実際にこれら二つの組織に関しては調査報告など情報が比較的多いことから，以下ではミッリー・ギョルシュとカリフ国家に考察の対象を絞りたいと思う。

まずイスラム共同体ミッリー・ギョルシュを見よう。

イスラム共同体ミッリー・ギョルシュ（略称 IGMG）は他よりも格段に

---

(78) このことは次の文書で強調されている。Niedersächsisches Landesamt für Verfassungsschutz, Der Islamismus, Hannover 1995, S. 6f.

(79) Kücükhüseyin, op. cit., S. 12.

大きいドイツ最大のイスラム主義組織である。そのメンバーは2001年で約2万7,500人に達すると推定されている。しかし，この数字については注意が必要であろう。通常，世帯主だけが正式メンバーとして数えられているから，ミッリー・ギョルシュの影響下にあるムスリムの数はこれよりも遥かに大きいと考えなければならないからである。さらに直接，間接にミッリー・ギョルシュの影響を受けながら，法的には独立した地位を保持しているモスク協会が多数存在することも，ミッリー・ギョルシュの影響圏の広がりを確認するのを困難にしている[80]。

ミッリー・ギョルシュという名称は，直訳すると，国民宗教的思考様式となる。その名はトルコ国内だけでなく，ヨーロッパで暮らすトルコ人にとってもまた，トルコで活動するイスラム主義政党のイデオロギーの鍵となる概念としてよく知られている。外部に向かってミッリー・ギョルシュには二つの顔があるといわれる。宗教面の顔と政治面のそれである。この点についてW. シフアウアーはミッリー・ギョルシュの「二重性格」を指摘し，「ドイツにおける宗教団体であると同時にトルコにおける政党である」ことがその核心であると述べている[81]。

IGMGは前身である新世界観連合（略称AMGT）の再編により1995年に

---

(80) Ibid., S. 18. ミッリー・ギョルシュを取り上げた邦語文献は，内藤，前掲『アッラーのヨーロッパ』207頁以下が唯一であると思われる。

(81) Werner Schiffauer, Die Islamische Gemeinschaft Milli Görüs, in: Klaus J. Bade u. a., hrsg., Migrationsreport 2004, Frankfurt a. M. 2004, S. 70f. トルコでの政変を背景とする1980年代初期の組織分裂の危機を含め，ミッリー・ギョルシュの発展史に関しては，シフアウアーのこの論文がもっとも詳しい。シフアウアーが重視するミッリー・ギョルシュの二重性格を考慮すれば，B. アンダーソンのいう「遠隔地ナショナリズム」の視点に加え，T. ブリーデンの国境を越える「紛争移入」の角度からイスラム主義問題にアプローチする必要がある。というのは，ヨーロッパで活動するミッリー・ギョルシュがトルコで政権を目指すエルバカンの支えになってきたからである。Thomas Brieden, Konfliktimport durch Immigration, Hamburg 1996. なお，ドイツで禁止されたクルド労働党（PKK）も「紛争移入」の一例であり，著者はこの面からPKK問題を検討したことがある。拙稿「ドイツにおける外国人過激派の実情―クルド労働党（PKK）禁止問題を例に」『社会科学論集』37号，1998年。

結成された。AMGT の直接的な後継組織としてはヨーロッパ・モスク建設支援会（略称 EMUG）がケルンで団体登録している。しかし EMUG の活動範囲は所有するさまざまな不動産の包括的な管理に限定されている。もっともその資産価値は巨額であり，1億マルク以上に上ると推定されている。

これに照らせば，AMGT の本来の後継組織が IGMG であることは疑いを容れない。というのは，IGMG はヨーロッパで生活しているトルコ系ムスリムの宗教的，文化的，社会的な面での世話を主たる任務として設立されたからである。この規約上の任務と並んで IGMG は母体であるトルコの組織の政治的目標にむけて活動している。IGMG は1995年以降ボンで登録しているが，その本拠であるヨーロッパ・センターは2001年5月までケルンにあった。その後センターはケァペンに移転して現在に至っている。

トルコでは数十年来さまざまに名称を変えつつネジュメティン・エルバカンの指導下に活動しているイスラム主義政党が存在するが，IGMG は前身の新世界観連合と同じくこの政党を支持するヨーロッパで暮らすトルコ人の集合体である[82]。エルバカンの国民救済党（MSP）は他の政党と同様に1980年の軍事クーデタの後，禁止され，1983年に新たな形で再出発が許された。その後，党名を福祉党と改称し，1991年には改めて大国民議会に議席を得ることになった。

当時まだ新世界観連合と名乗っていた IGMG は1990年5月にドイツ連邦共和国イスラム評議会とドイツ・イスラム・アルヒーフ・中央研究所運営協会に受け入れられた。イスラム評議会と中央研究所の当時の委員長は新世界観連合に肩入れし，連合について，イスラム主義的立場と福祉党の政

---

(82) 以下については，主として次の四つの文献を参照した。Kenan Onen, Die politische Rolle türkischer Organisationen und ihre Relevanz für die Integration türkischer Familien in der Bundesrepublik Deutschland, Freiburg 1997, S. 140ff.; Thomas Lemmen, Islamische Organisationen in Deutschland, Bonn 2000, S. 39ff.; Innenministerium des Landes Nordrhein-Westfalen, Islamismus in Nordrhein-Westfalen, Düsseldorf 2001, S. 24ff.; Zentrum für Türkeistudien, Türkische Muslime in Nordrhein-Westfalen, Düsseldorf 2001, S. 120ff.

治目標から離れ，二つの組織への受け入れにより社会的に開かれた組織に発展していくだろうとの見方を表明した。連合の本拠のあったノルトライン゠ヴェストファーレン州の政府も，90年代初期に見られたそうした発展が続くとの見地から，連合を治安機関の監視対象にはしなかった。しかし遅くとも1994年以降，福祉党と連合とのイデオロギー面での従来の重なりがますます強く前面に押し出されるようになった。特に1994年春のトルコの自治体選挙の際，新世界観連合の強力な支持を受けて福祉党は勢力を拡大し，それに対する見返りとして，新世界観連合の幹部に福祉党の要職が提供された。1995年末の大国民議会選挙では福祉党は20％以上の得票を得て躍進し，議会で最大の会派になった。

遅くともこの時点から新世界観連合の再編で結成されたIGMGは福祉党との密接なつながりをもはや隠蔽しようとはせず，むしろ公然化させるようになっている。例えばこの選挙ではIGMGの議長と二人の幹部が福祉党から立候補して当選し，トルコの大国民議会に入ったからである。選挙の数ヵ月前からIGMGのすべての幹部はトルコで福祉党のために選挙活動を行い，ドイツの地域組織には中央から割り当てられた金額をカンパとして集めることが要求された。その結果，ドイツから数百万マルクが福祉党の選挙戦の資金として流れ込んだ。こうしてIGMGは実質的に福祉党のヨーロッパ支部として機能したのである。もっとも，政党に関する1983年のトルコの法律では，トルコの政党は国外で組織してはならず，また国外から資金を受け取ってはならないことと定められていたから，IGMGが福祉党に対する物心両面の支持を公然と認めることはなかった。

福祉党は野党として出発したが，1996年6月に正道党と連立政権を構成し，党首エルバカンが首相に就任した。この出来事は，世俗主義を国是とするトルコ国内を揺るがしただけでなく，トルコがNATOの一角を占め，中東地域への戦略拠点に位置するところから，アメリカや西欧諸国にイスラム化への憂慮を募らせる結果になった。こうした事態を受け，ケマル主義の擁護者として隠然たる政治的影響力をもつ軍部が危機感を強め，その圧力でエルバカンは首相の座から1997年6月に降り，連立政権も崩壊した。しかし，それだけでは収まらず，翌98年1月にはトルコの憲法裁判所によって世俗主義の国家原則に反するイスラム主義的目標を理由に福祉党は禁

止されるに至ったのである。これを機に福祉党の大部分の議員が移籍する形で美徳党が結成され，これを背後からエルバカンが動かした。エルバカンには2000年7月に以前の演説を理由に1年の懲役刑を言い渡した原判決を支持する控訴審判決があり，これにより彼は政治活動から締め出されたが，それと前後して2000年5月の美徳党の党大会でエルバカンに率いられたいわゆる伝統主義者とイスタンブールの元市長R.T.エルドアンを中心とするいわゆる革新派とが初めて公然と衝突した。イスラム主義を厳格に守る前者に対し，後者は少なくとも言辞のうえでは民主主義を認める形で譲歩しようとしたのである。党首選挙では伝統主義者に属するR.クータンは55%の票しか獲得できず，辛うじて再選されはしたものの，亀裂が鮮明に浮かび上がった。そして約1年後の2001年6月に憲法裁判所が再び美徳党に対しても禁止を決定したとき，党は分裂し，伝統主義者は幸福党に，革新派は正義進歩党に結集する展開になった。しかし，この分裂においても，イデオロギー的相違が原因になっているのではなく，権力に到達する戦略の違いが決定的であることを見逃してはならない。特に革新派は禁止された美徳党の代用組織という嫌疑を招かないためにミッリー・ギョルシュのような語を使わないなどの慎重な配慮をしているが，そのことはイスラム主義的立場が薄められたことを意味しないのである。

　なお，イスラム主義勢力に対し政教分離の守護者としてこれまで軍部が圧力をかけてきたにもかかわらず，2002年11月の総選挙では，結党1年にして革新派の正義進歩党が大勝し，34.4%の得票率で一躍第1党に躍り出て政権を担当することになった。この結果はトルコ内外に大きな波紋を投げかけた。正義進歩党がイスラム色を前面に押し出さない姿勢をとっているにもかかわらず，上記の来歴に照らすなら，イスラム国家の樹立に傾くという懸念が払拭されないため，欧米諸国に警戒感が強いのは理解しうることといえよう。一方，幸福党は選挙前は46議席を占め，正義進歩党と大差がなかったのに，総選挙での得票率は2.5%にしか達せず，ドイツの5%条項に似た10%の壁に阻まれて議会から姿を消すことになったのも注目されよう。

　それでは，トルコでのイスラム主義政党の分裂はドイツのIGMGにどのような影響を及ぼしたのであろうか。

2001年4月にハーゲンで約1,000人の代議員を集めてIGMGの定期総会が開催された。従来は総会に合わせて最大では5万人に上る参加者による文化フェスティバルが催されるのが恒例になっていたが，この年は総会だけが開かれた。総会ではトルコのエルバカンの甥で，それまで幹事長を務めたメーメット・サブリ・エルバカンがIGMGの新議長に選出された。とはいえ，この選挙は通常の選挙とは程遠いことが注意されねばならない。なぜなら，新議長としてエルバカンが推薦された後，これに反対の者に挙手で意思表示を求めるという方法で選出が進められたからである。新議長の下のIGMGは伝統主義派の路線をとっているが，革新派の支持者はエルバカンが議長に就任する前から指導部から排除されていたことによる。革新派が今後もIGMGの内部で伝統主義派に追随するかどうかは今のところ不明だが，分裂に至る公算は小さいと見られている。なぜなら，IGMGを脱退して新組織を結成した場合，IGMGのかなりの資産を受け継げず，財政的に新組織の運営は極めて困難だと考えられるからである。

では，当面IGMGの分裂は予想しにくいとして，IGMGはそもそもどのような組織なのであろうか。ドイツ最大のイスラム主義組織であるIGMGを概観しよう。

まずイスラム主義組織と呼ばれる理由をそのイデオロギーに即して検討してみよう。

先に指摘したように，イスラム主義といわれるのは，イスラムという宗教を政治権力の獲得や維持の手段として利用するイデオロギーもしくは勢力を指す。その意味でそれは宗教運動のような外観をとりつつも，実態は政治運動にほかならない。ところで，そのこと自体は治安機関である憲法擁護機関の監視対象とされることに直ちにつながる訳ではない。ある団体に対する監視が必要とされるのは，その団体が自由で民主的な基本秩序に対する危険を内包し，民主主義社会の土台となる基本価値を否定し，覆そうとするからである。

IGMGのイデオロギー的立場は必ずしも明確に提示されてはおらず，また，活動の自由を確保するために薄めたり，隠蔽ないし使い分けられたりしている面があると見られる。確かに対外的な自己アピールの文書には穏健な団体としての自画像が描かれている[83]。けれども，連邦憲法擁護庁の

認識によれば，イデオロギーの角度からIGMGを仔細に眺めた場合，曖昧な表現の基底に一貫する要素が見出せる。その核心になっているのは，イスラムに基づく公正な秩序という観念である。IGMGが組織として目指すのは，トルコにおける世俗主義的な国家秩序の廃止とコーランとシャリーアに基づく社会システムの確立であるが，これは「公正な秩序」と呼ばれる。公正な秩序とはN. エルバカンが考え出したイスラム主義的なプログラムであり，それによれば，コーランが唯一の正統な憲法であり，近代立憲主義で言われる憲法などはいずれも不信仰の表現にすぎない。またこれに応じ，存在を許されるのはアッラーの党のみであり，公正な秩序では複数政党制は存在しえない。支配は神の意思によるのであって，人民の意思によって正当化されるのではない[84]。

またイスラムには，政治，経済，社会，文化，科学，教育などすべての生活領域に関する規範が含まれており，それを守ることはムスリムの義務であるとされる。第一義的な目標であるトルコでのイスラム主義国家の建設と並び，世界のイスラム化が目指されるが，その途上で中間的目標としてドイツで暮らすトルコ人ムスリムにもIGMGの理解する意味でのコーランとシャリーアに基づく生活と行動が要求される。IGMGからみると，ドイツは不信仰の国であり，ヨーロッパ人は，資本家，帝国主義者，コミュニスト，略奪者である。そして彼らが主導権を握っている世界の秩序は，「帝国主義，シオニズム，植民地主義の奴隷の秩序」でしかない。例えばエルバカンが作ったプログラムには，シオニズムに関して次のように記されている。「シオニズムはそのセンターがニューヨークのウォールストリートの銀行にある信仰であり，イデオロギーである。シオニストは自分たちが本当の神に選ばれた僕だと信じている。さらに彼らは他の人間は彼らの奴隷として作り出されたと信じている。彼らは世界を支配することが任務だということから出発する。他の人間の搾取を彼らは信仰の世界の一部と考える。シオニストは帝国主義をコントロール下に置き，資本主義的利子

---

(83) Islamische Gemeinschaft Milli Görüs, Selbstdarstellung, Kerpen o. J.
(84) Armin Pfahl-Traughber, Islamismus in der Bundesrepublik Deutschland, in: Aus Politik und Zeitgeschichte, B51/2001, S. 46.

経済によって人類を搾取する。彼らは帝国主義国家を使って支配を行使しているのである[85]。」このように第一義的にはトルコの，しかし最終的には全世界のイスラム化がIGMGの目標であり，その構想の中核にあるのは，コーランに基礎を置く公正な秩序という観念である。ここからIGMGは自由で民主的な基本秩序を否定するとともに，資本主義，シオニズム，共産主義などにも対立する立場を打ち出している。けれども，注目すべきことに，こうした総じて反西欧的な志向が明確であるのに反し，これらに代わるべき具体的な社会構想になると，極めて不鮮明なままになっているという感を否めない。ある程度まで読み取れるのは，社会をコントロールするために生産資本を国家の管理下に置き，それがもたらす利益の一部を国家が取得すること，資本の運用には専門的知識だけでなく，道徳的適性が求められること，神の意思が支配するこの国家には多党制はもとより，反対派の自由もなく，権力のコントロールの仕組みが存在しないことである[86]。

それはともあれ，公正な秩序を樹立することがIGMGの目標であり，内部の指導書にはIGMGは「社会をイスラム化するのに仕える手段」と位置付けられている。そのために組織の要求に対する絶対的な服従がメンバーに求められる。組織は命令と服従の原則による厳格なヒエラルヒーを軸に構成されている。ケァペンにあるIGMGのヨーロッパ・センターに地方組織は従属し，下位の地域組織での指示の実行に責任を負う。この地域組織の幹部はメンバーの選挙で選ばれるのではなく，センターによって任命される。IGMGの活動資金はメンバーから徴収される会費によるだけでなく，ドイツ在住のトルコ人企業家から集められている。けれども，資金集めにいかなる方法が用いられているか，集まる資金の規模がどれほどかなどその実態は明らかでない。IGMGには女性，青少年，学生などの付属組織があり，資金の一部は奨学金や共同生活の住居費用に使われているほか，トルコ語の日刊紙『ミッリー・ガゼテ』紙の発行や新たな活動拠点を築くための不動産購入などに充てられている[87]。

---

(85) Innenministerium des Landes Nordrhein-Westfalen, op. cit., S. 29 より引用。
(86) Ibid., S. 28.
(87) Landesamt für Verfassungsschutz Baden-Württemberg, Islamismus, op.

最後にアメリカでのテロに対するIGMGの反応に触れておこう。テロの直後，IGMGは公式にはテロに遺憾の意を表明した。しかしそれは穏健路線を外部に誇示する必要から出たものであった。というのは，『ミッリー・ガゼテ』紙などに表れた内部の見方はそれとは異なっていたからである。たしかにテロを積極的に称賛する論説が載せられたわけではなかった。しかし，代表的な事例は，西洋はシオニズムによって操縦された奴隷所有者のシステムであり，アメリカはその盟主だから，テロから必要な教訓を引き出すべきだとするものであり，テロに対する批判よりは，むしろアメリカ人に対して改悛を要求するのが基本的なスタンスだったと言われる[88]。この点にも反西洋，反シオニズムというIGMGのイスラム主義的な性格が映し出されているのは改めて指摘するまでもないであろう。

Ⅱ　カリフ国家

1983年に親イラン的グループがヨーロッパ・イスラム連合から分離し，1984年にケルンでイスラム協会・教団連盟（Verband der islamischen Vereine und Gemeinde e. V. 略称ICCB）という名前で団体登録した。規約には連盟の主要任務として，他の宗教団体と同じ宗教団体としての国による認知を目標とし，イスラム団体の利益を代表することが明記され，関連して，モスク，文化センター，コーラン学校，語学学校を設立することなどが具体的な活動目標として掲げられている[89]。ICCBの指導者は，「ケルンのホメイニ」とも呼ばれ，トルコのジャーナリズムでは「黒い声」として知られたC. カプランである。カプランはトルコの宗務庁の協力者として高い地位を占めていたが，1980年に起こった軍部のクーデタ後にドイツに庇護申請者としてやってきた。そしてすぐにヨーロッパ・イスラム連合に加入して指導的地位を得た後，政治路線を巡る紛争からこれを割って出たのである[90]。脱退後，カリスマ的資質をもつ彼の指導の下で，規約から想像されるのに反して，外部に向かって完全に閉ざされた組織が形成された。この組織は，他のイスラム組織にすらファナティックな姿勢のゆえに疎まれ，

cit., S. 34. Zentrum für Türkeistudien, Türkische Muslime, op. cit., S. 125ff.
(88) Ibid., S. 32. Vgl. Schiffauer, op. cit., S. 88f.
(89) Landesamt für Verfassungsschutz Berlin, op. cit., S. 70.
(90) Lemmen, op. cit., S. 46.

疑惑を抱かれている。1994年以降，連盟は「カリフ国家」と自称するようになった。団体の地域組織は中間組織である地方組織に従属するが，これはカリフの指示を下部に伝達することを任務とし，カリフに対して責任を負っている。カプランの組織のすべてのメンバーは忠誠の誓いをし，カリフに対する無条件の服従を義務づけられる。閉鎖性というこの組織の特徴は，メンバーの間でだけ結婚が許される点にも表出している。メンバーの数は1998年に1,300人，2001年に1,100人と推定されており，本拠地であるノルトライン゠ヴェストファーレン州では550人程度と見られる。しかし1990年代初期には同州だけでも1,500人を数えたとされているから，数の面では連邦レベルでも拠点のノルトライン゠ヴェストファーレン州でも減少が確認される。ここからも，連邦憲法擁護庁の文書が指摘するように，「ドイツのムスリムの間で連盟がかなり孤立している[91]」ことが窺えよう。

　組織の目標として「カリフ国家」が掲げているのは，トルコの世俗主義的な政体の転覆とイスラム的な神の国家の樹立である[92]。しかし同時に，イスラム国家の樹立を議会を通じて行うこと，そのためにエルバカンの福祉党 IGMG と協力することを「カリフ国家」は拒否している。この目標に向けてカプランは公然と暴力の行使を唱えていたが，そのために1987年に彼に対して政治活動を禁止する処分が行われた。にもかかわらず，1989年3月の『悪魔の詩』の著者ラシュディーに抗議するデモに際して，カプランはホメイニが下したイスラム法による死刑宣告の支持を表明したが，その折に，自分の政治目標を次のように描いて見せた。すなわち，コーランを全人類の国家思想とし，イスラムを世界を包括する唯一の国家とし，世界支配，世界政策，世界文明の担い手にすることである。また彼は1995年4月に共産主義，ケマル主義，民主主義をシオニズムに導かれた宗教の敵と呼んで敵意を露にしている。

　コブレンツで1992年4月に開催された ICCB の集会でカプランはアナトリア連邦イスラム国家の樹立を呼びかけ，自分をその統治者だと宣言した。

---

(91)　Bundesamt für Verfassungsschutz, op. cit., S. 23.

(92)　以下については，主に次の二つを参照した。Innenministerium des Landes Nordrhein-Westfalen, op. cit., S. 39ff.; Zentrum für Türkeistudien, Türkische Muslime, op. cit., S. 137ff.

ICCB の機関紙『ウンメティ・ムハンメッド（Ummet-i Muhammed イスラム教徒の世界の意味）』は，これについて，アンカラの不法でテロリストのケマル主義政府はムスリムを代表できないので，カリフ国家の樹立が必要だとし，この政府の除去はムスリムの義務であると報じた。そして，この運動に対立する者は抹殺されると警告したのである。

トルコでの最近の選挙の際にも同紙では選挙ボイコットの呼びかけがなされた。「不正を引き延ばすために諸君は投票所に赴くのか。悪魔，盗賊，強盗，殺人者，祖国の裏切り者を君たちの票で支持しようというのか。」また同紙では民主主義とイスラムとは両立し難いとも見做されている。「イスラムはいかなる政治的党派も知らない。何人もムスリムであると同時に民主主義者であることはできない。…イスラムは民主主義を拒絶する。」同紙によれば，1993年7月にカプランは記者会見の席で，不信仰の者は殺害されるのかという問いに次のように答えたと言う。キリスト教徒，ユダヤ教徒，まだ信仰に到達していない者は，ムスリムでなくても殺されない。しかしイスラムに達した後に逆方向に行く者は，イスラムとコーランに従い殺害される，と。また，ユダヤ人についてカプランは，ユダヤ人は巨大な悪魔であるとし，イスラムの敵であるだけでなく，全人類の敵であると述べている。

1993年9月にカプランに対して暴力行使とトルコ国家の転覆の絶えざる呼びかけのゆえに国外退去処分が下された。けれども難民条約のノン・ルフールマン原則に基づき，トルコへの送還は実施されないままとなった。というのは，もし送還されたなら，死刑に処される公算が大きいと見做されたためである。

カプランは1994年3月にケルンの ICCB のモスクで自分をイスラム国民のカリフだと宣言し，彼の支持者たちに自分に対する無条件の忠誠を誓約させた。この行為は支持者の間に亀裂を生み，ICCB の分解が始まった。カプランが ICCB の地域組織の幹部に圧力をかけ，組織の不動産をロッテルダムにある団体の所有に移転し，しかもこの措置にはカプランの側近数人が関知していただけだったことが明るみに出たことも，不満に油を注いだ。

この亀裂を下敷きにし，1995年5月にカプランがケルンで死亡したとき，

カリフの後継者を巡る内紛が起こった。この紛争は息子のメティンが継ぐことで決着したが，その過程でカプランに批判的なグループはハリル・イブラヒム・ソフーの下に結集してICCBを脱退した。一方，父親の公然たる暴力の呼びかけを息子のカプランも継続したので，1996年にケルン市当局は彼に対しても政治活動の禁止処分を行った。

　ところで，ICCBから分離した者の一部はボーフムに本拠を置くムスリム協会連合（Verband der muslimischen Vereine 略称MCB）を結成した。また別のグループはICCBのベルリンの地方青年組織を中心に活動を続けたが，その核となったソフーは1996年夏にカプランと同じくカリフを名乗った。その背景には，カプランの後継者の座を目指していたのに果たせなかったという事情があった。この対抗カリフに対してM. カプランはイスラム法に基づく宣告をもって応えた。これは1996年7月の『ウンメティ・ムハンメッド』に掲載されたが，そこには次のように記されている。「カリフが存在するのに自己を第二のカリフと名乗る者に対してはどのように処するか。この男には改悛の告白が求められる。改悛を告白しないならば，この男は殺害されるであろう。」

　この予告どおり，1997年5月にソフーは覆面をした3人組によってベルリンの自宅で射殺された。犯人は不明で，いまだに検挙されていない。さらにICCBの2人のメンバーが1996年に殺害されているが，これも組織内の紛争と関連があると見られるものの，未解決のままになっている。もっとも，カプランは犯行に対して「カリフ国家」は責任がないとし，トルコの情報機関MITの仕業であると主張している[93]。

　ICCBの機関紙で1998年5月14日にカプランはジハードのための動員を告知した。アナトリアと全世界のムスリムに向けた宣言では次のように述べられている。「すべてのムスリムは自分の国で邪悪な体制を覆し，イスラム国家を建設しなければならない。そのためにジハードを行うことはイスラムの聖典の定めであり，どのムスリムにとっても拘束力のある神聖な義務である。」

　ジハードは一般に聖戦と訳されるが，本来は努力を意味する。しかしム

---

(93) Landesamt für Verfassungsschutz Berlin, op. cit., S. 72.

ハンマドの時代に既に特別な努力は軍事的性質のものでありえた。そのために戦闘的なイスラム主義グループによってジハードは不信仰の者に対する聖戦に読み替えられ、特に祖国の政府に対する聖戦として解釈されることになった。1998年8月22日付の『カリフ国家』という見出しのビラでカプランは動員の呼びかけを全般的な信仰の闘争だとしている。アメリカがケニアとタンザニアの自国大使館へのテロ攻撃を受けて行った、スーダンとアフガニスタンの標的に対する報復攻撃に関連して、ビラにはこう記されている。「我々はこの唾棄すべき攻撃を満身の怒りを込めて非難し、攻撃的な悪魔アメリカの大統領と彼に支持を与えたイスラムのすべての敵を呪詛する。」1998年10月末にトルコの治安機関はアンカラのアタチュルク廟の爆破計画とイスタンブールのモスクの占拠計画を挫折させ、25人の容疑者を逮捕したが、そのうちの数名はドイツから来た「カリフ国家」の支持者だった。

　1997年5月の対抗カリフの殺害と1998年10月のトルコでの上記の爆破未遂に関連して、連邦検察庁はカプランと「カリフ国家」の二人の幹部に対し、犯罪組織の首魁ないしメンバーであることと犯罪行為の使嗾の容疑で捜査手続きをとった。彼らに対する裁判は2000年2月8日にデュッセルドルフで始まり、同年11月15日にカプランには4年の自由刑が宣告され、判決前に地下に潜ったもう一人の幹部には欠席のまま3年の自由刑が言い渡された。またもう一人の幹部は無罪とされた。この裁判では、起訴理由のうちの犯罪組織の形成という容疑は認定されなかった。カプランは1999年3月から拘置されていたが、そのために支持者によってアッラーへの信仰のゆえに迫害されている殉教者として称えられた。また組織自体も他の幹部の下でカプランの路線のまま後述の禁止に至るまで活動を続けてきている。

　民主主義に敵対的で反ユダヤ主義的なアジテーションは機関紙『ウンメティ・ムハンメッド』と衛星テレビ HAKK-TV（真にイスラム的なテレビの略）などで継続されている。例えば前者では2000年2月24日にこう述べている。「民主主義の下におけるほど暗黒の時期を人類が経験したことはない。…民主主義から自由になるためには、民主主義が人間にいかなる善ももたらしえないことをまずもって認識せねばならない。信仰なき者は地

獄に落ちよ。すべての民主主義，すべての民主主義者は滅びよ。」さらに2001年2月22日の紙上では，国家と宗教の不可分を強調した後，これを認めないあらゆる者は，たとえもっとも身近な家族であっても敵と見做されるし，ファシズム，資本主義，世俗主義，民主主義などは邪神であるから，これらを克服することを訴えている。一方，後者ではカプランが収監されるまで，ICCBのケルンのモスクにおけるカプランの言動が放映されているが，そこでは例えば，「イスラムには主要な敵がある。共産主義，ケマル主義，民主主義である。これら三つの敵は一つのセンター，すなわちシオニズムのセンターによって指導され，三つの戦線で宗教と道徳に対して攻撃を加えている」として敵意を煽ったり，あるいは，「聖戦の時が来た。武器を手に取れ。弾薬を腰に巻け。前線へ急げ。殉教の扉は開かれている」などの激烈なアジテーションが行われている[94]。

アメリカでのテロの後，2001年9月27日付の上記の機関紙にはカプランの論説がドイツ語で掲載された。その中では，「ムスリムはテロリストではない。テロリストはムスリムではない」という以前の言葉が繰り返され，ドイツでの「カリフ国家」に対する非難をかわそうと努めている。彼はさらに，イスラムとは何かを説明するために共同のテーブルにつき，闘争をやめる用意があることも表明している。しかし，「カリフ国家」がアメリカでのテロに反対する立場を表明したのは本音ではなく戦術的な理由によると見られている。そのことは，テロの主体がビン・ラディンではなく，西側の諜報機関の謀略であるとする立場からも窺える。実際，治安当局の調べによれば，「カリフ国家」がテロリストと接触をもっていたことが明らかになっている。1997年に『ウンメティ・ムハンメッド』紙は「カリフ国家」の二人の代表がタリバーンとの協議のためにアフガニスタンを訪れたことを伝えているが，その際，彼らはオサマ・ビン・ラディンとも接触したとされている。また1998年にはタリバーンのヨーロッパ代表がカプランを訪問したことを同紙は報じているが，その後の接触は確認されていない。なお，2002年12月19日付『ヴェルト』紙は「ケルンのカリフはビン・ラディ

---

(94) Landesamt für Verfassungsschutz Baden-Württemberg, Islamismus, op. cit., S. 37.

ンと接触をもっていた」という見出しで両者の間に繋がりがあることを伝えている。

アメリカでのテロ発生以前から連邦と州の内務省は結社法の改正に着手していたが，それが実現し実施に移されたのは，2001年12月9日だった。これにより従来はいわゆる宗教特権により結社法の規制を受けなかった宗教団体も適用を受けることになった[95]。同日，この改正に基づいて連邦内務大臣は「カリフ国家」とこれに属する財団「ディナール・アーン・イスラム（Dienaar aan Islam）」及び19の部分組織に対して禁止処分を発し，即時の執行を命じた。禁止は全国で2001年12月12日に執行された。団体の施設と活動家の住居の警察による家宅捜索で多数の証拠が押収され，これに基づいてさらに他の部分組織が禁止された。これに対し「カリフ国家」といくつかの部分組織は禁止処分の撤回を求めて連邦行政裁判所に出訴した。しかしカプランの支持者による公然たる動きはこれまでのところ見られない。そのため，憲法擁護機関はこれまで続いてきた組織の衰退に禁止処分がさらに重大な一撃を加えたと見做している。禁止処分後，非合法組織が建設された兆候はこれまで見出されないからである。しかし，報告書が指摘するように，「カリフ国家の教説が支持者たちの頭脳の中で今後も作用し続ける」のは確実であり，また禁止後の2003年になっても約800人が非公然の活動を継続していると推定されている。事実，2002年9月には全国で「カリフ国家」に思想的に近い16の団体が禁止されたし，翌2003年12月11日には全国一斉に1,100カ所で捜索が行われた[96]。このような実情を踏まえ，禁止処分がとられているにもかかわらず，その動静についてなお当分は注視が必要であるとされている。

因みに，2004年10月にはケルンの行政裁判所がカプランを「イスラム過激主義の中心人物」であると認定して国外退去を命じる決定を下し，カプランの身柄は即時にトルコに移された。これを受け，連邦内務大臣O.シリーはこの処分を「戦う民主主義のシンボル」と位置づけて歓迎の意を発

---

(95) 結社法の改正については，初宿正典「ドイツの結社法改正と宗教団体の地位」『ジュリスト』1243号，2003年，50頁以下参照。

(96) Landesamt für Verfassungsschutz Baden-Württemberg, Islamismus, op. cit., S. 30, 35.

表した[97]。けれども，送還先での安全が保障されない場合，ドイツでの滞在を認容する方針をとってきたドイツの難民政策の面から見れば，国外退去処分の執行は問題が多いことも否定できない[98]。その意味では，イスラム主義対策の視点が前面に押し出されて，難民保護のそれが霞んだといえなくない。2001年9月の同時多発テロ以降に進められた取り締まり体制の相次ぐ強化，結社法改正による団体禁止の拡大などにこれを重ねるならば，人権保障の枠組みが弛緩ないし後退しているとの批判には十分な根拠があるといわねばならないであろう。

5 イスラム主義の問題性――結びに代えて

以上で我々はミッリー・ギョルシュとカリフ国家の二つに即してトルコ系イスラム主義組織を概観してきた。無論，既に指摘したように，この二つ以外にもトルコ人を主体とするイスラム主義組織は存在するし，それどころか，イスラム主義とは距離をおくトルコ系イスラムの頂上組織がいくつも存在し，それらが異なるタイプに区分されることも既に一瞥した通りである。むしろここでは，労働移民としてトルコ人がドイツに来てから作り出した団体が既に数え切れないほどに達しており，その性格も文化センター，モスク協会，学生団体，経営者団体など多岐にわたり，さらに政治色のあるものでもナショナリストから極左にまで及んでいる事実を再確認しておくべきであろう。トルコ系移民の間にそうしたイスラム組織が形成され，同時に彼らの社会とホスト国としてのドイツ社会とのセグリゲーションが問題視される背景には，イスラムがトルコ系移民にとって一種の「携帯可能な故郷」であり，アイデンティティ確保の手段になっているだけでなく，テレビ，電話，新聞・雑誌によってトルコの情報と文化に接することが可能になっていることや，故郷訪問が容易である事実が存在することが考慮されねばならない。実際，20世紀後半の移民たちは，それらの手段によって故郷との紐帯を多かれ少なかれ維持することができ，この点が

---

(97) Pressemitteilung des Bundesministeriums des Innern vom 17. 10. 2004. この問題については，2004年6月に『シュピーゲル』誌が特集で詳しく伝えている。Der Spiegel, Nr. 24, 2004, S. 24ff.

(98) この点に関しては，前掲拙著275頁参照。

故郷とのつながりの喪失に至った19世紀までの移民との主要な相違点でもある。B. アンダーソンは現代における「遠隔地ナショナリズム」の出現に注目しているが，その前提になったのはこのような条件の変化にほかならない。異郷の地にありながらもこうして維持される故郷とのつながりがドイツで暮らすトルコ系移民の間でイスラム組織が形成される土台だったといってよい。さらに彼らの場合にはもう一点注意すべきことがある。それは，トルコ政府がドイツ在住のトルコ人を統制下に置き，手綱をつけておこうと努めていることである。その理由は，O. オカンが指摘するように，在外トルコ人がトルコ本国から見て内政上の道具として利用しうるからである[99]。

それはともあれ，トルコ系移民を担い手とする多数の団体はイスラム主義組織とは違ってドイツ社会にポジティブな姿勢を示しており，一部は明確にドイツ社会への統合を推進する立場をとっている。その点から見れば，イスラム主義組織は少数派であって，多くはドイツ社会の秩序を順守していることを忘れてはならない。このことを強調するのは，マスメディアでイスラム主義組織の脅威が喧伝され，ドイツで社会秩序を守って平穏に暮らしているトルコ人の多数があたかもイスラム主義を支持しているかのような印象が広がり，一部ではイスラムとイスラム主義とを同一視する傾向さえ見出されるからにほかならない。それではこの点に留意した場合，とりわけ治安当局によって重大視されるイスラム主義組織の危険性はどのように評価されるべきであろうか。

この問題に関し，連邦憲法擁護庁に所属する研究者で極右研究で優れた業績のあるA. プァール＝トラウクバーは現象形態と行動様式とを区別すべきことを強調している[100]。「カリフ国家」のように，公然と暴力を容認し，いつでも暴力的手段に訴える用意のある組織は量的に見ればとるに足りない。けれどもそのことは必ずしもイスラム主義組織が政治的暴力と無縁であることを意味しない点が見落とされてはならない。確かに多くの組織は

---

(99) Osman Okkan, Rede auf einer Gesprächsrunde, in: Frierich-Ebert-Stiftung, hrsg., Die Türken in Deutschland zwischen Fremdbestimmung und Integration, Bonn 1999, S. 39f.

(100) Pfahl-Traughber, op. cit., S. 52.

ドイツ国内ではプロパガンダ活動に重点を置き，暴力的傾向は示していない。しかしそれは主として戦術的考慮に基づいている。ドイツで活動するイスラム主義組織にとってはドイツは安んじて退却し，安息を得，次に備えるために必要な空間であり，この利点があるために暴力的行動が抑制されているにすぎないと見られるからである。また母体である祖国の組織の視点からは，ドイツはその政府を積極的に支援ないし協力してはいないところから，敵対国と見做されていないことも重要である。別言すれば，国際情勢の変化によってドイツの外交政策が変わり，敵対国と位置づけられれば，暴力に対する抑制が解除される可能性がないとは言えないし，ドイツが単なる安息場所ではなく，次の攻撃準備の場所として利用されるようになれば取り締まりを強化せざるを得ず，その場合にはドイツが標的に加えられる可能性も強まるのである。

　このような直接的脅威の面での問題点とは別に，中長期的な観点から眺めた場合にもイスラム主義組織は大きな問題を孕んでいる。というのは，その活動は異なるエスニック集団や異なる宗教団体に所属する人々の相互理解や共生を阻害するからである。ドイツで暮らすトルコ系移民に即していえば，イスラム主義組織はドイツ社会へのトルコ人の統合を妨げ，ドイツ人の社会に並び立ち，トルコ人のみから構成されるそれとは異質ないわゆる平行社会の形成を推進する。現に連邦憲法擁護庁の文書によれば，イスラム主義組織の戦略の重点には，「イスラム・アイデンティティの維持ないし発展のためのムスリムの間での目標集団に合わせた活動」，「同年代のドイツ人からムスリムの青少年を外面的にも明確に引き離すための宣伝」などが含まれている[101]。

　もとより，トルコ人を中心に形成された平行社会といえどもドイツ社会の中に存在する以上，それとの完全な絶縁が不可能であるのはいうまでもない。そのため，強い遠心力が働いている中での平行社会の接触は激しい摩擦や反撥を生じさせる危険を内包する。しかもイスラム主義の側では自己の絶対性が主張され，イスラムがすべてのものの上位に立つとされるから，ドイツ社会の「自由で民主的な基本秩序」が尊重されないだけでなく，

---

　(101)　Bundesamt für Verfassungsschutz, op. cit., S. 14.

価値観の多元性や人権の尊重という基本的なモラルについても無視ないし敵視する風潮が強まる可能性がある。こうして当座は敵意を孕みながらも相互の無関心や不干渉で存続できるように見えても，平行社会はやがて激しく衝突する危険を抱えているのであり，これによって民主主義に対する脅威が生じる可能性を否定できないのである。

　民主主義の擁護という観点に立つこのような認識は，基本的にドイツの治安機関で支配的な見方といってよく，特に直接的脅威の捉え方は憲法擁護庁のそれと共通していると考えてよい。けれども，治安対策的な視点からのこのような把握だけでは不十分であることは否定できない。というのは，そこからは，なぜムスリムの間でイスラム主義が浸透しているのかに関する答えが引き出せず，その原因を考えようとすると視野の狭隘さに突き当たるからである。この点から見るとき，統合の破綻に関する議論で焦点の一つに据えられたハイトマイヤーなどの研究が貴重な価値をもつ。なぜなら，それらの基本的関心は，綿密な調査に基づき，ドイツ国内で暮らすトルコ人の間でなぜイスラム主義組織が台頭したのかを実証的に解明しようとするところにあるからである[102]。

　W. ハイトマイヤーを中心とするビーレフェルト大学の研究グループは，イスラム主義組織への加入にトルコ人青年たちを導く動機とその要因に関して調査を実施し，その成果はいくつもの著作として公表されている。それによれば，拒絶的ないし敵対的と感じられた周囲世界によって引き起こされた心理的危機の経験やアイデンティティの問題が重要である。ドイツでは外国人として扱われて故郷のような安らぎや居心地のよさを味わうことができず，かといってトルコでもドイツ人と見做されて自分の居場所を得られない人々のなかでは，帰属，承認，連帯への願望が強くなるからである。ビーレフェルト・グループの研究には次のように記されている。「一人きりになり，心は荒れ果てて，若いトルコ人は人を押しのけるドイツの社会に背を向ける。…イスラムが故郷になる。そこではパスポートの提示

---

(102) Wilhelm Heitmeyer, Helmut Schröder und Joachim Müller, Desintegration und islamischer Fundamentalismus, in: Aus Politik und Zeitgeschichte, B7-8/1997. Vgl. Landesamt für Verfassungsschutz Berlin, op. cit., S. 14f.

は要求されない。それは若者を再び家族と結び付ける。彼らはモスクの共同体の中に保護を求め，連帯の社会を夢見るのである[103]。」

　同グループが行ったインタビューからも次のことが明白になる。それは，社会的なマージナル化と差別がイスラム主義組織への帰属の土壌になっていることである。回答した青年たちは，自己の地位を同年代のドイツ人のそれと比較し，不平等な扱い，法的地位の不安定，職業での不利，日常生活での拒絶を指摘している。例えばスカーフを着用しているムスリムの女生徒たちは，教師が彼女たちを教室で「耳の邪魔物をどけなさい。そうすれば私の言うことがもっとよく聞こえるでしょう」といってたしなめるとき，ホスト社会が唱えている寛容の限界を痛切に思い知らされることになる[104]。実際，ヴィラモーヴィッツ=メレンドルフの調査からは，トルコ人の65％がしばしば差別を感じていることや，75％が二級市民として扱われていると感じていることが明らかになっている。

　ドイツ社会で嘗める悲痛な差別と拒絶の経験は，多くの青年の心理では，一種の反作用として，「非イスラム」で道徳のない，ひたすら金銭を追い求

---

(103)　Helmut Frank, Kuno Kruse und Stefan Willeke, Szenen: Muslimische Jugendliche in Deutschland, in: Wilhelm Heitmeyer, Joachim Müller und Helmut Schröder, hrsg., Verlockender Fundamentalismus: Türkische Jugendliche in Deutschland, Frankfurt a. M. 1997, S. 15f.

(104)　Yasemin Karakasoglu-Aydin, Kopftuch-Studentinnen türkischer Herkunft an deutschen Universitäten, in: Wilhelm Heitmeyer und Heiner Bielefeld , hrsg., Politisierte Religion, Frankfurt a. M. 1998, S. 464; Wilamowitz-Moellendorff, Türken in Deutschland, op. cit., S. 10.; ders., Türken in Deutschland II, Sankt Augustin 2002, S. 8. 差別の実証的な研究は意外に少ないが，そのなかで就職での外国人差別に関する調査として，Andreas Goldberg und Dora Mourinho, Arbeitsmarkt-Diskriminierung gegenüber ausländischen Arbeitnehmern in Deutschland, Genf 1996 が重要である。また多様な差別の実態が，次の年次報告書にまとめられた多数の実例から浮かび上がる。AntidiskriminierungsBüro in Bielefeld, Jahresbericht und Dokumentation 1997, Bielefeld 1998. なお，差別も含めトルコ系移民の生活状況全般については，Martina Sauer und Andreas Goldberg, Die Lebenssituation und Partizipation türkischer Migranten in Nordrhein-Westfalen, Münster 2001 が詳しい。

める社会に対する軽蔑に転換する。家族の崩壊や性的モラルの紊乱,少年犯罪の横行などが道徳的退廃の帰結としてクローズアップされる。そしてその反面で,蔑むべきこの社会に対しては,麻薬,犯罪,悪徳のない公正なイスラム社会の像が対置され,そこではドイツ社会で貶められた人間の本来の価値が守られるとされて,その優越が輝きを増すのである。また同時に,主張されるイスラムの宗教的道徳的優越のゆえに日常的な差別の苦痛は緩和され,現実の社会的地位からくる重しも軽減されるのである[105]。これが一般に「イスラムの覚醒」として知られるようになったイスラム復興運動の基底にある心理的メカニズムにほかならない。

　もちろん,一口にトルコ人といっても今日ではもはや均質な集団ではなく,個人が直面する差別の態様や強さも多様化していることに注意を払う必要がある。確かに世代を貫いて下層労働者が多いこと,学歴が低いことなど共通面が濃厚であるのは否定できない。けれども他方では,トルコ系移民の間から自営業者や専門技術者が現れているし,いまだ少数ではあっても,大学卒業者が様々な分野に進出して社会的階梯を上昇しつつあるのも現実である。また受け入れるドイツ社会の側も,グローバルな競争が強まる中ではエスニックな出自を問うよりは,能力主義を重視し,有能な個人に対しては社会的隔壁を除去し門戸を開放する方向に転換してきているのも重要な変化であろう。

　これに加え,ムスリム自体も多様な行動様式をとる個人の集合であって,決して一枚岩の集団ではないことも見過ごせない。一方の極には,一日5回の礼拝を欠かさず,金曜には集団礼拝に赴き,断食を守り,喜捨を差し出し,メッカ大巡礼にも参加する篤信のムスリムがいる。しかし他方の極

---

(105) Emir Ali Sag, Üben islamisch-fundamentalistische Organisationen eine Anziehungskraft auf Jugendliche aus?, in: Wilhelm Heitmeyer und Rainer Dollase, hrsg., Die bedrängte Toleranz, Frankfurt a M. 1996, S. 459; Yasemin Karakasoglu-Aydin, Was macht die islamistische Bewegung für türkische Jugendliche attraktiv?, in: Arbeitskreis der Ruhrgebietsstädte gegen rechtsextreme Tendenzen bei Jugendlichen, hrsg., Politisch-religiöse Weltbilder und Orientierungen junger Menschen als Herausforderung für Schule, Jugendarbeit und politische Bildung, Düsseldorf 1998, S. 27f.; 前掲拙著250頁以下。

には，礼拝も断食も行わない個人もおり，ムスリムとはいっても極めて世俗化した人々が存在している。禁止されている酒を飲まず，豚も食べないムスリムもいれば，これと対照的に酒も豚も気にとめないムスリムがいる。そしてその中間には，酒は飲んでも豚は食べないなどの様々なムスリムが存在するのが現実の姿なのである[106]。こうした実情に照らせば，イスラムの覚醒がムスリム全体を蔽う現象ではないことは明らかであろう。また，この点を踏まえるなら，イスラム主義の浸透が重大だといっても，問題になるのは現時点では一部のムスリムに限られることも明白であろう。その意味で，ムスリム全体がイスラム主義の同調者になるかのような悪夢を描き，危険を吹聴することは，それ自体がムスリムに対する社会的排除を強め，イスラム主義を浸透させる原因になりかねないといわねばならない。

　それはともあれ，差別と排斥の社会的現実に直面する中でイスラムの覚醒が起こり，男女を問わず，ますます多くのトルコ人青年たちにとってイスラム共同体は心理的な傷を癒し，帰属感と承認を提供する点で心理的安定の軸になっている。そればかりか，将来のドイツ社会での自己の居場所を獲得する手段にもなっている点から見れば，イスラムへの帰属が実利的ないしプラグマティックな意義を有していることも確かであろう。その意味では，イスラム主義組織の吸引力が強まりつつある事実は，学校や労働組合のような統合のための社会的装置が十全に機能していないことを示しているといえよう。

　イスラム主義組織の浸透は，社会的紛争がエスニックな色彩を濃くしていることを反映し，同時にその原因をエスニック文化の面から捉える見方を強めているが，紛争がエスニック化する傾向は，ドイツの血統主義的な国籍制度に一因があることを看過してはならない。EU加盟国の市民にはEU市民権が保障され，部分的に選挙権が認められるようになってはいるものの，それ以外の多数の移民たちは長期にわたって政治参加から排除され，自治体レベルに外国人評議会のような機関が設けられているところもあるとはいえ，基本的には政治的無権利状態に置かれてきたのであった。

---

　(106)　内藤，前掲『ヨーロッパとイスラーム』166頁および同『アッラーのヨーロッパ』118頁。

これに社会生活での日常的な差別が加われば，イスラムへの帰属がアイデンティティを維持するうえで魅力的に映るのは少しも不思議ではない。この点で，2000年初頭から施行された二重国籍を条件つきで容認する改正国籍法や2004年7月に成立した移民法がアイデンティティ問題のレベルでいかなる効果を生むかは長期的な観点から大いに注目されよう。1987年の申請から既に長い時日が経過したのに決着していないトルコのEU加盟問題は，2004年10月に欧州委員会が加盟国首脳に対してトルコとの交渉を勧告したことによって本格的に動き始める公算が大きくなったが[107]，その帰趨もまたEUがイスラムを排除する「キリスト教のクラブ」にとどまるのか否かの指標となる点で，イスラム主義問題の文脈でも大いに関心をそそるのである。

---

(107) トルコのEU加盟の是非に関するドイツでの議論については，トルコを特集したDas Parlament, Nr. 18, 2004 所載の論稿や，Detlev Lücke, EU-Beitritt der Türkei umstritten, in: Das Parlament, Nr. 45, 2004 のほか，Aus Politik und Zeitgeschichte, B 33-34/2004 に掲載されたオリエント学界とドイツ史学界の重鎮U. シュタインバッハとH.-U. ヴェーラーのエッセイが参考になる。また，2003年に在ドイツ・トルコ大使館の委託を受けてトルコ研究センターが実施した世論調査によれば，3分の2のドイツ市民が加盟を支持しているものの，58％は人権尊重などの前提を満たすことを条件としている。一方，条件ぬきで加盟に反対しているのは32％であり，その半数強はイスラムを理由に拒否している。これに対し，70％はトルコ国民の多数がイスラム教徒であることはEU加盟に影響してはならないという立場である。Stiftung Zentrum für Türkeistudien, Die Einstellung der deutschen Bevölkerung zum EU-Beitritt der Türkei, Essen 2003, S. 30ff. なお，この調査結果と違い，ドイツ第2テレビ（ZDF）の政治バロメーターによれば，2003年11月の時点でトルコのEU加盟に賛成するのは41％にとどまり，反対が52％で賛成を上回っている。

第6章

現代ドイツにおけるスカーフ問題

1 ドイツにおけるイスラム問題

　前章で現代ドイツのイスラム組織とイスラム主義問題に関する概観を試みた。それを脱稿したのは2004年11月であり，その後，手を加える機会がないまま時が過ぎたが，その間にも先進国サミット開催中の2005年7月7日にロンドンで多数の犠牲者を出すテロ事件が発生するなどしてイスラム原理主義やイスラム主義の脅威が高まり，マスメディアでも話題とされることが頻繁になった。わが国の場合，テロ関連では『中央公論』2005年10月号の山内昌之「西欧のテロとイスラームの間」と，同じく『世界』2005年10月号掲載の内藤正典「和解なき衝突への道」が代表的なものであろう。ドイツではわが国よりも遥かに多くのムスリムが暮らしているところから衝撃が極めて大きかったのは当然であり，例えば2004年3月にマドリッドで起こったテロ事件の激震を受けて，同年7月に成立した移民法に当初は予定されていなかった治安確保のための規定が急遽盛り込まれた。また最近では過激なイスラム主義団体として知られる「カリフ国家」のいわゆる「憎悪の説教師」の国外追放や，バーデン＝ヴュルテンベルク州での帰化審査におけるいわゆる「イスラム・テスト」の是非が話題になっており，さらに「スカーフ問題」を巡る議論が依然として収まっていないのも同じ流れにある。

　そうした関心の高まりを背景にして，ドイツでは学術的な調査や研究も一段と活発になってきている。2004年にトルコ研究センターはノルトライ

ン゠ヴェストファーレン州に在住するトルコ系移民に関する調査を実施したが，その要点を同年7月に『シュピーゲル』誌が報じて不安を掻き立てた。というのは，「信仰への逃避」という見出しで，トルコ系住民の間でイスラムという意識が強くなっていることが浮き彫りにされたからである。すなわち，トルコ研究センターの調査結果からは，「非常に信仰心がある」と答える比率が2000年の一桁から2003年に約20％に増大し，「どちらかといえば信仰心がある」とする者も増加したことが明らかになったのである。もっとも，記事にはこの点についての研究センターのコメントもつけられている。それによれば，「新たな信仰心で問題になるのは，トルコ人というアイデンティティというよりは，むしろ文化的イスラム的アイデンティティであり，それは所長のシェンの見方ではイスラムに対するドイツ人の嫌悪への反応として理解されるべきものである[1]。」

このような補足が付け加えられていたとしても，イスラム意識が強くなりつつあるといういささか衝撃的な事実の前では，それにあまり注意が向けられなかったとしてもやむをえなかったであろう。おそらくそうした事情を顧慮して同センターは2005年にも類似の調査を行っている。報告書は『ドイツにおけるトルコ系ムスリムの宗教的実践と組織的代表』と題して同年11月に公表されたが，これにより，自分を信仰心があるとする者は2000年の73％から83％に増加したことが明らかにされ，再びイスラム・アイデンティティの高まりが確認される結果になった。なかでも「非常に信仰心がある」との答えが7.6％から28.1％に上昇しているのが最大の注目点になっている[2]。この問題は2006年4月に同センターが公表したノルトライン゠ヴェストファーレン州のトルコ系移民の調査でも取り上げられたが[3]，結果は図1のようになり，上記の趨勢が州レベルでも確かめられた。また前者の報告書と同時期に『平行社会への発展？』と題する調査報告書も発

---

(1) Der Spiegel, Nr. 31, 2004, S. 17.
(2) Stiftung Zentrum für Türkeistudien, Religiöse Praxis und organisatorische Vertretung türkischstämmiger Muslime in Deutschland, Essen 2005. S. 20.
(3) Dies., Türkeistämmige Migranten in Nordrhein-Westfalen, Essen 2006, S. 7ff.

表されたが，そこでは表題からも分かるように，セグリゲーションの問題に焦点が当てられた。そして若いトルコ系移民を対象にして，ドイツ人との交流が拡大していないことや職場などでの差別経験が増えつつあることなどが確認された反面，そうしたデータにもかかわらず，報告書の結論部では，交わることのない「平行社会への大規模な発展や，生活を包み込む孤立し閉ざされた集団の存在を語ることはできない」という穏当な文章が記されている[4]。

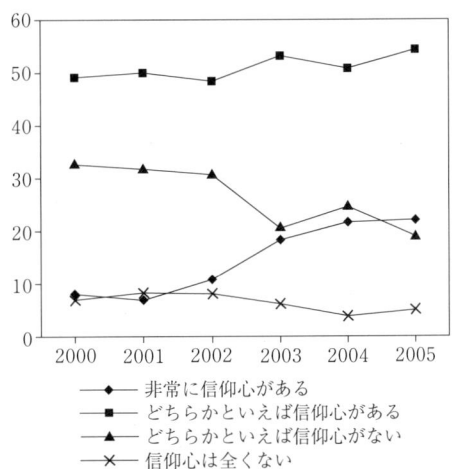

図1　信仰心の程度

◆ 非常に信仰心がある
■ どちらかといえば信仰心がある
▲ どちらかといえば信仰心がない
× 信仰心は全くない

(出典) Stifting Zentrum für Türkeistudien, Türkeistämmige Migration in Nordrhein-Westfahlen, Essen 2006, S.8.

　連邦政治教育センターが発行する週刊新聞『パーラメント』紙の付録『政治と現代史から』は2006年の最初の号で「平行社会？」というテーマを掲げているが，これも同一線上にあるのは明白であろう。とくに巻頭に文化の衝突や極右暴力など幅広い研究で著名な社会学者W.ハイトマイヤーたちの共同論文が載せられているのは，セグリゲーション問題の中心がイスラムにあることを端的に示している。というのも，その論文は，「広がるイスラム批判によるムスリムの自閉？」と題されているからである[5]。さ

---

(4)　Dies., Entwicklung zur Parallelgesellschaft? Essen 2005, S. 21. この総括的評価の妥当性は疑わしい。例えばM. ミュールは，トルコ系やモロッコ系のサッカーをする若者でドイツのスポーツ協会に所属しているのは7％だけで，残りは同じエスニック団体に属している事実などを指摘し，「大抵のトルコ人は意識的に自閉している」というトルコ人の若者の言葉を伝えているからである。Melanie Mühl, "Du bist zu deutsch", in: Frankfurter Allgemeine Zeitung vom 8. 11. 2005.

(5)　Jürgen Leibold, Steffen Kühnel und Wilhelm Heitmeyer, Abschottung von Muslimen durch generalisierende Islamkritik? in: Aus Politik und Zeit-

らに同センターが学校などに配布する出版物の中でもイスラム関係の著作が増加しており，社会での漠然とした不安感の高まりを前にして，政治教育の立場から正確な情報を伝えることによって誤解や偏見を解く努力を強めていることが窺える。

このようにドイツでは実情を正確に把握し，あるいは無用な不安を除去する取り組みが見られるが，その反面で，イスラムに対する恐怖心を強めるような議論が展開されているのも見逃せない現実である。それを象徴するのは「イスラムファシズム」もしくは「イスラモファシズム」という語が造られ，論壇で飛び交うようになってきたことであろう。この概念の内実は定かではないし，そもそもそれが概念として成り立ちうるか否かも疑問だから，むしろ敵と味方を分ける政治用語ないしはレッテルとして理解するのが適切であろう。この視点に立てば，イスラムファシズムというのは，イスラム主義とファシズムの間に共通性を見出し，ヨーロッパ文明を擁護する立場からこれらを一括して排除しようとする考え方だといってよいであろう。いずれにせよ，この造語の不当性を批判する立場からの議論を含め，そうした言葉がドイツを代表する高級紙でも取り上げられるようになっているのは，軽視できない動きだといわねばならない。目に付いた若干の例を挙げれば，2004年3月24日付『ジュートドイッチェ』紙にP.シュタインベルガーの筆になる「イスラモファシズムという観念は馬鹿げているか？」と題した論説が掲載され，同年5月8日の同紙にもS.ヘガシィとR.ヴィルダンゲルの連名で「イスラモファシズムという概念は歴史的に正しくない」とのタイトルで批判論文が寄せられている。さらに2004年3月18日付『ツァイト』紙や2005年9月21日付『フランクフルター・アルゲマイネ』紙にも同じテーマで論説が掲載されている[6]。因みに，歴史家論争でも知られるE.ノルテがこの議論に登場していることも付け加えておこう[7]。

---

geschichte, 1-2/2006.

（6） Josef Joffe, Die Offensive des Islamo-Faschismus, in: Die Zeit vom 18. 3. 2004; Jan-Werner Müller, Mobilisierende Gewalt in der Verständnisfall, in: Frankfurter Allgemeine Zeitung vom 21. 9. 2005.

（7） Ernst Nolte, Der heutige Islam - im Angriff oder in der Verteidigung, ein

それではこのように不安とともにイスラム問題が関心を呼んでいるとすれば，その代表例であるスカーフ問題についてはどのような議論が展開され，いかなる動きが見られるのであろうか。ドイツのマスメディアの分析を通じてD. ハルムはイスラム・イメージの悪化を跡づけ，ハイトマイヤーたちはイメージの悪化というよりはイスラムに対する無関心が不信に変わったとしているが[8]，同じ足並みでS. シッファーもムスリムが「脅威のある，あるいは少なくとも後進的に映る均質な集団」として描かれるようになっていることを確認すると同時に，「イスラムの主題化はスカーフなしでは済まず，その際，成功した女性は少なくともスカーフを被らない姿で描かれる[9]」のが通例になっていると指摘して，スカーフにイメージ問題の焦点を絞り込んでいる。以下ではこのような文脈を念頭に置き，イスラムのシンボルとして位置づけられたスカーフに関するドイツでの最近の動向を追跡してみよう。

2　新たなスカーフ問題

最初に現代のドイツで生活しているムスリムの数などを確かめておこう。

その正確な数は実は明らかになっていないが，一般に総数で320万人から350万人程度と推定されている。出身国・地域での内訳は，トルコ系が250万人で最多であり，トルコ系移民が全体で260万人，そのうちでドイツ国籍を有しているトルコ系住民が84万人を占めるとされているから[10]，彼らの大多数がムスリムということになる。これに次ぐのがボスニア系のムスリムの人々であり，推定で16万4千人とされている。さらにイラン系のムスリム8万9千人が続いている。したがって，ドイツに暮らすムスリムではトルコ系が圧倒的な比率に達することは明白であり，「ドイツではム

　　　　Vortrag vom 6. 11. 2004.

（8）　Dirk Halm, Zur Wahrnehmung des Islams und zur sozio-kulturellen Teilhabe der Muslime in Deutschland, Manuskript, Essen 2006, S. 19ff.; Leibold u. a., op. cit., S. 3.

（9）　Sabine Schiffer, Der Islam in deutschen Medien, in: Aus Politik und Zeitgeschichte, 20/2005, S. 24, 26.

（10）　Stiftung Zentrum für Türkeistudien, Pressemitteilungen vom 20. 7. 2006.

スリムの総数の90％という高い割合のゆえにイスラムはトルコのイスラムである」というW.G.レルヒの10年以上前の指摘は今日でも依然として当てはまるといえよう。また宗派別ではスンナ派240万人，アレヴィ派50万人，シーア派13万人とされている[11]。

しかしながら，外国人統計でも確認されるように，男女比には明瞭な開きがある。すなわち，2005年の時点での外国人は男性が349万人，女性が326万人であり，例えば60歳以上65歳まででは57％と43％というように高齢者ではかなりの差が存在する[12]。この開きはかつてはもっと大きかったが，近年では縮小傾向にある。そのような落差が見られるのは，ガストアルバイターとして受け入れられたのが主として若くて身体の強健な男性労働者だった歴史を反映している。それゆえ，ムスリムの女性についてもほぼ160万人を下回っているのは確実だが，その一方で，彼女たちの絶対数が決して小さくないところから，今日ではスカーフを被った女性の姿はドイツの都市でのありふれた日常的光景の一部になっているのが現実といえよう。もっとも，ムスリムの女性で常時スカーフを着用している人々がどれほどの割合になるのかについては，管見の限りでは調査は行われておらず，データは存在しないようである。それはともあれ，イスラムを巡りドイツでは，2003年の連邦憲法裁判所の判決によって一旦は下火になっていたスカーフ問題が2006年秋に改めて関心を集めるようになった。連邦政治教育センターは「新たなスカーフ論争」と題してこの問題に関する情報を提供しているが，そこでも指摘されているように，直接の契機になったのは，同盟90／緑の党に所属するエキン・デリゲツの発言だった。彼女は連邦議会議員として活動している5人のムスリムの議員の一人であり，シュレーダー政権を誕生させた1998年の連邦議会選挙で議席を獲得した。名前からも分かるように，彼女はトルコ系の女性である。1971年にトルコで出生し，1979年に8歳で家族とともにドイツに移住した。1997年にドイツに帰化し，

---

(11) Cornelia Pust, Muslimisches Leben in Deutschland, in: Blickpunkt Integration, Ausgabe 5, 2006, S. 2. Wolfgang Günter Lerch, Es begann mit Maulana Sadruddin, in: Frankfurter Allgemeine Zeitung vom 18. 6. 1993.

(12) Bundesamt für Migration und Flüchtlinge, Migration, Asyl und Integration in Zahlen, 14. Aufl., Nürnberg 2006, S. 80f.

現在は子供のある既婚のトルコ系ドイツ人である[13]。

　彼女の発言がスカーフ問題再燃の契機になったのは，その発言が挑発的な内容を含み，激しい反発を引き起こしたからである。すなわち，10月15日の大衆紙『ビルト・アム・ゾンターク』に掲載されたインタビューで彼女は次のようにアピールしたのである。「私はムスリムの女性に訴える。今日の時代に目覚めなさい。ドイツに目覚めなさい。あなたたちはここで暮らしているのです。だからスカーフを脱ぎなさい。あなたたちが男性と同じ人権を有していることを示しなさい。」

　スカーフ着用を女性抑圧のシンボルと見做し，男女の同権化が進展している現代ドイツの現実に適応することを迫るこのアピールに対しては，イスラム評議会やミッリー・ギョルシュのようなイスラム団体はもとより，ドイツのメディアを含め多方面から厳しい批判が浴びせられ，反論が繰り広げられた。彼女の言によれば，支持する声も無論存在していたが，他方で数多くの抗議のメールや手紙などが手元に届き，当初は感情的な怒りを投げ付けるものが多かったという[14]。

　しかし問題を深刻にしたのはその後の展開である。彼女の殺害を予告する複数の脅迫状が送り付けられたために，警察の保護を受け，ボディーガードに守られて生活しなくてはならない事態に至ったからである。それだけではない。連邦議会では議長のN.ラマート（CDU）や副議長のW.ティールゼ（SPD）をはじめとして所属会派を超えて多数の議員が言論の自由に対する挑戦だとして脅迫を非難し，デリゲツ擁護の大合唱が巻き起こった。またこれに呼応して，メルケル首相（CDU）は勿論，治安を担当するショイブレ内相（CDU）も非難の足並みを揃えた[15]。一方，デリゲツが所属する同盟90/緑の党の院内総務R.キューナストとW.ヴィーラントは彼

---

(13)　デリゲツの略歴については，Kürschners Volkshandbuch: Deutscher Bundestag, 16. Wahlperiode, Rheinbreitbach 2006, S. 90.

(14)　Ekin Deligöz, Es ist ein Symbol der Unterdrückung, in: Das Parlament vom 13. 11. 2006.

(15)　Der Tagesspiegel vom 28. 10. 2006; Die Welt vom 31. 10. 2006. 前者の見出しは「脅迫された議員に対する広範な支援」であり，後者のそれは「脅迫された緑の政治家に対する連帯の波」と付けられている。

女の安全を図るため，10月31日に急遽イスラム評議会のA.キジルカヤおよびドイツ・トルコ共同体のK.コラートと会談し，言論の自由を尊重する最小限のコンセンサスを取り付けた[16]。こうしてスカーフを巡るデリゲツ発言は瞬く間に政治問題化していった。連邦政治教育センターの発行する週刊新聞『パーラメント』紙が2006年11月13日号で一面全体をこの問題に充て，デリゲツ議員とのインタビューを掲載しているのも，事態が重大化したことを反映している。

　しかしながら，問題が一気にここまで深刻化したのは，デリゲツの発言と脅迫のせいだけではない。この点は，事件の推移に目を奪われて看過されがちであるだけに注意が必要であろう。実際，今日のドイツにはなんらかのきっかけがあればいつでも問題が吹き出す下地が醸成されているのであり，イスラムを巡る様々な問題の累積にこそ視線を向けるべきであろう。例えばドイツを代表する週刊誌『シュピーゲル』をみただけでもこのことは推察できる。同誌は1997年に「危険なまでに疎遠　多文化社会の破綻」というタイトルの特集を組み，トルコ人の荒れた若者に焦点を据えたが，驚愕すべき内容が満載されていて社会に与えた衝撃は大きかった。また2003年にはスカーフ判決を契機に「ドイツのムスリム」と題してムスリムの現状を多面的に照らし出し，ドイツ社会とは異質な生活世界がドイツの大都市に形成されている現実を浮かび上がらせた。さらに2004年には「アラーの無権利な娘たち」というタイトルでムスリムの若い女性たちが強い束縛の中で忍従を強いられている実態を詳しく報じただけでなく，同年にはイスラム主義団体「カリフ国家」を率いるカプランに焦点を当ててイスラム主義問題の特集を組んだが，それが話題になったのは，2001年のアメリカでの同時多発テロが呼び起こしたショックが尾を引いていたからであるのは指摘するまでもないであろう。

　イスラムが社会の耳目を集めるようになったことは，書店に並ぶ新刊書でイスラム関連の著作が増えているのを見れば一目瞭然だが，上で一部を紹介した調査報告がなされていることも，イスラムが社会問題の震源であるという見方が浸透していることを示している。そして2004年とその翌年

---

(16)　Tagesschau vom 1. 11. 2006.

にマドリッドとロンドンで相次いで発生した大規模なテロばかりでなく，2005年秋にフランスで起こった移民の若者を主体とした騒乱や，2006年に入って世界各地に飛び火したムハンマド風刺画に対する暴力的な抗議運動などがイスラムに対する恐怖感や警戒心をますます強めたのである[17]。

これらに加え，ドイツではトルコ人の青年が離婚して自立を始めた実の姉を殺害した名誉殺人事件の異常さと，その背景になった強制結婚の習慣がドイツで守られている事実が，イスラムはドイツ社会にとって異質だという違和感や嫌悪感を一層拡大する結果になった。有罪判決は2006年4月13日に出されたが，この事件を契機に政治レベルでは強制結婚を禁止する法改正の動きが強まる一方[18]，その論陣を張っているトルコ系女性作家ネクラ・ケレクの主張に対し，Y.カラカソグルを先頭とする60人もの知識人が署名した異例の反対声明文が『ツァイト』紙に掲載されて注目を浴びた[19]。無論，各地でモスク建設に絡む周辺住民とのトラブルが起きていることや，イスラム団体の要求を受け入れる形で学校での宗教教育にイスラムを含める動きが出てきていることなどが関心を引き付けているのはいうまでもない[20]。また最近では2006年3月にトルコ系住民の多い地区のベル

---

(17) これらの出来事に対するドイツでの反響については，さしあたり，本書175, 196頁以下参照。

(18) Die Zeit vom 17. 4. 2006; Der Spiegel vom 4. 11. 2006.

(19) Mark Terkessidis und Yasemin Karakasoglu, Gerechtigkeit für die Muslime!, in: Die Zeit vom 1. 2. 2006. このなかではセイラン・アテスやソマリア出身でオランダに帰化した著名な政治家アヤーン・ヒルシ・アリも俎上に載せられており，彼女たちの著作は「家父長的で反動的な宗教と見做されたイスラムに対する激しい告発と体験報告との混合」にすぎず，とくにケレクの『他所者の花嫁』は「自分の体験と個別ケースが社会問題にまで膨らませられた俗受けを狙ったパンフレット」だと酷評されている。因みに，ケレクはフランス語などにも翻訳されたこの書や『失われた息子たち』の著者として高名であるだけでなく，論壇でも健筆をふるい，メディアにも頻繁に登場する作家である。『政治と現代史から』に掲載された論文は，彼女のムスリム女性像を要約したものと見做しうる。Necla Kelek, Die muslimische Frau in der Moderne, in: Aus Politik und Zeitgeschichte, B1-2/2006, S. 25ff.

(20) モスク建設を巡る紛争の事例として，Jochen Bittner, Wer hat Angst vorm

リンの学校で教職員が一丸となって暴力横行を理由にして廃校を要望するという事件が起こり，同種の荒廃がベルリンに限られない現実があぶり出されて世間の耳目をそばだたせた。このようにみてくれば，デリゲツ発言ではなく他のきっかけでもイスラム問題が発火する下地が作り出されていたのは間違いないであろう。同年7月にはメルケル首相の呼びかけで移民団体の代表を集めた「統合サミット」が連邦首相府で開催され，続いて9月にはショイブレ内相の提唱による「イスラム会議」が開かれて統合問題を巡りイスラム団体との協議が行われたが[21]，政府要人や指導的立場の政治家が移民団体やイスラム団体と一つのテーブルに着くという初めての方式が俄に試みられたのは，イスラム問題についての危機感が政治エリートの間で高まっていたことを物語っているといえよう。

3　スカーフ問題の争点

それはさておき，連邦政治教育センターがデリゲツ発言を起点とする論議を「新たなスカーフ論争」と呼んでいるのは，当然ながら，それ以前に古い論争があったからにほかならない。それはアフガニスタン出身で1995年にドイツに帰化したムスリム女性のフェレシュタ・ルディンを中心とした論争である。彼女は公立学校の教師を目指し，バーデン゠ヴュルテンベルク州で実習を済ませたが，州当局は彼女の採用を拒否した。それは彼女がスカーフを着用したまま教壇に立つことを主張して譲らず，スカーフを外すことを信仰と尊厳を損なうとの理由で頑として受け入れなかったからである[22]。CDUが政権を握る州当局は，スカーフは政治的シンボルであり，

Muselman, in: Die Zeit vom 9. 6. 2004; Caroline Schmidt, Wie eine Moschee den Volkszorn entfacht, in: Der Spiegel vom 13. 4. 2006; Jörg Schindler, "Die passen hier nich rin", in: Frankfurter Rundschau vom 5. 7. 2006. またイスラムの授業につき，Der Islam im Unterricht, in: Ausländer in Deutschland, H. 1, 2003 参照。

(21)　本書第4章参照。

(22)　この事件の経緯と背景に関しては，差し当たり『シュピーゲル』誌の特集が役立つ。Der Spiegel, Nr. 40. 2003, S. 82ff. また，Y. カラカソグルの小著も問題を鳥瞰するのに有益である。Yasemin Karakasoglu, Die "Kopftuch-Frage" an deutschen Schulen und Hochschulen, Münster 2002. なお，問題と

教師がそれを教室に持ち込むことは児童・生徒に影響を与え，中立性を損なうので許されないという立場だった。しかし，ルディンはこれを不当な措置でムスリムに対する差別だとして裁判所に提訴した。そのため事件は法廷で争われることになり，イスラムを巡る一連の問題と絡んで世人の注目を浴びるようになったのである。

　このスカーフ問題は1989年以来のフランスのそれのドイツ版といえなくない。しかし，フランスには第３共和制以来のライシテの原則があり，公的空間と私的空間との厳格な区分に基づき政教分離が徹底されている[23]。これに対し，ドイツでは基本法７条３項で公立学校で宗教教育を正規の教科として教えることが定められていることに見られるように，政教分離が緩やかに理解されている。フランスと違い，ルディン事件で問題になったのがあくまで教師のスカーフ着用であって，生徒のそれではなかったのはこの点に関連している。勿論，スカーフの本質をいかなるものとして捉えるのかが論議されたのは当然だが，ドイツでは着用の是非そのものではなく，公務に就くならどの範囲で着用が許容されるのかという空間の区分に論議の焦点があったといえよう。

　これに対し，新たなスカーフ論争では二つの問題が争点として浮上した。一つはスカーフが女性抑圧のシンボルであり，男女平等を謳う基本法の価値原理に反するのか否かというスカーフそのものの理解に関わる論点である。もう一つは，スカーフを否定する言論を殺害の脅迫で封じこめようとするイスラム主義が勢力を伸ばしている問題である。後者はスカーフだけではなく，ドイツで暮らすムスリム自体に関わる主要な問題なので，ここでは焦点を前者に絞って考察することにしよう。

　ムスリム女性のスカーフ着用に反対する論陣を展開している人々は幾人も存在しており，雑誌『エンマ』の編集長で先鋭なフェミニストとして著

　　なっているのはあくまでスカーフであり，ムスリムの女性が着用するチャドル，ブルカ，ニカブ，ヘジャブなどの是非，あるいはそれらの着用が宗教的義務か否かでの宗派間の見解の相違にはここでは立ち入らない。

（23）　林瑞枝「イスラム・スカーフ事件と非宗教性」三浦信孝編『普遍性か差異か』所収，藤原書店，2001年，丸岡高弘「スカーフ事件とフランス的政教分離」『南山大学ヨーロッパ研究センター報』10号，2004年参照。

名なアリス・シュヴァルツァーやドイツに帰化したトルコ系女性の連邦議会議員ラーレ・アクギュン（SPD）もこの立場だが[24]，事件の当事者であることを踏まえ，便宜上デリゲツ本人の発言を中心にしてスカーフがどのように捉えられているかを確かめておきたい。

ドイツで多文化主義を批判する主導文化論が提起されたのは，国籍法の改正が政治的テーマに浮上したのを起点としており，シュレーダー政権が発足して間もない1999年のことである。最初にこれを持ち出したのはCSUの幹部でバイエルン州内相のG.ベックシュタインである。しかしそれを論争的概念として広めたのは，当時メルケルと並ぶCDUの有力政治家でCDU・CSUの連邦議会院内総務の要職にあったF.メルツだった。彼はドイツ国籍を取得して正式にドイツ人になるためにはドイツ語の習得や基本法に定められた憲法的価値への忠誠だけでは足らず，ドイツの伝統，習慣，文化などを受け入れ，尊重することが必須条件になると主張した。そしてこの立場から，帰化について条件を緩和し二重国籍などを大幅に認める赤緑政権の寛大な国籍政策を痛烈に批判し，反対署名運動さえ奨励した。つまり，メルツにとっては移民一世やその子・孫たちが実質的に「100%近いドイツ人」になったときにそれを確認する証書としてドイツ国籍が付与されるべきであり，ドイツ文化を尊重する心構えができるまでは「外国人共同市民ausländische Mitbürger」の地位にとどまるべきだとされたのである[25]。

同盟90/緑の党に所属していることから推察できるように，デリゲツはこのような同化主義的色彩の濃い立場からスカーフに反対したわけではない。同党とSPD系の知識人の多くは多文化主義を唱道し，ナショナリズムに代替するものとして憲法愛国心を唱えてきたが，デリゲツもこの線上に

(24) 一例として，Lale Akgün über das Kopftuch, Multikulti, den Zentralrat und die wahre Integration, in: Emma, Sept./Okt. 2003 参照。

(25) Harald Lofink, Leitkultur versus Multikultur, in: Gesellschaft・Wirtschaft・Politik, H. 1, 2005, S. 81. 主導文化の文脈でベックシュタインやCSU党首のE.シュトイバーなどは国民ないし民族を「運命共同体」とも表現しているが，これに対しシュレーダー首相は「我々の社会の中の文化の多様性」を強調し，「運命共同体」という見方を批判している。Ibid., S. 82f., 86.

立ち，憲法的価値を擁護する立場からスカーフ批判の論陣に加わったのである。この点はシュヴァルツァーなども同様であり，そこで前面に押し出されたのは，改めて指摘するまでもなく男女の平等という基本価値にほかならない。フェミニストのシュヴァルツァーなどが先頭に立っていることから明らかなとおり，メルツの場合のようにドイツ文化を受け入れるか否かという保守的な立場からスカーフが問題視されたのではなく，反対に普遍的な人権の一部としての男女同権の否定と男性に対する女性の従属が問われていたのであり，等しくスカーフを問題にしていてもスタンスが全く異なっている点を見逃してはならないのである。

　この点を念頭に置きつつスカーフを巡る議論を整理してみると，三つの論点が抽出できると思われる。一つは政教分離の問題であり，もう一つは男性による女性抑圧のそれである。そして三つ目の論点はイスラム主義の問題である。

　第1の論点に関しては，2003年9月24日の連邦憲法裁判所のいわゆるスカーフ判決に対する批判が恰好の事例になる。この判決で連邦憲法裁判所は教師にスカーフ着用を一律に禁じることは現行法に照らし十分な法律的基礎がなく，それゆえに基本法に合致しないと判示した。この判決の主眼は州の立法機関に最終的な決着を委ねるところにあり[26]，5対3のきわどい差でなされた。しかしこの連邦憲法裁判所の判決は概して不評だった。実際，判決につき憲法裁判官W. ハッセマーは，「連邦憲法裁判所は教師が職務の際にスカーフを着用するのは憲法に合致しているという見解であるかのように見えるかもしれない」と述べ，世上そのようにいわれていても本当は「そうではなく，たんにそう見えるにすぎない」と弁明しているほどである。一方，判決について『シュピーゲル』誌は，真実は「最高の憲

---

(26)　判決の要点と様々な立場からの反応の鳥瞰として，Bundesamt für die Anerkennung ausländischer Flüchtlinge, Kopftuchdebatte, Nürnberg 2004 が役立ち，Zeitschrift für Ausländerrecht und Ausländerpolitik, H. 1, 2004 も判決批評をテーマにしている。またわが国での判決の法学的検討として，渡辺康行「文化的多様性の時代における公教育の中立性の意味」樋口陽一ほか編『国家と自由』所収，日本評論社，2004年，同「ドイツ憲法判例研究(127)」『自治研究』80巻10号，2004年がある。

法の守護者たちが決定しないことを決定しただけだ」と酷評している[27]。

スカーフ反対者でこの判決に即座に批判の矢を放ったのはシュヴァルツァーである。彼女は,「ここで問われているのは法治国家の核心,国家と宗教の分離,苦労して勝ち取られた啓蒙の成果である」とし,「神の国を唱える者の世界的規模の攻勢が,ムスリムが多数者である国々を彼らの非人間的な神の法に服させようとしているだけでなく,西側の民主主義をも脅かしている時代にこの分離を弱めることは二重に理解しがたい」と痛烈な一撃を浴びせている[28]。この論理はデリゲツも共有している。彼女がスカーフを「宗教的シンボル」であるとし,「そのものとしては学校で許容されている」のが現実だとしても,少なくとも「教師に対するスカーフの明瞭な禁止」は正当であり,これを支持すると断言しているのは,ドイツの文脈での政教分離を擁護する立場の表明にほかならない。もっとも,教師のスカーフ着用が許されないなら,十字架などを教師が身につけることの是非もやはり問われなければならないであろう。その意味では,この点について彼女たちが論及していないのはいささか不可解であるように感じられる[29]。

---

(27) Der Spiegel, Nr. 40, 2003, S. 82.

(28) Alice Schwarzer über das Kopftuch-Urteil in Karlsruhe (http://www.emma.de)

(29) この問題は2004年1月22日のレッシング生誕275周年記念祭の演説で大統領J.ラウが提起した。連邦憲法裁判所の判決を受けてスカーフ禁止を最初に立法化したのは震源地のバーデン=ヴュルテンベルク州だが,そこでは禁止対象からキリスト教やユダヤ教のシンボルは除外された。同州のシャヴァン文相は「スカーフは宗教的シンボルというよりはイスラムにおける政治的抑圧の印である」と本音を漏らしているが,これに対し,連邦外国人問題特別代表のM.ベック(同盟90・緑の党)は「イスラムの宗教的シンボルを学校から排除し,キリスト教やユダヤ教のそれを許容するのは憲法裁判所が定めた同等処遇の原則を無視している」と抗議している。Landeszentrale für politische Bildung Baden-Württemberg, Der Kopftuch-Streit (http://www.lpb.bwue.de/aktuell). 一方,シリー連邦内相は全国での統一的規制を主張し,さもないとカオスが生じると警告した。というのは,2003年9月の判決の時点の各州の対応はバラバラだったからである。各州の具体的な動きに関しては,Der Spiegel, Nr. 40, 2003, S. 83 に掲載された

ところで、「宗教的シンボル」というスカーフの見方にとどまるなら、ムスリム女性一般に向けてのスカーフ着用をやめよという呼びかけは出てこない。そのアピールが声高に主張されたのは、スカーフが単なる宗教的シンボルではなく、「抑圧のシンボル」でもあると見做されていたところに本当の理由があった。そしてデリゲツたちが本心から主張したかったことは、実はこの点にあったと忖度される。男女の交際や余暇での外出など自由な行動が許されないケースが多いだけでなく、「女性の純潔は男性の名誉」という格言が生き延び、普段から身内の監視を受けたり、普通のドイツ市民の想像を越える強制結婚すら行われている事実から、ムスリムの女性は男性に虐げられ抑圧されている犠牲者であり、ひ弱で柔順な存在だというイメージがドイツ社会に定着している。例えば「アラーの無権利の娘たち」と題した『シュピーゲル』誌の特集は、パートナーの暴力を受けた経験のある女性は全国で25％であるのに対し、トルコ系女性では38％に上ることなど客観的事実の報道という面で確かに興味深いが、同時にこのようなイメージの焼き直しであることも否定できない[30]。実際、E. ベック=ゲルンスハイムによれば、トルコ系移民の定住化に伴ってムスリム女性が増えつつあった1970年代にこのイメージは既にドイツ社会に普及していたのであり、ロヴォールト社の人気シリーズに収められたA. バウムガルトナー=カラバクとG. ランデスベルガーの共著『売られた花嫁』（1978年）など多くの読者を得た著作に見出されるという[31]。そしてフェミニズムの立場からシュヴァルツァーなどがデリゲツを全面的に支持する最大の根拠はこの女性抑圧という点にあり、その意味では上記の政教分離の論法は副次的な理由でしかないといってよいであろう。

デリゲツによれば、スカーフは男性に対する女性の従属を表しており、

　　一覧表が参考になる。
（30）　Der Spiegel, Nr. 47, 2004, S. 60ff.
（31）　Elisabeth Beck-Gernsheim, Türkische Bräute und die Migrationsdebatte in Deutschland, in: Aus Politik und Zeitgeschichte, 1-2/2006, S. 34; dies., Die deutschen Medien und die Unterdrückung der türkischen Frau, in: Petra Bendel und Mathias Hildebrandt, hrsg., Integration von Muslimen, München 2006, S. 139f.

女性を二級市民に押し下げるものである。実際，彼女は，「スカーフを被ることを女性に要求する者は自らを隠さなければならない性的客体に女性を貶価している」として，スカーフを「女性抑圧のシンボル」と断定している。この認識はシュヴァルツァーがもっとも強調する点であり，2006年7月4日付『フランクフルター・アルゲマイネ』紙のインタビューで彼女はスカーフはムスリム女性に二級市民のスティグマを貼り付ける点でナチスがユダヤ系市民に強制したダビデの星に等しいとさえ主張している[32]。このシュヴァルツァーの刺激的な発言について『シュピーゲル』誌のインタビューで感想を尋ねられたケレクは，「シュヴァルツァーは完全に正しい」と同調し，「スカーフ着用で女性は同権的な存在である代わりに性化された存在に貶められている」として次のように述べている。「女性は男性が不穏にならないために自らを隠さなければならない，女性は神のためではなく，男性が本能の僕にならないために自分を覆わなければならない。このような考えの背後にあるのは，スカーフやチャドルを着用しないあらゆる女性は公共に不穏を持ち込むという見方である。女性は騒擾の張本人にスティグマ化され，ただ一人の男性に属さなければならないとされる。こうして自己決定の権利が女性から奪われるのである[33]。」ここにはスカーフが女性抑圧のシンボルであるとする論理が明快に描かれている。そしてこの論理はS. アテス，W. スルタン，I. マンジなどその他のスカーフ批判者にも共通する認識でもあるといってよい。つまり，スカーフ着用は女性の自己決定権の否定と男女平等の価値の否定を表現していると捉えられるのである。それゆえに，自己決定と男女同権が普遍的な人権の一部であり，同時に現代ドイツの基本価値の構成要素でもある以上，この立場からすれば，スカーフ着用は，女性自身が人権に目覚めていないこと，現代に遅れていること，そしてドイツ社会に疎遠であることに等しいとされ，スカーフを脱ぐべきだと唱道されるのである。

　このような第2の論点に比べれば，第3のイスラム主義のそれは補足的

---

(32) Alice Schwarzer, Die Islamisten meinen es so ernst wie Hitler, in: Frankfurter Allgemeine Zeitung vom 4. 7. 2006.

(33) Necla Kelek, Frauen werden zu Unruhestifterinnen stigmatisiert, in: Der Spiegel vom 5. 7. 2006.

な意味をもつにとどまり,中心的な位置を占めてはいないといってよいであろう。スカーフ着用を理由にしてルディンの採用を拒否したバーデン゠ヴュルテンベルク州の当時の文部大臣であるA.シャヴァンは,保守的な立場からスカーフを「政治的イスラム主義,文化的離反のシンボル」と呼んでいるが[34],連邦憲法裁判所の判決を批評する中で『シュピーゲル』誌もこれと同一線上に立ち,「公務員である教師の頭上のスカーフを容認し,その寛容を多文化主義的開放性,信仰共同体の宗教政策上の同等処遇,異質なものを統合するこの社会の能力の基準に押し上げる者は,イスラム原理主義者の攻撃的な支配要求を過小評価している」と述べ[35],誤った寛容の危険性を説いている。

こうした認識ではフェミニストであるシュヴァルツァーも基本的に同列であり,スカーフは「法治国を廃止し,シャリーアを導入しようとするファナティカーのシンボル」,「イスラム主義の旗」,「イスラム主義十字軍兵士の掲げる旗」だと決めつけている。さらに彼女は語勢を強め,「イスラム主義者はヒトラー」に等しいとさえ断じているほどである[36]。デリゲツの場合,さすがにこのような表現は見当たらない。むしろ「スカーフはあまりにも僅かしかドイツ社会が受け入れていないことへの反作用」であり,ムスリムの女性たちは「スカーフという宗教的シンボルの着用でたんにイスラムに対する信仰告白をするだけではなく,本当は歓迎してくれない社会から自ら進んで距離をとっている」と述べて動機に理解を示している。この文脈で彼女は「ドイツの統合政策の怠慢」を抉りだして痛撃しているが,同時に,動機がどうあれ,スカーフはイスラム主義の「政治的シンボル」にほかならないと断定している。そして,スカーフが「政治的シンボルでないなら,私は警察の保護下にはいないはずだろう」と主張しつつ,各人が排撃するイスラム主義の内実が定かではないにしても,彼女もまたシュヴァルツァーなどのイスラム主義非難の合唱に加わるのである[37]。

---

(34) Annette Schavan, Das Kopftuch ist ein politisches Symbol, in: Zeitschrift für Ausländerrecht und Ausländerpolitik, H. 1, 2004, S. 5.
(35) Der Spiegel, Nr. 40, 2003, S. 84.
(36) Schwarzer, op. cit.
(37) Deligöz, op. cit.

4　スカーフの下の頭は何を考えているのか？：スカーフ着用に関する調査

　ムスリムの女性が被るスカーフには以上で説明したように三つの論点が内包されているといえるが，それでは彼女たちが髪を覆い隠すスカーフは本当に女性抑圧を表すシンボルなのであろうか。

　この問題に関しては極めて興味深い調査報告書がデリゲツ事件が発生する直前の2006年9月に公表された。調査を行ったのはCDU系のコンラート・アデナウアー財団に所属するF.イェッセンとU.ヴィラモーヴィッツ=メレンドルフであり，報告書には『スカーフ—シンボルの暴露か？』という表題がつけられている[38]。この報告書には予想通り，マスメディアでもかなりの反響があった。というのは，スカーフの是非が激しく論議されてきたにもかかわらず，それを着用している女性がなぜスカーフを被るのか，その動機や理由はほとんど不明なままだったからである。その意味で，調査結果を報じた9月14日付『ツァイト』紙の文章にF.ドリーシュナーが「スカーフの下の頭は何を考えているのか？」というタイトルをつけたのは[39]，ドイツ社会からの関心の所在を的確に言い表しているといえよう。

　もっとも正確にいえば，ケレクの批判者として知られるブレーメン大学のカラカソグルが博士論文のために7年前にこの問題の調査を実施している。しかしそれには二つの難点があったと指摘されている。一つは高等教育を受けた26人のスカーフ着用者のインタビューに基づいているだけで，調査範囲が狭すぎることである。今一つは，調査に当たったカラカソグル自身が最初から保守的なムスリムとの対決姿勢を公言していたことである。

　これに比べれば，今回の調査は遥かに信頼度が高いといえよう。調査者の一人であるヴィラモーヴィッツ=メレンドルフはこれまでに数々の調査を手掛けていて既に定評があり，さらに調査対象者も315人に大きく広げられているからである。またその抽出に当たっても，老若の年齢上のばら

---

(38)　Frank Jessen und Ulrich von Wilamowitz - Moellendorff, Das Kopftuch-Entschleierung eines Symbols?, Sankt Augustin 2006.

(39)　Frank Drieschner, Was denkt der Kopf unter dem Tuch?, in: Die Zeit vom 14. 9. 2006.

つき，ドイツに帰化した人とトルコ国籍のままの人，主婦と職業をもつ人など幅広い人選が行われた。これに加え，スカーフを着用している女性の面接に当たったのがトルコ語の話せる女性たちだったことも重要であろう。

　それではイェッセンたちの調査はどのような結果を示しているのだろうか。

　調査はなによりも，一般の想像に反してスカーフを被るムスリム女性が意外にもドイツ人女性と多くの共通点を持っていることを浮かび上がらせた。その意味で，彼女たちが非自立的かつ従順で前近代的な遅れた女性だという広く見られる憶測の誤りを明示するとともに，憐れみや蔑みの眼差しを向けることが偏見のなせるわざにすぎないことを暴露した。同時に調査はスカーフを被る女性の多彩な姿を浮き彫りにし，彼女たちを一括りにすることがいかにミスリーディングであるかをも示したといえよう。

　まず概括的にいうなら，彼女たちの多くはドイツで出生するか，多年にわたりドイツで生活しているにもかかわらず，ドイツ社会に対して比較的関心が希薄である。その多くはドイツでは故郷にいるようには感じておらず，心情的にはドイツよりも親の出身国ないし国籍上所属しているトルコに結ばれている。自由時間にも彼女たちが交わる周囲の世界はトルコ色が濃厚であり，友人は大抵トルコ系で，ドイツ人との接触は少ない。このことは学歴が低く，あるいはトルコ国籍の女性で強く表れ，高学歴か，ドイツに帰化した女性では比較的希薄になる。またドイツ社会から切り離されたトルコ社会に帰属する傾向はスカーフ着用のためにドイツ人から差別される経験によって強められている。

　調査からはこれらの興味深い事実が浮かび上がったが，それでは最大の焦点であるスカーフ着用の動機は何であろうか。デリゲツ，ケレク，シュヴァルツァーなどがそれを「抑圧のシンボル」として攻撃するとき，暗黙の前提として着用が男性によって強制されているという認識があり，それゆえに自己決定権の剥奪による女性の非自立性と男女同権の否定が問題とされたが，果たしてムスリム女性のスカーフ着用は強制の結果なのだろうか。

　調査を見るかぎり，こうした見方は実証されなかった。それどころか，この見方とは全く正反対の結果が得られたのが最大の注目点になっている。

調査では複数回答で，なぜスカーフを被るのか，その動機が問われた。結果は，「被るのはムスリム女性の宗教的義務である」が97％でほぼ全員であり，次いで「スカーフは私に自信を与えてくれる」が87％で多数を占めた。これに対し，「公共の場にスカーフを被って出たい」は6％にすぎなかった[40]。これらの数字に照らせば，スカーフ着用が強制によるという主張が維持しがたいのは明白といわねばならないであろう。さらにスカーフ着用の決定に当たって誰の影響があったかという点に関しては，強いて挙げれば母親の影響が大きいという結果になり，この点でも男性の役割はほとんど認められなかった。すなわち，着用決定に際して影響されなかった順に，兄弟96％，夫90％，姉妹86％，女友達78％，父親74％，母親60％，その他が76％だったのである。これらの数字についてイェッセンたちは，「スカーフはとりわけ男性の家族構成員の圧力に帰されるという広範な想定は確証されない」とコメントした上で，「これらの結果によれば，スカーフ着用の決定は他の人間による影響の比較的低い自分の決定を表している。家族の構成員による強制よりは自分の宗教的信念が決定にとって規定的なのである」と指摘している[41]。しかし彼らは同時にスカーフ着用の決定が「意識的で合理的な考慮の結果」だと受け取ってはならないことにも注意を促している。回答者たちの周囲では，98％の母親がスカーフを被っているし，伯母と祖母は同率で91％，姉妹で78％がスカーフをつけていて，スカーフ着用がいわば当たり前の世界で彼女たちが育ち，生活しているからである[42]。

それはともあれ，イェッセンたちは，ムスリム女性がスカーフを着用する動機を四つに分類している。「決定的要因としての伝統」，「宗教的信念による決定」，「抗議の印としてのスカーフ着用」，「政治的シンボルとしてのスカーフ」の四つである[43]。第1の動機と第2のそれとの境は流動的であり，第3の動機と第4のそれとの間も曖昧だから，調査結果から四つのうちのどれが有力かを確定することは容易ではない。例えば「ムスリム女

---

(40) Jessen u. a., op. cit., S. 24.
(41) Ibid., S. 24f.
(42) Ibid., S. 25f.
(43) Ibid., S. 10ff.

性の宗教的義務」という大多数の答えからは，単に自分が帰属している家族や社会の伝統に従っているだけなのか，自覚的な決断によるのかは明らかにならないし，また「スカーフが自信を与える」という同様に大多数の回答だけでは，宗教的信念の実践として理解しているのか，イスラムを蔑む社会に対する抗議の表現なのかは判別が難しいからである。しかし他方で，スカーフを被るムスリム女性の大多数にとってスカーフ着用が宗教的義務の実践であり，あるいは自信の源になっていることは，スカーフがいわば彼女たちのアイデンティティの構成要素になっており，その意味でイスラムが彼女たちの人格の一部になっている現実を示しているといえよう。事実，「人生の最後までスカーフを被り続けるかどうか分からない」と答えるのは僅か8％でしかなく，逆に86％にとっては，聖地巡礼が「人生の最重要の目標」として位置付けられている。そればかりか，「自分の信仰に従って生きる」ことを95％が人生の主要な目標であると答えているのである[44]。

　このように見てくると，スカーフを被るムスリム女性がドイツで暮らしながらも，ドイツ社会とは異質な存在であるという印象が強くなるであろう。実際，上記の諸点でスカーフを着用しているムスリム女性が一般のドイツ女性と基本的に異なっているのは間違いない。しかしながら，そうであるだけに注目に値するのは，その他の面では両者がかなり類似していることである。イェッセンたちは自分たちの調査結果を2005年3月に実施されたインフラテストのそれと対比しているが，多くの項目で同じような回答が得られ，「スカーフを着用しているトルコ系女性とドイツ女性の間の全体的に驚くべき共通性」が浮き彫りになったのである。例えば「よいパートナーと暮らす」はトルコ系女性で82％，ドイツ女性で78％であり，「自由な人間として感じ，できるだけ自由で自立的であること」では79％と78％，「家庭とその快適さ」で70％と68％，「子供を持つこと」で52％と58％などである。とくに最後の「子供を持つこと」では一般にトルコ系女性，なかでもスカーフを被っている女性では保守性のゆえに子供を持つことに対する願望が強いと考えられているが，それは根拠のない推測であること

---

(44) Ibid., S. 30.

が明るみに出る形になった[45]。

　一方，家族と結婚に関する考え方でもスカーフを被っている女性が決して従属的ではないことが示された。彼女たちの94％は「結婚しても女性が職業的な希望を実現することは重要である」と考えており，また「家族の中で男性と女性に原則的な相違があってはならない」という立場に81％が賛意を示しているからである。さらにその裏返しであるが，「女性は幸福であるためには子供を儲けなければならない」とするのは37％にとどまり，「男性が職業生活に打ち込み，女性は家庭にいて家事を担当する」という考えも41％が支持するだけで，半数にも達しないのである。こうした調査結果に基づき，イェッセンたちは，スカーフ着用の女性の間で「結婚での役割分業に関する見方について完全に現代的な考え方が支配的である」ことを確認し，彼女たちが現代に遅れた後進的な女性であるという見解が事実に反するステレオタイプにすぎないことを示唆している[46]。

　スカーフを着用したムスリム女性の同時代性は政治観についても見出せる。彼女たちはイスラムに帰依していても，決して宗教指導者による神政政治を望んでいるわけではない。「一国の政府は国民によって選ばれるべきである」という立場を89％が支持しているからである。これに対し，「神の恩寵による政府」を望むのは11％にすぎない[47]。したがって，政治観の点では大多数は民主主義的と評すことができよう。けれども，人間の平等原則に関しては気掛かりな点も窺える。というのは，「すべての人間は，信仰のいかんにかかわらず，神の前で平等である」という原則を承認するのは68％にとどまるからである。このことはイスラムとキリスト教との優劣と関連している。「イスラムとキリスト教は同じ価値を表す」と考えるのは52％しかいないし，「イスラムはキリスト教より優れている」という主張に87％もの多数が賛同しているのが事実だからである[48]。ドイツの一般市

---

(45) Ibid., S. 31.
(46) Ibid., S. 32, 34.
(47) Ibid., S. 39.
(48) Ibid., S. 35. なお，神の前での平等と宗教の優劣に関しては，ドイツ市民とトルコ系住民のそれぞれの調査結果が本書第5章で紹介してある。本書227-8頁。

民のどれだけがキリスト教はイスラムより優れていると考えているかは不明であるが，嫌悪や差別の現実に照らせば決して少なくないと推測され，両者が対極に位置していることを示唆している。いずれにしてもこれらの数字は，イスラム・アイデンティティがドイツ社会に対する優越感として彼女たちの自信を支えていることを物語っているといえるが，彼女たちの生活でイスラムが家族以上に重要な位置を占めていることを考慮すると，重大な問題がそこに胚胎しているのは間違いないであろう。

　以上でイェッセンたちが行った調査の要点を整理したが，「スカーフの下の頭が何を考えているか」を照射し，根拠のない憶測を排除した点で，それには画期的な意義があるといえよう。このことは『シュピーゲル』誌や『フランクフルター・ルントシャウ』紙などが報じているとおりである。特に注目を集めたのは，スカーフを着用するムスリム女性とドイツ女性との間に結婚や家族に関して大きな一致点が存在することだった。またスカーフの着用自体については，それが男性の強制によるのではなく，自分の決定によることが明確になったことは，スカーフを「抑圧のシンボル」と決めつける主張に十分な根拠がないことを証明する形になったのである。

　これに加え，このような調査結果はトルコ系女性全般を対象にした調査のそれとも大きくは齟齬していない点で興味深いといえよう。トルコ研究センターのM.ザウアーたちはイェッセンたちと同時期にスカーフ着用とは関係なくトルコ系女性について調査を行ったが，それによって，伝統的な主婦の役割を支持する女性は半数，18歳から29歳までの女性の半数は未婚，職業教育を受けたのは半数だが女性にも必要とする意見は広く存在することなどが明らかにされた。また既婚女性の4分の1は親の勧めた相手と結婚したが，その場合でも強制ではなく，しばしば話題になる強制結婚と混同されてはならないことも確かめられた。こうした結果に基づきザウアーたちは，「トルコ・コミュニティに閉ざされて暮らす女性の広範な孤立」は実証できず，むしろ「男性と家族に依存するトルコ女性の反対像」が浮かび上がったと述べ，「多数の女性が自己意識をもち，自分の道を自己決定している」ことを強調している。こうした結論がイェッセンたちのそれと対立するのではなく，むしろ親和的であることは明白であろう[49]。

　それはさておき，イェッセンたちの調査結果はそれまでのステレオタイ

プを覆す衝撃的な内容を含んでいるだけに，その信憑性に疑義を呈する声が上がったのは当然の反響だったともいえよう。調査についての評価を巡っては，『ツァイト』紙上でドリーシュナーは「未知の集団についての研究が到達できる限度であらゆる点で代表的」だと称賛しているが，『シュピーゲル』誌では幾分トーンダウンし，これを紹介したA．ライマンは，回答者数が少なすぎるので「研究は本当の暴露とはいえない」としつつ，「代表的とまではいえないものの多くを教えている[50]」と控えめな評価を与えている。同様に，『フランクフルター・ルントシャウ』紙は「代表的とはいえないが最初の接近[51]」だとしてその意義を認めているが，これに対し，デリゲツは『パーラメント』紙のインタビューで「たしかにアイデンティティの証しとしてスカーフを被る開明的な女性もいる」としながらも，自分の印象では「ドイツで暮らすムスリム女性の多くは意識調査に応じ，自分の状態について表明する自己意識を持っていない」から，調査は「経験的な意味で代表的とはいえない」とその意義を否定する立場を打ち出している。このようにイェッセンたちの調査は画期的であるがゆえに疑念も向けられているが，スカーフを巡る今後の議論でその結果がもはや無視できないのは確実であろう。

　こうした評価の問題と並び，調査について留意が必要なのは，それがCDU系のコンラート・アデナウアー財団の研究員によって行われたことである。スカーフ着用に固執するルディンの教師採用を拒否したのはバーデン＝ヴュルテンベルク州政府であり，直接の責任者はA．シャヴァン文相だった。CDUに所属する彼女はメルケル政権で連邦文相に横滑りしたが，スカーフ着用に関する立場は一貫しており，それを「政治的イスラム主義，文化的隔絶のシンボル」と捉えている。この見方がシュヴァルツァーなどのフェミニズムの線上にあるのではなく，反対に先述したメルツの主導文化の流れから出てきているのは容易に推察できるが，それだけに同じCDU系でありながら，調査を行ったイェッセンたちが囚われのない冷静な目で

---

(49)　Martina Sauer und Gülay Kizilocak, Der Weg der Frauen, in: Frankfurter Rundschau vom 14. 2. 2007.

(50)　Anna Reimann, Fremd unterm Schleier, in: Der Spiegel vom 14. 9. 2006.

(51)　Frankfurter Rundschau vom 15. 9. 2006.

事柄を観察していることは特筆に値しよう。なぜなら，現職の連邦文相の立場を掘り崩す調査結果を公表したばかりか，その否定を前提とした提言をしたことになるからである。それだけではない。彼らが調査に基づいて行ったいくつかの提言はCDU周辺の人々から強い反発を招くものだった。例えば，「調査結果は，ドイツで教育された教員によるイスラム授業を学校に導入することが緊急に必要であることを示している」と述べ，イスラムをキリスト教と並ぶ宗教の正規の教科とすべきことを彼らは提唱している。さらに「遠い目標」として，ムスリムの集団礼拝で導師を務める「イマームをドイツで養成する」ことを挙げ，これによって「多くのコーラン講座で無統制な授業が行われている現状にできるだけ早く終止符を打たねばならない」と唱えているのである[52]。

彼らがそうした主張をするのは，明言は避けているものの，コーラン講座がイスラム主義浸透の主要な舞台として利用されている現実があるからだと推察される。H. メースマンの伝えるところによれば[53]，オーストリアでは1998年以来イスラムをコントロールする狙いから既にイスラム組織は宗教団体として公認されており，イマームも国内で養成されている。ドイツではこうした主張は連邦政府統合問題特別代表を2005年まで務めたM. ベック（同盟90・緑の党）が行ったものの，これまでのところ反響は乏しい。けれども今日ではドイツ全国で推定で1,250人の専業のイマームが活動しており，そのほかに名誉職的にイマームを務める1千人の人々がいる。その大半はトルコ系であり，90％は国家官吏としてトルコのほかイランやモロッコからドイツに送り込まれている。彼らは配置された地域の実情もドイツ語も知らず，もっぱら母語で説教などを行っている。このようなイマームがムスリム移民のドイツ社会からの離反を強めやすいのは当然であろう。そうしたイマームの実態を踏まえ，イェッセンたちはドイツで暮らすムスリムの人々を地域社会に統合する一環としてイマームの国内での養成を提起したと考えられる。いずれにせよ，スカーフ問題に一端が表れた

---

(52) Jessen u. a., op. cit., S. 45f.
(53) Hartmut Meesmann, Die Ausbildung der Imame, in: Frankfurter Rundschau vom 30. 11. 2004.

イスラムの実情は，CDU 周辺にも従来の立場の大幅な見直しを迫り，このような大胆な提言を生み出すところまで来ているのである。

5　ムスリムとしての覚醒とスカーフ着用

　以上でイェッセンたちが行った調査の要点を簡単に眺めてきた。この調査には疑義が向けられているのは事実だとしても，テーマの重要性に鑑みてもそれが画期的な意義を有することはやはり認めなければならないであろう。なかでも最大の注目点は，ムスリム女性のスカーフ着用が男性による強制ではなく，女性自身の自己決定の結果であることが明らかにされたことである。この結果がかなりの程度現実を表しているのは間違いなく，それに照らせばスカーフ着用批判者の主張は無根拠な想念にすぎず，的外れなそれであることになるからである。無論，このことを認めた場合でも，ムスリムの間で女性が虐げられ，無権利状態におかれているという一般的な見方までが反証されたことにはならない。それどころか，女性が自由を奪われ従属を強いられていることを示す事例はいくつも報じられている。したがって，調査に基づいて確言できるのは，スカーフ着用については「抑圧のシンボル」と見做すのは誤りだということまでなのである。

　ところで，イェッセンたちの調査が信頼に足るとすれば，その結果からは考慮すべき新たな問題が浮かんでくる。火付け役を果たしたデリゲツ自身も確認しているように，近年ではスカーフを被った女性を見かける頻度が高くなっているが，それはほかの調査でも確認されているイスラム・アイデンティティの拡大傾向を表していると考えられるからである。実際，トルコ研究センター所長のシェンの言では，数年前までドイツの大学ではスカーフ着用の女子学生の姿はほとんど見受けられなかったのに，最近ではムスリムの女子学生の 3 分の 1 がスカーフを被っており，ある24歳の学生によれば，入学時に自分以外にスカーフを被っていたのは一握りだったのに，今ではどの教室にもグループができる状態になっているという[54]。

---

　(54)　Andrea Brandt, Allahs Avantgarde, in: Uni Spiegel, Nr. 1, 2007. 無論，スカーフを被っている女性の正確な数が明らかになっている訳ではなく，むしろイスラムについては信頼できるデータの欠如が問題になっている。Martin Spiewak, Meinungsstark, aber ahnungslos, in: Die Zeit vom 19. 4. 2007.

そうしたスカーフ着用の動機に関し,「スカーフは私に自信を与える」と87％のムスリム女性が答えたが,そのことは,ドイツ社会では得られない自尊心がスカーフ着用で取り戻せることを意味している。このことは,デリゲツの言葉を借りれば,「スカーフは,人があまりにも僅かしかドイツの社会に受け入れられていないと感じていることへの反作用である」という指摘と同義であろう。「ドイツで暮らす多くのトルコ人は彼らがどこでも望まれていないことに苦しんでいる。しかし人はアイデンティティを必要とする。それは人生の基礎なのである。こうして宗教がアイデンティティのひな型を提供する。そして人はそれを極めて無批判的に受け入れる。この宗教のシンボル,すなわちスカーフの着用で人はイスラムに帰依する可能性を入手するだけでなく,自分を歓迎しようとしない社会から自分自身を進んで引き離す可能性をも手に入れるのである[55]。」

スカーフを被る動機を分類した際,イェッセンたちはその一つとして「抗議の印としてのスカーフ着用」を挙げたが,ここで語られているのは,自分を拒絶するドイツ社会に対する抗議ということであろう。そしてここでの拒絶の典型になるのは,学校や職場で経験する差別であろう。就職活動の際に生じている差別についてはA.ゴルトベルクたちが綿密な調査で実証しているが[56],職場,飲食店,住居探し,職探しの四つの場面での差別経験の有無に関してトルコ研究センターが実施した調査からは図2のような結果が得られた。一見しただけで差別経験が増大傾向にあり,頻発していることが明白であろう。

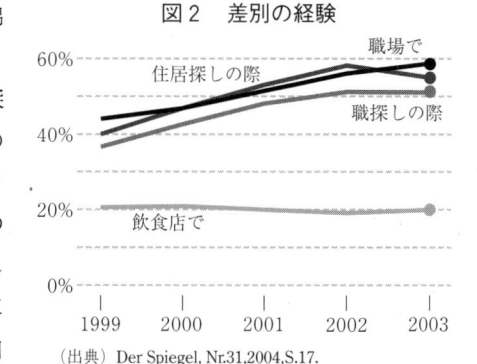

図2　差別の経験

（出典）Der Spiegel, Nr.31,2004,S.17.

---

(55) Deligöz, op. cit.
(56) Andreas Goldberg, Dora Mourinho und Ursula Kulke, Arbeitsmarkt-Diskriminierung gegenüber ausländischen Arbeitnehmern in Deutschland, Genf 1996.

このような差別などで帰属を拒むドイツ社会に対する抗議の心情がイスラムへの傾斜を強め,「ムスリムとしての覚醒」を促進する心理的メカニズムに関してはビーレフェルト・グループが詳細な研究を積み重ねている。これについては第5章でイスラム主義との関連で論及したので再説は避け[57], ここではムスリムの側でのイスラムの覚醒がドイツ社会の側での懸念を強めていることを指摘しておこう。ドイツ社会がイスラムにどのような姿勢をとっているかについては, 2003年のヴィラモーヴィッツ＝メレンドルフなどの研究を基にして別稿で検討を行い, 比較的広く寛容さが認められる反面で, イスラムをテロや暴力と短絡させる傾向などが存在することを明らかにしたが[58], 2004年と2006年にアレンスバッハ研究所がやはりイスラムを主題とした調査を行っている。それによれば, 2004年にはイスラムという語を聞いて一般市民が連想する上位の5種は, 女性の抑圧93％, テロ83％, 狂信的・ラディカル82％, 危険70％, 後ろ向き66％であり, 総じて極めてネガティブなイメージが付きまとっていることが判明した[59]。また2006年の調査では, 図3が示すように, ドイツで暮らすムスリム住民との緊

図3　ドイツでのムスリム住民との緊張関係

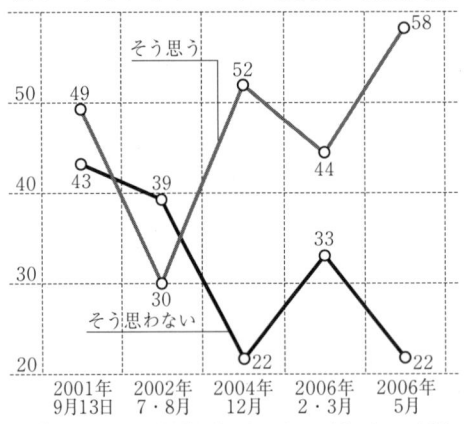

注：「ムスリム住民との緊張関係が生じると思いますか」への回答。

(出典) Elisabeth Noelle und Thomas Petersen, Eine fremde bedrohliche Welt, in: Frankfurter Allgemeine Zeitung vom 17. 5. 2006.

---

(57) なお, 差別がイスラムへの傾斜を強めているいくつかの実例が, Referat für Multikulturelles im Amt für Soziales und Wohnen der Bundesstadt Bonn, hrsg., Migrationsarbeit und Islam als Sozialisationsfaktor, Bonn 2000, S. 104ff. に収録されていて参考になる。
(58) 本書229頁以下。
(59) Elisabeth Noelle, Der Kampf der Kulturen, in: Frankfurter Allgemeine Zeitung vom 15. 9. 2005.

張関係を予想する市民が増大傾向にあることが浮き彫りにされた。ムスリムに懸念を抱くドイツ市民が昨今では2001年の同時多発テロ直後を上回っているのが特徴点であろう。ここからは，イスラムの覚醒につながるムスリムの側での抗議の心情とそれに反発し不信感を強めるドイツ社会の側との間に一種の悪循環の回路が形成されつつあることが看取できよう。

　それはさておき，近年スカーフを被るムスリム女性が増えていることは，ムスリムの移民一世での現象ではなく，主としてその子や孫である二世・三世の間で起こっている出来事である点にも注目する必要がある。なぜなら，一世の場合は働いて金を貯え，あるいは故郷の家族に送金することがドイツで生活する目的だったが，彼らにとってはムスリムであることは自明であり，自分が何者かは明確だったので，信仰実践にとくに熱心になる必然性は大きくはなかったからである。その意味で，ドイツで生まれ，あるいは成長したためにムスリムであることがもはや自明ではない二世・三世の若い世代がドイツ社会に接する中でアイデンティティの模索を行うようになり，その中核をイスラムに求めたことが「イスラムの覚醒」を引き起こしているといえるのである[60]。

　もちろん，第二・第三世代では高等教育を受けたり，職業的展望が開けている人々も出現している。その意味で，ここでも一括りにした議論には慎重でなければならないであろう。そうした限定をつけたうえでトルコ系移民を例にとった場合，アイデンティティの模索に当たりその支えを民族に求め，トルコ・ナショナリズムに傾倒することも起こりうる。トルコ民族主義の運動団体として知られる「灰色の狼」が若者の間に根を張っているのはこの潮流が実際に存在していることを証明している[61]。しかし多くの若者が依拠したのは民族よりは宗教であり，イスラムだった。というのは，聖俗不可分を理念としているイスラムは私的領域だけではなく，公的領域も含むあらゆる生活領域について規範を与えるからである。換言すれば，成長した異文化の中でアイデンティティの揺らぎや危機に陥ったとき，

---

(60)　この問題に関しては，内藤正典『ヨーロッパとイスラーム』岩波新書，2004年，193頁以下でも言及されている。

(61)　拙著『統一ドイツの外国人問題』木鐸社，2002年，254頁。

包括的な生活規範を提示し，確固たる行動指針を提示できる点でイスラムは恰好の拠り所になりえたのである。こうしてイスラムは移民社会の中でアイデンティティを模索する移民二世・三世が依拠する土台を提供し，異文化の中で「蔑視される自己の尊厳を輝かしい過去を持つイスラムとの絆によって象徴的に取り戻そうとする」ところに成り立つ「象徴的アイデンティティ」として，「ムスリムとしての覚醒」が起こっているのである[62]。そしてイェッセンたちの調査に即していえば，スカーフ着用は女性が男性への従属を強いられている「抑圧のシンボル」というよりは，むしろ「抗議の印」としての色彩を濃くしているのであり，その点でスカーフ着用のムスリム女性が増えていることは，ムスリム移民の間でイスラムとしての意識が強まりつつあることを裏付ける例証の一つになっているのである。

6　結びに代えて

以上で見てきたように，ドイツではデリゲツ発言をきっかけにして2006年に新たなスカーフ問題が持ち上がった。それはムスリム女性のスカーフ着用に正面から反対する点で，それまでのスカーフ問題に比べてより根本的な問題提起だった。また民間人ではなく現職の連邦議会議員のアピールであるばかりか，殺害予告と主要な政治家の非難声明まで加わって最初から政治的な論争としてスタートしたのである。2003年に『シュピーゲル』誌はスカーフ問題を目して，「異質な人々と彼らの文化的特性に寛容に対処するドイツ社会の能力についての苦しいテスト[63]」と呼んだが，その時には実はまだ苦しさは比較的軽度だったといえるのである。

ルディンの提訴で注目を浴びたそれまでのスカーフ問題は政教分離の原則をテーマにし，教室での教師のスカーフ着用の是非が争われた。しかし，この問題は連邦憲法裁判所の判決で州の立法にその可否が委ねられたために実際には決着せず，くすぶり続けたままである。事実，2006年半ばの時点でドイツの16の州のうち8州（バイエルン，バーデン＝ヴュルテンベル

---

(62)　林瑞枝「移民第2世代とイスラム」梶田孝道編『ヨーロッパとイスラム』所収，有信堂，1993年，145頁。

(63)　Der Spiegel, Nr. 40, 2003, S. 82.

ク，ヘッセン，ザールラント，ノルトライン=ヴェストファーレン，ニーダーザクセン，ブレーメン，ベルリン）で教師のスカーフ着用が禁じられていて，対応が許容と禁止に真っ二つに分裂しているのが実情だからである[64]。それに加え，大統領 J. ラウが2004年年頭にすべての宗教の同権を求め，修道服や十字架とスカーフの異なる扱いに疑義を呈して反発を買ったことに見られるように[65]，スカーフの差別的扱いには問題が指摘されており，裁判で維持できるかどうかも予断を許さないといわねばならない。他の州に先駆け，バイエルン州憲法裁判所で2004年11月に制定された同州のスカーフ禁止法に関する審理が2006年11月27日に開始されたが，その行方が注目されるはこのような背景があるからである[66]。

　こうして従来のスカーフ問題が尾を引く中で，新たにスカーフ問題が持ち上がる形になった。それとほぼ同時期にイェッセンたちの調査が公表されただけでなく，イスラム・アイデンティティの高まりを実証するいくつかの調査結果が発表され，他方では，アレンスバッハ研究所によって一般のドイツ市民の間でイスラムないしムスリムに対する懸念が拡大しつつある実情が明らかにされた。さらにドイツの周囲に目を向けると，隣国フランスで疑問の声や反対論が絶えないにもかかわらず，2004年9月にいわゆるスカーフ禁止法が施行され，ムスリムのスカーフだけでなく，ユダヤ教徒の縁なし帽子やキリスト教徒の過度に大きい十字架など宗教を誇示するシンボル的服装を公立学校で着用することが禁じられた。これに続きオランダやベルギーでもムスリムの女性が頭から足まで全身を覆うブルカの公共の場での着用を禁止する動きが強まっており，とりわけ移民に対する寛容を国是としてきたオランダでは2004年のイスラム過激派によるゴッホ監督暗殺事件以来ムスリムに対する感情が急速に悪化し，2006年秋には総選挙を前にしてバルケネンデ保守中道政権が法案を用意するところまできている。さらにイギリスでは10月にJ.ストロー前外相（労働党）がやはりブルカを「隔たりの表明」だから外すことを主張して論議を巻き起こし，

---

(64) Jessen u. a., op. cit., S. 43.
(65) Bundesamt für die Anerkennung der Flüchtlinge, op. cit., S. 7f.
(66) Frankfurter Rundschau vom 28. 11. 2006.

イタリアでもR.プロディ首相がスカーフは許容できても顔を隠すブルカには反対だと表明して議論に火をつけた[67]。こうしてフランスを起点にしてスカーフないしブルカの禁止が連鎖反応を起こす兆しが現れている状況で、新たなスカーフ問題がドイツで脚光を浴びる形になったのである。

ところで、上記のいくつかの調査結果を念頭に置いて新たなスカーフ問題を眺めると、ムスリムの側のドイツ社会に対する抗議とドイツ社会の側からの不信と嫌悪が相乗作用しつつ負のスパイラルを描き始めたという印象を否むことができない[68]。これをスカーフ問題に即していえば、ドイツ文化の尊重を要求する保守的な主導文化論の人々だけではなく、ムスリムの間で横行する女性抑圧に反対するフェミニストがスカーフをそのシンボルと見做して外すことを要求し、他方、ムスリムの側ではスカーフ着用が強制ではなく、女性の自己決定の結果だとして対抗する不信と反発の構図ができつつあるといえよう。従来のスカーフ問題では教室以外の空間でのスカーフ着用は否定されておらず、いわば空間の区分に焦点があったといえるが、今回の問題では空間の線引きではなく、着用すること自体の是非に焦点が移り、妥協点を見出して歩み寄ることが著しく困難になっているところに特徴がある。ムスリムの人々とりわけ若い世代の間で「イスラムの覚醒」が進み、ドイツ社会との溝が深まりつつあることが調査によって証明されていることを考えれば、この時期に改めてスカーフ問題が再燃したのが決して偶然ではないことは明白であろう。

巨視的に眺めれば、今日のドイツは失業などのリスクを社会化して国民生活の安定を図る福祉国家から産業の競争力強化を最優先する競争国家レジームへの転換過程にあり、これを背景にして三重の亀裂に呻吟しているといってよい。一つは「プレカリアート」と命名された社会的下層の堆積に見られる格差と貧困の問題である。二つ目は、依然として埋まらない西ドイツと東ドイツの物質面と心理面の溝である。そして三つ目が、本章でその一端を取り上げた移民問題であり、移民とドイツ社会との分裂である。

---

(67) Tagesschau vom 14. 5. 2006; Der Spiegel vom 17. 11. 2006; Migration und Bevölkerung, Ausgabe 9, 2006, S. 3f. なお、ドイツ以外の主要国でのスカーフの扱いについては、Tagesschau vom 18. 5. 2006 での整理が参考になる。

(68) Leibold u. a., op. cit., S. 10.

社会的下層の問題は，フリードリヒ・エーベルト財団が『改革過程の社会』と題する調査報告書を2006年7月に公表し，8％の市民が下層に属しているだけでなく，63％が社会の変化に不安を感じ，44％が国家から見捨てられていると感じているという震撼すべき事実を明るみに出してから一段と激しく議論されるようになったが[69]，東ドイツの市民や移民の世帯が社会的下層の中に多く包含されていることを考慮すれば，A. ヴェントが論じるように，ドイツは三重ではなく「二重の統合問題」に直面しているという見方も成り立ちえよう[70]。しかし逆に仔細に観察して細分すれば，ドイツ社会には多岐にわたる亀裂が生じていて，それらが複雑に絡み合い，重なり合っているともいえよう。例えばS. レセニッヒたちが17の分裂に着目して検証しているのは，そうした観点からである[71]。

ともあれ，移民に関わる第3の亀裂の問題では，「統合の破綻」を巡る論議を背景にして，とりわけムスリムの人々の社会的統合がかねてより重視され，最大の課題として位置づけられてきている。けれども，実際には近年ではむしろ亀裂の拡大を意味するような事件や出来事が相次いで生起し，緊張を高めている。そうした実情を前にして，既述のように政府は統合サミットやイスラム会議を開催し，移民を政治の客体から主体に切り替え，政策立案への参加の回路を開きつつ，亀裂の修復に向けてようやく本腰を入れて動きだしたのが現在の段階だといえよう。しかしスカーフ問題の経緯に照らしただけでも，進行しつつある負のスパイラルを逆転させるのが容易ではないのは多言を要しないであろう。その意味で，この問題が今後どのように展開していくかは，移民国ドイツの行方を占ううえで目が離せないのである。

(69) Rita Müller-Hilmer, Gesellschaft im Reformprozess, Juli 2006. 貧困層の増加傾向は2006年9月に公刊された『データ・レポート2006』からも確認できる。Statistisches Bundesamt, Datenreport 2006, Bonn 2006, S. 611f.

(70) Alexander Wendt, Das doppelte Integrationsproblem der Deutschen, in: Die Welt vom 24. 11. 2006.

(71) Stephan Lessenich und Frank Nullmeier, Deutschland zwischen Einheit und Spaltung, in: dies., hrsg., Deutschland: eine gespaltene Gesellschaft, Frankfurt a. M. 2006, S. 12ff.

あとがき

　序章でも述べたように，本書は先に刊行した『統一ドイツの外国人問題』の続編である。しかし手にとっていただければ分かるように，内容はかなり違っている。本書と異なり前著では歴史的パースペクティブに立った叙述が多いところに特徴がある。戦後史に即した外国人問題の推移や，アオスジードラーとユーバージードラーというドイツに特有な集団にかなりのページを割いたのは，これらの集団を度外視して外国人を含むドイツの外来の人々の問題を語れないと考えたからである。その意味で，前著ではドイツにおける移民問題を考える歴史的前提に力点を置いたが，それに続く本書では現状の把握と変化の分析に主眼がある。すなわち，本書では第1の課題として，近年の国外移住の動向やドイツに古くから定住する民族的マイノリティを取り上げた。静態的に描かれがちなドイツにおける移動・移住の重要性と，均質だと想像されてきたドイツ社会の多様性に光を当てるためである。次いで第2に，主として制度面から解説されてきたドイツの政治に関し，その特質を具体的に解明することを課題とした。ドイツはしばしば半主権国家や大連立国家などと形容されるが，本書では移民政策に即して実際の政治過程を分析することによってドイツの政治的特質を検証し，同時に二度目の大連立の政治力学を明らかにすることを試みた。第3の課題は，西欧対イスラムという図式で注目を浴びているイスラム問題を検討することである。穏健なスンナ派の多いトルコ系移民が主流だとしても，多数のムスリムが居住していてその人口比率が拡大しつつある以上，ドイツがイスラムに直面していることに変わりはない。ドイツでは平行社

会の形成による社会の分裂が危惧されているが，本書ではこれをイスラム主義の脅威やスカーフ問題に即して検討し，亀裂の深度を探ってみた。これらの課題に本書がどこまで応えられているかは読者の判断に委ねるほかないが，主題が多岐にわたり，かえって焦点が曖昧になったのではないかと恐れている。

　本来は本書は現にあるような形で構想されたのではなかった。むしろもっと多くのテーマを組み入れ，より多角的にドイツの移民問題を論じる予定だった。というのは，これまでに著者が発表した論文から重要な主題のものを取り入れることを考えていたからである。すなわち，移民の青少年ならびに高齢者の実情，不法移民，外国人犯罪，過激派など治安に関わる問題群，旧東ドイツ（DDR）の外国人労働者のような歴史的に積み残された問題などがそれである。しかしながら，これらを併せて一書にすると大部になり，出版上無理が生じるので，残された部分については他日を期すことにした。

　こうした成り立ちから，序章を除くすべての章は既発表のものばかりである。いずれも著者が所属する愛知教育大学が発行する『社会科学論集』に掲載された。それぞれの章ごとに発表年を記しておこう。

　　第1章　移民の背景を有する人々と国外移住　45号，2007年
　　第2章　現代ドイツの民族的マイノリティ　39号，2001年
　　第3章　移民法の成立過程　42・43号，2005年
　　第4章　統合サミットの政治過程　45号，2007年
　　第5章　現代ドイツのイスラム組織とイスラム主義問題　44号，2006年
　　第6章　現代ドイツにおけるスカーフ問題　45号，2007年

　このうち，3章，4章，6章はニュースなどを追いかけつつ，区切りがついたところで様々な機関から集めた資料を読み込みながら，ほとんど同時進行に近い状態で執筆したので，思わぬ誤りや掘り下げの不足が生じている可能性がある。現在ではその後に入手した資料で補充することも可能であるが，大筋では問題はないと判断されるので，手を加えないことにした。また第2章だけは発表年がやや古く，民族的マイノリティに関する報告書が連邦政府から提出されているのをはじめ，いくつかの論考や資料がその後に公表されている。けれども，第2章の意図は民族的マイノリティ

の存在を示して輪郭を描くことにあり，その後の政策の検討は別の課題にするのが適切だと考えられるので，加筆はしなかった。ただ第1章だけは国外移住に関する新たな情報に接したので，それらを取り入れる形で補充した。

　本書では政府機関や調査機関の資料のほか，新聞や週刊誌の報道を多用した。多くの外国研究は今日でも研究者の著作のような加工済みの二次文献に依拠することが多いから，本書の手法はやや異色であり，実験的な性格をもっているといえるかもしれない。しかし現代と取り組む場合，そうした手法は不可避なだけではなく，不可欠だともいえよう。記事の利用に当たってはできるだけ慎重を期したつもりだが，何分にも量が膨大なため，的確な取捨ができていない虞れが残っている。

　本書に収めた論文の作成に当たっては多数の方々のお世話になった。なかでも自分の見方や判断が的を外れていないかどうかを確かめるうえで，ドイツ各地で聴取に応じてくれた研究者に助けられた。ここでは度々お世話になったオスナブリュック大学移民・異文化研究所のスタッフに深謝したい。とくにこの夏に退職されるバーデ教授の秘書ザンベートさんに心からお礼申し上げたい。移民史研究の第一人者であるバーデ教授ですら頭が上がらない長老格の彼女は，いつもたっぷりのコーヒーとクッキーを用意してくれ，神経の疲れる資料室での作業の合間に楽しい世間話の相手になってくれた。また同じ秘書のティーマイヤーさんは外部の人間である著者のいろいろな注文をてきぱき処理し，ドイツの秘書の有能さを実証してくれた。無論，ボンメス教授，オルトマー教授をはじめとする研究所の方々に助けられたことはいうまでもない。なお，オスナブリュックなどドイツ各地での何度かの調査は，科学研究費補助金で可能になったことも記しておきたい。

　本書の出版に当たっては，毎度ながら木鐸社の坂口節子さんのご高配に与った。学術書の出版は氷河期という表現でも足りないくらいだが，そうした困難な状況にもかかわらず本書の出版を快く引き受けていただいた。出版人としての気骨を堅持されている姿勢に衷心より敬意を表したいと思う。愛知教育大学の国際文化コースで政治学を専攻する3年生の学生諸君は，本書を少しでも読みやすくするために原稿に目を通し，協力してくれ

た。発表時の論文より幾分でも改善されているとすれば，それは彼らの協力のお蔭であろう。

　最後になったが，研究と称して部屋にこもったままの著者をそっとしておいてくれ，父親としての役割不足を大目に見てくれた家族には感謝の言葉もない。とりわけ著者と同じ道を歩み始めた長男はいろいろな助言をしてくれ，論点の整理に役立った。さらに研究者の道に入るまで支えてくれた父母に感謝を捧げたい。高齢になった現在も二人そろって壮健だが，その幸運をこれからも共有できることを願っている。

　大学はどこも改革の嵐が吹き荒れていて，先の見えない状態が続いている。著者が所属する大学は教育系であり，単科だから風圧はひときわ強く，落ち着いた研究環境が失われて久しい。それだけに，会議や提出物に追われながらも本書をまとめることができたのはひとしお感慨深く，初夏の風とともに安堵の思いが心に広がっていくのを感じている。

2007年7月

近藤潤三

索引

ア行

アオスジードラー　14-5, 34, 37, 41-3, 45, 61, 97, 107, 150, 202
アクギュン　292
アジェンダ・セッター　199
アジェンダ2010　130, 165, 203-5
アタチュルク　232-5, 243
アティルガン　239
新たなタイプの移民国　18, 19, 29
アルザス人　72
アレヴィ派　21, 242, 286
アレンスバッハ研究所　98, 127, 308, 311
アンゲネント　116
アンダーソン　273
イェッセン　24, 298-307
イスラム・アルヒーフ中央研究所　21, 214, 216, 231, 259
イスラム会議　26, 29, 171, 188, 191, 290
イスラム協会・教団連盟（ICCB）265-8
イスラム・テスト　281
イスラムの覚醒　23-4, 26, 29, 257, 277-8, 308-9, 312
イスラムの可視化　222
イスラム評議会　186, 259, 287-8
イスラム復興運動　277
イスラム文化センター連盟（VIKZ）245-7
イスラモファシズム　284
移民委員会　12, 108, 112, 147, 155
移民評議会　168
イラク戦争　128, 139
請負契約労働者　27, 149
EU憲法　20
EU市民　12, 20, 278
ヴァイツゼッカー　162
ヴァルター　200
ヴィーフェルシュピッツ　121, 137, 139, 184
ヴィラモーヴィッツ=メレンドルフ　225, 227-30, 276, 298, 308
ヴェスターヴェレ　142, 179
ヴェルト　151
ヴェント人　73

ヴォヴェライト　122, 123
エスニック・マイノリティ　9, 67-71, 96, 102-4
エツデミル　179, 181
エルドアン　261
エルバカン　234, 259-63, 266
遠隔地ナショナリズム　273
エングホルム　66
欧州委員会　279
欧州人権規約　95
オプション・モデル　42

カ行

外国人評議会　12, 278
ガイスラー，H.　121
ガイスラー，R.　9
改正国籍法　13, 15, 34, 39, 42, 166, 279
カウダー　134, 184
ガストアルバイター　17, 25, 34, 38, 47, 57, 206, 211, 218, 236, 240, 286
加藤浩平　53
カプラン　265-71, 288
カラカソグル　289, 298
カリフ国家　185, 265-72, 281
季節労働者　27
キュチュクフセイン　242
キューナスト　179, 185, 287
キューン　171
強制結婚　176, 295, 303
競争国家　27, 312
拒否権　162
協約自治システム　27
キール宣言　81
クヴァント　218
熊谷徹　62
クリッヘ　226
グリーン・カード　16, 56, 108-12, 116, 130, 147, 163, 165
クルド人　96, 219
クルド労働党（PKK）　96
血統主義　13, 278
ゲアハルト　132
ケッヒャー　127, 164

ゲーリング=エッカート　130, 137
ケーラー　145
ケレク　289, 296, 299
憲法愛国心　292
憲法擁護機関　151, 248, 252-3, 257, 262, 271
権利帰化　15
原理主義　235, 252, 255
合意の力学　158-9
国外移住　47, 49-56
国内移動　53
国民政党の接近　203
国民的統合計画　12, 194, 208
国連難民高等弁務官（UNHCR）　112, 144
国家所属権　15
コーネリア=ヴォルガスト　136
コッペ　180
コーポラティズム　201-2, 204-6
コッホ　123, 131
雇用のための同盟　170, 201, 204, 208
コーラン講座　239, 248, 305
コール政権　6, 15, 155, 157, 199, 207
ゴルトベルク　222, 307
コルプ　109
コンラート・アデナウアー財団　298, 304

サ 行

ザイデル　56
ザイト　52, 54
ザウアー　303
産業立地の再構築　27, 154
サン・パピエ　9
シーア派　21, 224, 253, 286
シェン　180, 187, 194-5, 202, 214, 231, 239, 306
シェーンヴェルダー　166, 168
シェーンボーム　122, 175
シオニズム　263-6, 270
質的な移民国　11
ジハード　268-9
シッファー　285
シフアウアー　258
司法国家の優越　161
シャヴァン　175, 297, 304
社会国家の改造　27
社会国家の縮小　27, 29, 63, 203, 205
社会主義統一党（SED）　74

社会的排除　28, 278
シュヴァルツァー　292-7, 299
自由民主党（FDP）　6, 13, 120, 131, 142, 156, 179, 184
宗教施設トルコ・イスラム連盟（DITIB）　185, 243-5
宗務庁　243-4, 265
首相の円卓　201
ジュースムート　112, 156
出生地主義　13
シュタインバッハ　212
シュトイバー　123, 126, 131, 141, 175, 181
主導文化　182, 199, 292, 312
シュトゥルマー　56
シュトラウプハール　51, 60, 152
シュトルペ　122
シュミット　157
シュミットケ　158
シュミット政権　6
シュルテ　110
シュレーダー政権　13, 15, 108, 111, 130, 155, 157, 160, 165, 171, 199, 201, 203, 207, 292
ショイブレ　26, 171, 182, 191, 197, 287, 290
象徴的アイデンティティ　222, 310
職業紹介センター（ZAV）　58
ジョルダーノ　25,
シリー　112, 118-9, 124, 130, 135, 141-2, 146, 156, 167, 271
人口変動　159, 168
新世界観連合（AMGT）　258-9
シンティ・ロマ　71, 87-94, 99
頭脳流出　48, 55
スュレイマン運動　245-6
スンナ派　21, 224, 231, 242, 253, 286
政教分離　234, 260, 293, 295, 310
制裁投票　160
セグリゲーション　221-2, 229, 272, 283
世俗主義　234-5, 260
選挙研究グループ　179
ソルブ人　17, 65, 70-8, 97
ソルブ語　73, 77
ゾンマー　33, 61, 176, 207

タ 行

多宗教社会　250-1, 292

多宗教都市　251-2
多文化社会　103, 153-154, 183, 288, 292
多文化主義　177-8, 182, 184, 292
タリバーン　270
追放民　17, 47
デメジエール　66
デュアル・システム　57, 62
デリゲツ　286-8, 292, 294-5, 297, 304, 307, 310
デンマーク人　71, 78-83
デンマーク系マイノリティ　79-81
ドイツ経済研究所（DIW）　28
ドイツ産業全国連盟（BDI）　112, 116, 144
ドイツ・シェル　62
ドイツ商工会議所（DIHK）　48, 112, 134
ドイツ職員労働組合（DAG）　110, 112
ドイツ人ガストアルバイター　56-8, 62
ドイツ・シンティ・ロマ中央評議会　90-3
ドイツ・トルコ共同体　186, 192, 288
ドイツ・トルコ理想主義協会連合（ADÜTDF）　247-9
ドイツ福音主義教会（EKD）　144
ドイツ民主共和国（DDR）　73-4, 77
ドイツ・ムスリム中央評議会　186, 192, 249
ドイツ労働総同盟（DGB）　110, 112, 134
同化主義　292
統合講座　199
統合の破綻　200, 313
同盟90・緑の党　113, 119, 131, 133, 163, 175, 179, 184, 216, 289
ドモヴィナ連盟　75
ドリーシュナー　177, 298, 304
トリッティン　119
トルコ研究センター　180, 213, 216, 231, 240, 242, 282, 303
トレンハルト　16

ナ　行

内藤正典　281
ナショナル・アイデンティティ　153, 166
難民条約　149, 267
二重国籍　13, 166, 211, 279, 292
ニュルンベルク法　88
ヌルジュ運動　247
野中恵子　222
ノルテ　284

ハ　行

灰色の狼　242, 247, 309
ハイトマイヤー　229, 275, 283, 285
ハッカー　142
バーデ　48-49, 168, 206
バーデマッヒャー　63
林瑞枝　222
バルケネンデ　311
ハルツ改革　52, 63, 203-5
ハルツⅣ法　50, 52, 131
ハルトゥンク　157
ハルム　285
庇護権　14, 115, 125, 129, 138, 149
ヒプラー　225
ビューティコーファー　142
ファイント＝リガース　231, 242, 246
プァール＝トラウクバー　273
フィッシャー　132
福祉国家　27, 312
ブラウン　48, 134
フェミニスト　24, 291, 297, 312
フォルサ　50
ブービス　90
ブラント政権　160
ブラントル　152
フリース語　84-6
フリース人　71, 83-7
フリース人評議会　86
フリードリヒ・エーベルト財団　313
ブルカ　311-312
ブルーメ　26
ブルーメンタール　156
プレカリアート　28, 312
プロディ　312
ベーア　226
平行社会　24, 178, 200, 274, 283
ベック，K.　192
ベック，M.　135, 171, 305
ベック，V.　131, 134-5, 180, 139
ベック＝ゲルンスハイム　295
ベックシュタイン　128, 135, 140, 142, 292
ベーマー　170-1, 181, 185-6, 188, 194, 197
ベルリン反ユダヤ主義論争　101
ヘンケル　112

ベンデル　116, 168
ポイント制　12, 119, 125, 136-7, 148, 152
母語学習　223
ポシャルト　177
ホスト社会　7, 194, 205, 276
ボスバッハ　135, 137, 188
ボニン　60-1
ホロコースト記念碑　91
ボン・コペンハーゲン宣言　81
ボンメス　16

マ 行

マイ　53
マイノリティ言語　98-9
マメイ　220
ミクロセンサス　17, 19, 35, 37, 45, 61
宮島喬　11
ミッリー・ギョルシュ　23, 185, 257-65, 287
南シュレスヴィヒ協会（SSV）　80
南シュレスヴィヒ有権者同盟（SSW）　80, 82
ミュラー　128, 133, 142
ミュンテフェリング　179, 191-2, 197-8
民主社会党（PDS）　113, 120, 133, 145
民族グループ　68
民族フリース人連合　86
ムハンマド風刺画事件　33, 196, 289
名誉殺人　176
メルケル　33, 122, 133, 141, 169, 171, 182, 191, 193, 196-207, 287, 292
メルツ　292-3, 304
モスク建設　25, 218, 289
モスク団体　222, 231

ヤ 行

山内昌之　281
ユダヤ人中央評議会　90
ユーバージードラー　17, 34
ユーロ・イスラム　240
ヨーロッパ少数民族連合（FUEV）　91
ヨーロッパ・トルコ・イスラム文化協会連盟（ATIB）　249
ヨーロッパ評議会　95, 98, 100

ラ 行

ライクリッキ　234
ライシテ　291
ラウ　Jörg　33, 47, 169
ラウ　Johannes　108, 126, 145, 311
ラシェット　180
ラシュディー　266
ラファエル事業団　52
ラフォンテーヌ　66, 157, 203
ラマート　287
リースター　110
リトル・ジャーマニー　55
リュトガース　184
リュトリ基幹学校　172-5, 177, 193, 196
両院協議会　133-6, 145, 156-8, 160
量的な移民国　10, 18
ルクセンブルク協定　89
ルディン　290-1, 296, 304, 310
レセニッヒ　313
レッヒ　251
レルヒ　176, 213, 286
連邦移民・難民庁　37, 115, 124, 147, 149, 199
連邦行政裁判所　140, 151, 224
連邦刑事庁　213
連邦憲法裁判所　15, 107, 128-130, 156, 161, 224, 293, 297, 310
連邦憲法擁護庁　23, 212, 253, 262, 266, 273-4
連邦雇用エージェンシー　58
連邦雇用庁　115, 124
連邦参議院　118, 120, 122-7, 133, 145, 156, 160
連邦人口研究所　53
連邦新聞情報庁　70
連邦政治教育センター　283, 286, 288, 290
連邦大統領　108, 126, 162
連邦統計庁　17, 35, 53, 214
連邦難民認定庁　115, 147
レンメン　242
ローゼ　91
ロート　175, 180
ロゴウスキー　144
ロシア・ドイツ人　97
ロマニ語　92-3, 99

ワ 行

ワークフェア　203
ワン・ストップ・ガバメント　124

著者略歴

近藤潤三（こんどう　じゅんぞう）

1948年　名古屋市生まれ
1970年　京都大学法学部卒業
1975年　京都大学大学院法学研究科博士課程単位取得
現　在　愛知教育大学教授，博士（法学　京都大学）
1991～1994年　外務省専門調査員として在ドイツ連邦共和国日本国大使館に勤務

著　書
　『統一ドイツの変容：心の壁・政治倦厭・治安』木鐸社，1998年
　『統一ドイツの外国人問題：外来民問題の文脈で』木鐸社，2002年
　『統一ドイツの政治的展開』木鐸社，2004年

主要論文
　「フリードリヒ・ナウマンの国民社会主義思想」
　「アードルフ・シュテッカーにおけるキリスト教社会主義と反ユダヤ主義」
　「シュモラーにおける階級把握の構造と特質」

翻　訳
　H. A. ヴィンクラー編『組織された資本主義』（共訳）名古屋大学出版会，1989年

移民国としてのドイツ
Germany as an Immigration Country

2007年10月20日第1版第1刷　印刷発行　Ⓒ

著者との了解により検印省略	著　者	近　藤　潤　三
	発行者	坂　口　節　子
	発行所	㈲　木鐸社
	印　刷　アテネ社　製　本　高地製本社

〒112-0002　東京都文京区小石川 5-11-15-302
電話（03）3814-4195番　FAX（03）3814-4196番
振替 00100-5-126746　http://www.bokutakusha.com

（乱丁・落丁本はお取替致します）

ISBN978-4-8332-2395-9　C3032

統一ドイツの外国人問題
近藤潤三著 (愛知教育大学)
A5判・500頁・7000円 (2002年) ISBN4-8332-2317-7
■外来民問題の文脈で
　戦後西ドイツは敗戦で喪失した領土からの外来民の流入,外国人労働者の導入,難民受入等多くの課題を抱えた。このような錯綜した人の移動の総体を「外来民問題」という観点から,ドイツの外国人問題を捉える。その特有の社会構造と政策転換の変動のなかに百五十年に及ぶ統一ドイツ国家形成の真の姿を見る。

統一ドイツの変容
近藤潤三著
A5判・396頁・4000円 (1998年) ISBN4-8332-2258-2
■心の壁・政治倦厭・治安
　統一後のドイツでは東西分裂の克服がもたらした束の間の歓喜と陶酔の後に,心に重くのしかかる難問が次々に現れてきた。旧東ドイツ地域の経済再建とその負担,失業者の増大,難民の大波,排外暴力事件の激発等。本書は統一後のドイツの現実を徹底的に一次資料に基づいて追跡し,ボン・デモクラシーの苦悩を解明。

統一ドイツの政治的展開
近藤潤三著
A5判・228頁・2800円 (2004年) ISBN4-8332-3251-1 C3022
　第二次大戦後,分断国家として再出発したドイツ現代史において,統一は終着点ではなく転換点を意味することがますます明白になってきている。それは戦後採用してきた社会的市場経済の「構造転換」に直面しているからである。本書では政治を中心に,統一後のドイツ現代史を鳥瞰することでまとまった全体像を描き出したもの。

国民主権と民族自決
唐渡晃弘著 (京都大学大学院法学研究科)
A5判・320頁・5000円 (2003年) ISBN4-8332-2340-6
■第一次大戦中の言説の変化とフランス
　第一次大戦の戦後処理と秩序の構築に当った戦勝諸国の各リーダーによる「国民主権」と「民族自決」をめぐる利害と打算のせめぎあいに焦点を当てる。パリ講和会議の政治過程をフランスの立場を中心に一次史料を踏まえ,活写する。今なお解決の道を見出せない難問に正面から取り組んだ野心作。